公路中小跨径桥梁检测评估实践与创新

◆主编　于品德　刘海宽

郑州大学出版社

图书在版编目(CIP)数据

公路中小跨径桥梁检测评估实践与创新／于品德,
刘海宽著. -- 郑州 : 郑州大学出版社, 2024. 10.
ISBN 978-7-5773-0644-5

Ⅰ. U448.14

中国国家版本馆 CIP 数据核字第 2024PB5418 号

公路中小跨径桥梁检测评估实践与创新
GONGLU ZHONGXIAO KUAJING QIAOLIANG JIANCE PINGGU SHIJIAN YU CHUANGXIN

策划编辑	祁小冬	封面设计	苏永生
责任编辑	董 强	版式设计	苏永生
责任校对	李 香	责任监制	李瑞卿

出版发行	郑州大学出版社	地 址	郑州市大学路 40 号(450052)
出 版 人	卢纪富	网 址	http://www.zzup.cn
经 销	全国新华书店	发行电话	0371-66966070
印 刷	郑州市今日文教印制有限公司		
开 本	787 mm×1 092 mm 1 / 16		
印 张	19	字 数	406 千字
版 次	2024 年 10 月第 1 版	印 次	2024 年 10 月第 1 次印刷

书 号	ISBN 978-7-5773-0644-5	定 价	59.00 元

作者名单

主　　编　　于品德　刘海宽

副 主 编　　叶武元　张　磊　饶培红　侯　攀

参编人员　　曾华军　马玉亮　马　建　常　佳

　　　　　　贾园园　邝瑜琨　章长玖　宋粉丽

　　　　　　马　赟　李　华

内容提要

　　本书根据编者桥梁检测工程实践,参考借鉴桥梁检测相关技术标准,在总结工程实践经验及检测实践创新的基础上编写。本书首先介绍了桥梁结构评估的基本情况、桥梁结构的基础知识和桥梁检测仪器设备及量测技术,使读者对桥梁检测有个整体的了解。其次介绍了定期检查及定期检查数据处理系统开发的创新实践,桥梁静、动载试验及影响线测试的创新实践。最后介绍了桥梁智能检测技术发展的情况,探讨了信息化条件下桥梁检测服务模式的变化。

　　本书可作为从事桥梁运营管理、检测评估、维修加固、设计施工等人员的参考书,也可作为大专院校土木交通专业学生的学习参考用书,以及桥梁检测技术人员自学与培训教材。

前　言

　　桥梁作为交通基础设施,在交通网的重要性不言而喻。养护是桥梁安全运营的重要保障,随着交通设施的日益完善,桥梁养护的重要性和迫切性也与日俱增。桥梁检测是桥梁养护工作的重要组成部分,是保障运营安全的关键手段,通过检测获取的桥梁关键数据为养护方案的制订提供了数据支撑。桥梁检测评估是涉及桥梁工程、仪器设备应用、数据处理以及结构分析的综合性技术工作,总体上分为检测和评估两个过程。检测是利用各种仪器设备获取桥梁结构的关键状态数据;评估是依据检测数据,结合设计参数、规范要求,通过数据对比、结构分析等手段对桥梁安全状态做出判断。

　　本书编者长期从事桥梁检测评估工作,在多年的公路中小跨径桥梁检测评估实践中,对桥梁检测评估的专业性、实践性和创新性有了更深刻的理解。本书从桥梁检测基础知识出发,以桥梁检测评估实践与创新案例为主要内容,并在最后介绍了桥梁检测新技术。

　　桥梁检测评估是专业性很强的工作。作为桥梁检测技术人员,需要了解桥梁检测管理要求、检测对象以及检测工具。检测工作需要"有理有据",这要求检测人员深刻理解桥梁检测内容、检测方法和检测频率的要求;要求检测人员熟悉检测对象,了解桥梁结构类型、组成部件及其功能,了解桥梁荷载以及桥梁结构计算。工欲善其事,必先利其器,因此检测人员要熟悉桥梁检测仪器设备,掌握不同仪器设备的操作方法。

　　桥梁检测评估是实践性很强的工作。不同类型桥梁的检测重点有所差异,如主梁、墩台是梁桥的检测重点,缆索则是斜拉桥、悬索桥的检测重点;不同区域桥梁的检测内容不同,如重载交通下的桥梁,结构承载能力是检测重点,恶劣环境下的桥梁,耐久性可能是检测重点;不同年代的桥梁,有的需要进行定期检测,有的需要进行特殊检测。本书介绍了不同检测项目实践案例,为读者提供参考。

　　桥梁检测评估是创新性很强的工作。不同于室内试验,桥梁检测多为现场检测,复杂、恶劣的检测环境对检测数据的准确性、检测效率都是不利的,这也促使检测技术不断向数字化、智能化方向发展。本书结合检测信息化实践和文献调查资料,介绍了桥梁智能检测技术及设备发展、桥梁结构监测等新技术。

全书共分9章,编写分工如下:第1章、第5章、第9章由河南交科院检验检测认证有限公司于品德、宋粉丽编写;第2章由中铁大桥局集团第一工程有限公司饶培红、河南豫美建设工程检测有限公司章长玖、中钢郑州金属制品研究院股份有限公司贾园园编写;第3章由华东交通大学/江西省天驰高速科技发展有限公司叶武元、中电建铁路建设投资集团有限公司曾华军、中铁建城市建设投资有限公司马玉亮编写;第4章由广西交科集团有限公司张磊、邝瑜琨与中铁隧道股份有限公司马建编写;第6章、第7章由郑州大学/河南交科院检验检测认证有限公司刘海宽、河南交通发展研究院有限公司马赟编写;第8章由广西交航工程技术有限公司侯攀、河南省交通科学技术研究院有限公司常佳、河南交通发展研究院有限公司李华编写;全书由于品德、刘海宽统稿。

本书适合从事桥梁运营管理、检测评估、维修加固设计等的工程技术人员参考,也可作为大专院校桥梁工程专业学生的学习用书。

本书在编写过程中开展了大量的研究工作,先后得到河南省重大科技专项(151100310900)、河南省交通运输厅科技项目(2015X01-2、2016Z1)等资助,并得到公路桥梁安全检测与加固技术交通运输行业研发中心(郑州)、郑州大学大跨桥梁监测与控制研究所的大力支持和帮助。

此外,本书在编写过程中还得到许多专家、学者的指导和帮助;郑州大学出版社的领导及编辑为本书的出版付出了辛勤的劳动,在此表示诚挚的感谢。书中参考了众多文献,在此对相关作者表示衷心感谢。

桥梁检测评估综合性强、涉及内容多、创新性强、检测设备更新快,由于编者水平有限,书中若存在不足及疏漏之处,敬请读者批评指正。

编者

2024 年 7 月

目录

第1章

公路桥梁检测概述

1.1 桥梁结构试验

桥梁结构试验是针对桥梁结构开展的一种检测性工作,也是研究和发展桥梁工程新材料、新结构、新工艺以及检验桥梁结构计算分析和设计理论的重要手段,同时还是桥梁结构工程质量与使用性能的唯一检验方法,它在桥梁工程设计、建设、运营养护、科学研究和技术创新等方面起着重要作用。桥梁结构试验分类如图1-1所示。

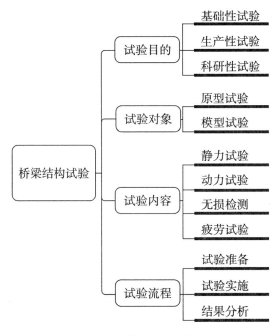

图1-1 桥梁结构试验

1.1.1 试验目的

根据试验目的的不同,可以将桥梁结构试验分为基础性试验、生产性试验和科研性试验。

基础性试验是针对桥梁结构最基本的结构性能进行的试验,主要用于模拟桥梁结构或构件承受静力荷载作用下的工作情况。通过基础性试验,可以观测和研究结构或构件的承载力、刚度、抗裂性等基本性能和破坏机理。

生产性试验以直接服务生产或施工为目的,以真实结构为对象,通过试验判断其是否符合相关规范或设计要求。这类试验主要在工程现场或构件制作现场进行,通常用来解决以下几个问题:①确定新建桥梁的承载能力和使用条件;②评定既有桥梁的技术状况和承载能力;③检验桥梁结构重要部件的质量水平和技术等级。

科研性试验主要是为了解决科研和生产中有探索性、开创性的问题而开展的试验,主要试验目的是:①验证新结构分析理论或设计计算方法;②检验新结构、新材料与新工艺的实施效果;③为设计规范的制定或修订提供数据支撑。

1.1.2 试验对象

根据试验对象的不同,可以将桥梁结构试验分为原型试验和模型试验。原型试验的对象是实际结构或构件,也称为实桥试验。图1-2所示的实桥荷载试验就是原型试验。原型试验是以实际结构为测试对象,试验结果真实地反映了实际结构的工作状态。

图1-2 实桥荷载试验

模型试验对于评价实际结构的质量、检验设计理论都比较直接可靠。当原型试验投资大、周期长、测量精度受环境影响,在物质上或技术上存在某些困难时,往往采用模型试验的办法来代替。特别是科学研究性试验,更需要借助模型进行试验。模型是仿照真实结构,按照一定相似关系复制成的真实结构的试验代表物,它具有实际结构的全部或部分特征,但其尺寸比原型结构小得多。根据不同的试验目的,可以将模型试验分成两类。一类是以解决生产实践中的问题为主的模型试验,这类试验模型的设计制作与试验要严格按照相似理论,使模型与原型之间满足几何相似、力学相似和材料相似的关系,以使模型能反映原型的特性,模型试验的结果可以直接推广到原型上。这种模型试验常常用于解决一些目前难以用分析的办法解决的工程实际问题。还有一类模型试验,主要是用来验证计算理论或计算方法。这类试验的模型与原型之间不必满足严格的相似条件,一般只要求满足几何相似,同时满足边界条件。将这种模型的试验结果与理论计算的结果对比校核,可用于研究结构的性能,验证设计假定与计算方法的正确性,并确认这些结果所证实的一般规律与计算理论可以推广到实际结构中去。

1.1.3　试验内容

根据试验内容的不同,可以将桥梁结构试验分为静力试验、动力试验、无损检测和疲劳试验。静力试验是结构试验中最常见的基本试验,一般通过从零开始逐渐加载到预定荷载,测试过程中结构的挠度、应变以及裂缝开展情况,从而了解结构受力状况和安全状态。动力试验主要研究桥梁动力特性及在动力荷载下的响应,如桥梁自振特性测试、桥梁动挠度、动应变及冲击系数测试。无损检测是在不破坏整体结构或构件使用性能的情况下,检测材料力学性能、缺陷损伤和耐久性参数,从而对其性能和质量做出定性和定量评定。

1.1.4　试验流程

桥梁结构试验一般要经历试验准备、试验实施及结果分析 3 个阶段,特别是大型复杂试验的组织者需要做大量细致的工作,必须具有一定的实践经验。

1)试验准备

(1)明确试验目的

在进行其他各项工作以前,必须先了解试验要达到的目的以及各项具体要求。如果提出试验要求的不是试验组织者本人,则试验组织者有必要与提出试验要求的人员进行讨论,询问提出各项试验要求的前提与背景以及通过试验要解决的问题,然后再将试验目的确定下来,最好能分清各项目的的主次,试验时万一不能兼顾各项目的,可以放弃次要任务而保证完成主要任务。

（2）收集有关资料

在明确试验目的以后，应该阅读与试验有关的文献资料。如有类似试验可供参考，务必事先阅读他人试验报告或情况介绍，弄清试验目的有何不同，哪些地方可以改进等。如果试验对象具有实际工程背景，在组织试验时要收集与试验有关的设计资料，以便对试验对象有透彻的了解。在试验前应模拟试验状态，对结构进行必要的分析计算，以便对试验结果有初步的估计。

（3）拟定试验方法

在以上几步工作的基础上，可以拟定试验方法。拟定试验方法主要是根据试验目的和客观条件确定静力试验的加载方法和动力试验的激振方法，选择合适的测试仪器和观察方法，确定试验程序。

（4）准备仪器

在确定了试验方法以后，就可着手准备测试仪器。为了保证试验的顺利进行，测试仪器的规格、数量、测试精度等都要满足试验的要求；对于使用数量大、容易损坏的仪器还应有一定数量的备件。

（5）组织试验人员

对于规模较大的试验，通常需要较多的测试人员，也可能需要非专业测试人员的协助，试验前应该做好所有参加试验人员的组织工作。

（6）保证安全措施

主持试验的人员对试验仪器和人身安全要有足够的防范措施，包括设立安全标志等。例如，预应力混凝土结构在张拉试验和临近破坏时，锚具、夹具有弹出的危险；高大试件的平面外失稳；实桥荷载试验时的重载车辆调度等问题。

2）试验实施

（1）仪器的安装

加载设备安装应与试验加载方案中的荷载图式和计算简图一致。试件的荷载图式是根据试验目的确定的在试验结构上布置的荷载形式（如集中荷载、均布荷载、集中与均布混合荷载等）以及荷载施加的方向（水平荷载、垂直荷载等）。如果由于试验条件限制，拟定的荷载图式实施起来有困难，可以采用等效荷载的原则改变加载图式。所谓等效荷载原则，指改变后的加载图式所产生的最大内力值和整体变形需要与原加载图式相同或相近。采用等效荷载时需要注意，当满足强度等效时，整体变形条件可能不完全等效，必须对实测变形进行修正；当满足弯矩等效时，须验算剪力对试件的影响。

加载设备安装前必须经过计量标定，合格者方可使用。安装加载设备时要求传力方式和作用点明确，不应影响试验结构自由变形，在加载过程中不影响试验结构受力。荷载值应准确稳定，对于静载试验，要求能方便地加载和卸载，而且能控制加载速度、卸载速度。加载设备的加载值应大于最大试验荷载值,并留有安全储备。与加载设备配套使用的测力机、力传感器、油压表及所有量测仪器均应按计量技术规程和相应法规进行率定,相关率定数据均应归入试验原始记录中。量测仪器的安装位置、测点编号及测点在应变仪或记录仪表上的通道号均应按试验方案中的布置图实施。

（2）预加载试验和辅助性试验

在正式实施加载试验前,应先进行预加载试验,根据实测数据验算结构的最大破坏荷载和最大变形,进一步确认加载设备的最大加载值和量测仪表的最大量程,检验整个试验测试系统工作状况,并进行调试。对试验周期长、试件组数较多的系统性试验,尤其是混凝土结构试验,为使材料试件与试验结构的龄期尽可能一致,辅助性试验也经常与正式试验穿插进行。所有试验数据应及时记录并得出试验结果,归入试验原始记录档案中,作为最后试验结果分析的主要参数依据。

（3）加载试验

加载试验是整个桥梁结构试验过程的中心环节,应按规定的加载程序和量测顺序进行。重要的量测数据应在试验过程中随时整理分析并与事先估算的数值作比较,发现有异常情况时应及时查明原因,对有可能发生的故障,找出原因后再继续加载。

在试验过程中结构的外观变化是分析结构性能的珍贵资料,对节点的松动和任何异常变形,混凝土结构的裂缝出现与发展,特别是结构的破坏情况都应做详细的记录和描述。量测仪器的读数十分重要,如对主要控制截面的应变和挠度测量值,尤其是试验过程中发生的突变,应随时加以监控。

桥梁结构或构件破坏后要拍照并测绘破坏部位及其裂缝,必要时从其中切取部分材料测定其力学性能。破坏的结构或构件在试验结果整理分析完成之前不要过早地清理掉,以备进一步核查时使用。

3）结果分析

（1）数据整理与分析

任何一个试验研究项目,都应有一份详细的原始试验数据记录,连同试验过程中的试件外观变化观察记录和照片、录像,仪表设备标定数据记录,材料力学性能试验结果,试验过程中各阶段的工作日志等,应收集完整,妥善保管,不得丢失。

试验加载过程的完毕并不意味试验的结束,试验过程中的原始记录是试验结果的真实记录。但是原始记录的数据必须经过分析、整理或画成图表以后才能清晰明了地反映试验结果。一项试验从进行试验设计开始直到写出试验报告为止,是一个前后紧密联系的过程,必须从一开始就非常慎重细致地对待试验的每一个环节。试验前应对有关试验的各个方面、各个环节考虑得当,试验计划须制订周密;试验过程中应该一丝不苟、认真测读,保证试验数据准确无误。结果中反映出来的与常识或理论不符的"反常"现象要仔细推敲并反复核对,因为这些反常现象可能揭示了在理论分析时被忽视但客观存在的事实,这正是试验优于理论的地方。

（2）编制试验报告

对试验结果所能得出的规律和一些重要现象做出解释,将试验值和理论值进行分析比较,找出产生差异的原因,并得出结论,编制试验报告。试验报告是整个试验的总结,要概括试验的各主要环节,内容应包括:①试验目的、要求及依据等;②试验实施情况,包括试验荷载、加载方式、测试内容、测点布设和测试仪器等;③试验测试数据结果,各种关系曲线及相关分析;④对试验结果的综合分析;⑤结论。

参照理论分析的结果,对试验结果进行分析说明是试验报告的重要组成部分,也是试验人员深化对试验认识的过程。试验报告的结论部分应该明确回答试验所希望解决的问题,同时列出通过试验发现的新规律、新事实。对试验中发现的新问题应提出建议和进一步研究计划;对于鉴定性试验应根据国家标准和现行规范做出是否安全可靠的结论。

1.2 公路桥梁全寿命周期检测

桥梁工程从设计建造到运营的全寿命周期,总体上可分为项目规划、项目建设和项目运营 3 个阶段。如图 1-3 所示,桥梁检测贯穿桥梁的整个寿命周期,对保证桥梁的质量与安全起到了不可替代的作用。桥梁检测在不同阶段的侧重点略有差异,其中在建设期以质量控制为主,在运营期以安全评估为主。

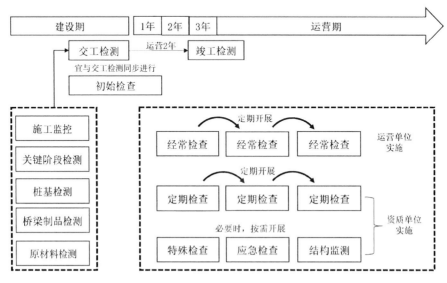

图 1-3 桥梁不同时期检测分类

建设期又可细分为设计阶段和施工阶段。复杂结构桥梁设计,为了研究其受力行为,往往开展科研性试验,对桥梁原型结构或桥梁模型结构直接进行科学试验,探索结构的内在规律,服务于桥梁设计。施工阶段桥梁检测多为生产性试验,检测范围覆盖原材料、桥梁制品、桩基、施工监控等,检测目的是掌握桥梁状态,加强施工质量与施工安全控制。进入运营阶段,受自然界各种因素的侵蚀、荷载的反复作用,特别是超载车辆的作用,桥梁结构会产生各种损伤或局部破坏,威胁桥梁运营安全。为保障桥梁的安全运营,延长其使用寿命,要定期对桥梁结构进行"体检",评估桥梁技术状况,发现承载力不足、使用性能较差或耐久性能不满足要求的结构或构件,进行有针对性的维修加固,该阶段桥梁检测的重点是对结构安全的评估。

1.2.1 建设期桥梁试验检测

建设期检测内容包括原材料、桥梁制品检测,地基与基桩检测,过程控制检测和施工监测;建设期检测目的是掌握桥梁状态,加强施工质量与施工安全控制。

1)原材料、桥梁制品检测

桥梁工程试验检测的内容随桥梁所处的位置、结构形式和所用材料不同而异,对于各类常规桥梁,施工前先要试验鉴定进场的原材料、成品和半成品部件是否符合国家质量标准和设计文件的要求。原材料和桥梁制品部分检测内容如表1-1所示。

表1-1 原材料、桥梁制品检测内容

原材料及制品类型		检测内容
原材料检测	石料	石料尺寸、力学性能、抗冻性能以及砌筑用砂浆检测
	混凝土	水泥、细集料、粗集料、水、外加剂以及掺合料等混凝土原材料检测
		混凝土力学性能检测
	钢材	钢筋、钢棒、预应力钢绞线、预应力螺纹钢
		碳素结构钢、低合金高强度结构钢、桥梁用结构钢
		钢筋焊接连接以及机械连接检测
桥梁制品检测	预应力筋用锚具、夹具、连接器	外观尺寸、静载锚固性能、疲劳性能等
	桥梁支座	力学性能(抗压、抗剪)、变形能力
	桥梁伸缩装置	变形性能、防水性能、承载性能
	波纹管	力学性能、外观尺寸等

2）地基与基桩检测

地基是指支承基础的土体或岩体,可分为天然地基和人工地基。天然地基为未经加固处理或扰动的地基。当天然地基承载力不够时,用换土、夯实、有机或无机结合料稳定等方法加固处理以提高承载力,这种加固处理后的地基称为人工(或加固)地基。桥梁结构的安全取决于基础与基础下地基的承载能力,为此,需要对拟建场地进行地质调查、工程勘察和各种土工试验,以查明场地的地质情况和土层结构、地下水情况和岩土的物理力学性能指标,根据结构类型,做出地基评价,为设计施工提供依据。基础是指建筑物、构筑物和各种设施在地面以下的组成部分,其作用是将上部结构所承受的各种作用荷载传递到地基上。桥梁结构常采用桩基础,包括摩擦桩和嵌岩桩。灌注桩施工有钻孔、冲击成孔、冲抓成孔和人工挖孔等方法。成孔质量和灌注桩桩身完整性直接影响桩基础的质量与安全性。

土工试验从试验环境和方法出发,可分为室内试验、原位测试和原型试验三类。室内试验是指对从现场取回的土样或土料进行物理、力学试验,获得可塑性、密度、透水性和压缩性、抗剪强度、泊松比等指标,由此对岩土地基进行分类,计算地基的稳定性和承载力。原位测试在现场进行,土层基本保持天然结构、含水率及应力状态,如平板静载试验、动方触探、原位直剪试验、十字板剪切试验、旁压试验、波速测试等,可对地基进行分层,评价地基稳定性和承载力。原型试验是指通过现场基础足尺试验或工程原型试验,监测受力、变形及孔隙水压力等土工参数及反算土的各种静、动力特性参数等,如桩的荷载试验、动力基础的模态试验等,是评价地基基础承载力和稳定性的有效方法。桥梁基桩检测方法如表1-2所示。

表1-2　桥梁基桩检测方法一览表

检测方法	检测目的及内容
成孔质量检测	检测混凝土灌注桩成孔的孔径、孔深、桩孔倾斜度及沉淀厚度
单桩竖向抗压静载试验	确定单桩竖向抗压极限承载力; 评判竖向抗压承载力是否满足设计要求; 通过桩身内力测试,测定桩侧及桩端阻力
单桩竖向抗拔静载试验	确定单桩竖向抗拔极限承载力; 评判竖向抗拔承载力是否满足设计要求; 通过桩身内力测试,测定抗拔桩的桩侧阻力
单桩水平静载试验	确定单桩水平临界荷载和极限承载力,推定土抗力参数; 评判水平承载力或水平位移是否满足设计要求; 通过桩身内力测试,测定桩身弯矩

续表1-2

检测方法		检测目的及内容
低应变反射波		检测桩身缺陷及位置,评判桩身完整性类别
高应变法		分析桩侧和桩端土阻力,推算单桩轴向抗压极限承载力; 检测桩身缺陷及位置,评判桩身完整性类别; 沉桩过程监测
超声波法	透射法	检测灌注桩中声测管之间混凝土的均匀性和桩身缺陷及位置,评判桩身完整性类别
	折射法	检测灌注桩钻芯孔周围混凝土的均匀性和桩身缺陷及位置,辅助评判桩身完整性类别
钻孔取芯法		检测灌注桩桩长、桩身混凝土强度、桩底沉淀厚度、桩身缺陷及位置,评判桩身完整性类别; 评判桩端持力层岩土性状

3)施工过程检测

施工过程检测包括施工单位自检、监理单位抽检以及第三方监督检查。在施工过程中,从桥位放样到每一工序和结构部位的完成,均须通过试验检测判定其是否符合质量标准要求,经检验符合质量标准后方可进行下一工序的施工。

对重点项目,为了加强过程质量控制,质量监督部门会在桥梁下部施工完成、上部结构施工完成、桥面系施工完成后等关键阶段实施质量检测。在桥梁下部施工完成后,重点检测桥梁基础的承载力、桩基的完整性等关键指标;在桥梁上部结构施工完成后,重点检测结构的强度、刚度以及稳定性等;在桥面系施工完成后,重点检测桥面的平整度、抗滑性能等指标。通过在这些关键阶段进行质量检测,能够及时发现并消除潜在的质量隐患,保障项目施工质量满足要求。

4)施工监控

对施工技术难度大、施工风险高的桥梁,一般要进行施工监控。如斜拉桥和悬索桥,因其结构复杂、跨径普遍较大,且施工过程复杂、技术难度较大,一般情况下需要进行施工监控。对组合体系桥梁,采用转体施工、顶推施工及节段预拼施工的桥梁,因其结构复杂或施工工艺复杂,施工过程中结构受力体系不断变化,施工难度较大,也需要进行施工监控。对梁桥(连续刚构桥、连续梁桥)和拱桥,如果设计文件要求,或者由于跨径大、技术复杂、施工风险高等原因,业主或相关管理部门要求,也需要进行施工监控。图1-4所示是某悬臂浇筑连梁桥施工监控。

图1-4　桥梁结构施工监控

公路桥梁施工监控应根据结构特点和施工方法,对桥梁结构的内力状态和几何状态进行监测及控制。施工监控是为了控制桥梁结构施工过程的结构状态,实现成桥结构内力状态与几何状态目标而进行的控制计算、施工监测、数据分析与反馈控制等工作的总称。桥梁施工监控包括控制计算、施工监测、数据分析和反馈控制等工作。

1.2.2　运营期桥梁检测体系

《公路桥涵养护规范》(JTG 5120—2021)是公路桥涵养护工作的基本技术规范,是各级公路桥涵管理单位、养护单位、检测单位、养护设计与施工单位等在公路桥涵养护工作中遵循的统一的养护标准。该规范从桥梁检测与评定、保养、维修、安全防护、加固改造、环保、防灾、建立档案和数据库等八个方面规定了桥涵养护工作的主要工作内容及基本要求,基本建立了我国公路桥梁检测养护体系,如图1-5所示。

公路桥梁养护检查等级应分为Ⅰ、Ⅱ、Ⅲ级,分级标准应符合下列规定:

(1)单孔跨径大于150 m的特大桥、特别重要桥梁的养护检查等级为Ⅰ级。

(2)单孔跨径小于或等于150 m的特大桥、大桥,以及高速公路或一、二级公路上的中桥、小桥的养护检查等级为Ⅱ级。

(3)三、四级公路上的中桥、小桥的养护检查等级为Ⅲ级。

(4)技术状况评定为3类的大、中、小桥应提高一级进行检查。

(5)技术状况评定为4类的桥梁在加固维修前应按Ⅰ级进行检查。

公路桥梁检测应分为初始检查、日常巡查、经常检查、定期检查和特殊检查。

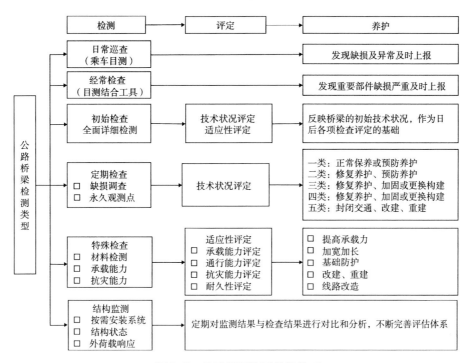

图1-5 公路桥梁检测养护体系

1）初始检查

新建或改建桥梁交付使用后，对桥梁结构及其附属构件的技术状况进行的首次全面检测，其成果是后期桥梁检查和评定工作的基准，称为初始检查。初始检查的目的是采集桥梁的基础状态数据，建立桥梁技术档案，作为后期经常检查、定期检查、特殊检查及桥梁评定的基准。通过初始检查，可以确定桥梁各构件的基础技术状况，便于对后期发现的桥梁缺陷和病害作对比分析，确定病害或缺陷成因及发展程度，为进一步开展桥梁养护工作提供依据。

初始检查需要尽早进行，以确保如实反映桥梁的初始技术状况，初始检查宜与交工验收同时进行，最迟不得超过交付使用后1年。

交工验收是以抽检的形式按《公路工程质量检验评定标准 第一册 土建工程》（JTG F80/1—2017）对桥梁工程质量进行检测评定；初始检查是全面检查，按上标准要求的内容和《公路桥梁技术状况评定标准》（JTG/T H21—2011）进行检查评定；交工验收检测不能替代初始检查，初始检查可以沿用交工验收检测报告里已经包含的参数数据，避免重复检测，节约养护费用。

初始检查应包括下列内容：

（1）定期检查需测定的所有项目，并按要求设置永久观测点。

（2）测量桥梁长度、桥宽、净空、跨径等；测量主要承重构件尺寸，包括构件的长度与截面尺寸等；测定桥面铺装层厚度及拱上填料厚度等。

（3）测定桥梁材质强度、混凝土结构的钢筋保护层厚度。

（4）养护检查等级为Ⅰ级的桥梁，通过静载试验测试桥梁结构控制截面的应力、应变、挠度等静力参数，计算结构校验系数；通过动载试验测定桥梁结构的自振频率、冲击系数、振型、阻尼比等动力参数。

（5）有水中基础，养护检查等级为Ⅰ、Ⅱ级的桥梁，应进行水下检测。

（6）量测缆索结构的拉索索力及吊杆索力，测试索夹螺栓紧固力等。

（7）检测钢管混凝土拱桥钢管内混凝土密实度。

初始检查后应提交技术状况评定报告。技术状况评定报告应包括下列内容：

（1）桥梁基本状况卡片、桥梁初始检查记录表、桥梁定期检查记录表、桥梁技术状况评定表。

（2）典型缺损和病害的照片、文字说明及缺损分布图，缺损状况的描述应采用专业标准术语，说明缺损的部位、类型、性质、范围、数量和程度等。

（3）三张总体照片，包括桥面正面照片一张，桥梁两侧立面照片各一张。

（4）按定期检查要求的成果。

（5）养护建议。

2）日常巡查

日常巡查是对桥面及其以上部分的桥梁构件、结构异常变位和桥梁安全保护区的日常巡视和目测检查。日常巡查可以乘车目测为主，并应做巡检记录，发现明显缺损和异常情况应及时上报。

检查频率：养护检查等级为Ⅰ、Ⅱ级的桥梁，日常巡查每天不应少于1次；对有特殊照明需求（功能性及装饰性照明、航空航道指示灯等）的桥梁，应适当开展夜间巡查。养护检查等级为Ⅲ级的桥梁，日常巡查每周不应少于1次。遇地震等地质灾害或极端天气时，应增加检查频率。

日常巡查内容：

（1）桥路连接处是否异常。

（2）桥面铺装、伸缩缝是否有明显破损；伸缩缝位置的桥面系是否存在异常。

（3）栏杆或护栏等有无明显缺损。

（4）标志标牌是否完好。

（5）桥梁线形是否存在明显异常。

（6）桥梁是否存在异常的振动、摆动和声响。

（7）桥梁安全保护区是否存在侵害桥梁安全的情况。

3）经常检查

经常检查是抵近桥梁结构,采用目测结合辅助工具对桥面系、上部结构、下部结构和附属设施表观状况进行的周期性检查。现场填写"桥梁经常检查记录表"。

检查频率:

(1)养护检查等级为Ⅰ级的桥梁,经常检查每月不应少于1次。

(2)养护检查等级为Ⅱ级的桥梁,经常检查每两月不应少于1次。

(3)养护检查等级为Ⅲ级的桥梁,经常检查每季度不应少于1次。

(4)在汛期、台风、冰冻等自然灾害频发期,应提高经常检查频率。

(5)养护检查等级为Ⅱ、Ⅲ级的桥梁,在定期检查中发现存在四类构件时,加固处治前应提高经常检查频率。

(6)对支座的经常检查每季度不应少于1次。

4）定期检查

定期检查是对桥梁总体技术状况进行的周期性检查及技术状况评定。养护检查等级为Ⅰ级的桥梁,定期检查周期不得超过1年;养护检查等级为Ⅱ、Ⅲ级的桥梁,定期检查周期不得超过3年。定期检查各部件的缺损情况,完成以下工作:

(1)现场校核桥梁基本数据,填写或补充完善"桥梁基本状况卡片"。

(2)现场填写"桥梁定期检查记录表",记录各部件缺损状况并绘制主要病害分布图。

(3)复核桥梁永久观测点,对桥面高程及线形、变位等检测指标进行量测。

(4)判断病害原因及影响范围。

(5)进行技术状况评定,提出养护建议。

5）特殊检查

特殊检查是对桥梁承载能力、抗灾能力、耐久性能、水中基础技术状况进行的一项或多项检查与评定,以及对定期检查中难以判明病害成因及程度的桥梁进行的检查。特殊检查根据检测目的、病害情况和性质,采用仪器进行现场测试和其他辅助试验,对桥梁现状进行检算分析,形成评定结论,提出建议措施。特殊检查的对象主要有:

(1)定期检查中难以判明构件损伤原因及程度的桥梁。

(2)拟通过加固手段提高荷载等级的桥梁。

(3)需要判明水中基础技术状况的桥梁。

(4)遭受洪水、流冰、滑坡、地震、风灾、火灾、撞击,因超重车辆通过或其他异常情况影响造成损伤的桥梁。

特殊检查的内容如下：

实施特殊检查前,应充分收集桥梁设计资料、竣工资料、材料试验报告、施工资料、历次检测报告及维修资料等,并现场复核。特殊检查应包括下列一项或多项内容：

(1)材料的物理性能、化学性能及其退化程度的测试鉴定;结构或构件开裂状态的检测及评定。

(2)结构的强度、刚度和稳定性的检算、试验和鉴定。桥梁承载能力评定宜按《公路桥梁承载能力检测评定规程》(JTG/T J21—2011)执行。

(3)桥梁抵抗洪水、流冰、风、地震及其他灾害能力的检测鉴定。

(4)桥梁遭受洪水、流冰、滑坡、地震、风灾、火灾、撞击,因超重车辆通过或其他因素造成损伤的检测鉴定。

(5)水中墩台身、基础的缺损情况的检测评定。

(6)定期检查中发现的较严重的开裂、变形等病害,应进行跟踪观测,预测其发展趋势。

特殊检查后应提交检查报告。检查报告应包括下列内容：

(1)桥梁基本状况信息。

(2)特殊检查的总体情况概述,包括桥梁的基本情况、检测的组织名称、检测时间、检测背景、检测目的和工作过程等。

(3)现场调查、检测与试验项目及方法的说明。

(4)详细描述检测部位的损坏程度并分析原因。

(5)桥梁结构特殊检查评定结果。

(6)填写"桥梁特殊检查记录表"。

(7)提出结构部件和总体的维修、加固或改建的建议。

1.2.3 桥梁检测技术标准

1)桥梁检测技术标准分类

桥梁检测评估是以国家和交通运输部颁布的有关公路工程的法规、技术标准、设计施工规范和材料试验规程为依据进行的,交通运输部先后制定和颁布了一系列规范,形成了较为健全的公路桥梁检测标准体系。

根据《中华人民共和国标准化法》,标准体系分为国家标准、行业标准、地方标准、团体标准和企业标准。国家标准和行业标准又分为强制性标准、推荐性标准。推荐性国家标准、行业标准、地方标准、团体标准、企业标准的技术要求不得低于强制性国家标准。对没有推荐性国家标准、需要在全国某个行业范围内统一的技术要求,可以制定行业标准。团体标准由学会、协会、商会、联合会、产业技术联盟等社会团体协调相关市场主体共同制定,以满足市场和创新需要,由本团体成员约定采用或者按照本团体的规定供社会自愿采用。

在工程领域,检测方法标准和评价性标准是两个不同的概念,它们在工程实践中起着不同的作用。检测方法标准规定了方法、程序和技术,目的是确保检测过程的标准化和一致性;评价性标准明确了评价准则或指标,满足判别的要求。这两类标准的具体差别见表1-3。

表1-3 检测方法标准与评价性标准差别

项目	标准类型	
	检测方法标准	评价性标准
定义	对材料、构件或结构进行检测时采用的具体方法、程序和技术的规定	是用于评估材料、构件或结构性能是否满足预定要求的准则或指标
目的	确保检测过程的标准化和一致性,使得不同人员在不同时间进行的检测能够得到可比较和重复的结果	确定工程实体是否达到了设计、施工或维护的质量要求,以及是否满足安全、耐久性和功能性的标准
内容	包括检测设备的要求、样品的制备方法、测试步骤、数据采集和处理、结果的表述等	包括性能指标、允许的偏差、极限状态的设计值、验收标准等

2)公路桥梁养护领域技术标准

公路养护板块由综合、检测评价、养护决策、养护设计、养护施工、造价等模块构成。综合模块用于指导公路及其各类设施的养护,由公路养护总体要求和各专业养护要求等标准构成。检测评价模块用于指导既有公路基础设施的检测、评价,由现场检测监测、技术状况评定、设施性能评价等标准构成。

桥涵养护工作综合性强,涉及结构设计、施工工艺、材料性能、检测技术、评价方法、验收标准、使用环境、气象水文、地形地质等多个方面,《公路桥涵养护规范》(JTG 5120—2021)规定了经常检查、定期检查、特殊检查以及结构监测的目的、检测频率、检测内容以及评估方法。它是养护领域基础性规范,在使用过程中应与相关规范、标准配套使用,如定期检查中,检查内容和评估方法应按《公路桥梁技术状况评定标准》(JTG/T H21—2011)的具体要求执行;特殊检查桥梁承载能力应按《公路桥梁承载能力检测评定规程》(JTG/T J21—2011)及《公路桥梁荷载试验规程》(JTG/T J21-01—2015)执行,桥梁结构监测应按《公路桥梁结构安全监测系统技术规程》(JT/T 1037—2016)以及相关桥型的设计规范等配套使用。

《公路桥梁技术状况评定标准》(JTG/T H21—2011)是针对公路桥梁定期检查中

技术状况评定而制定,于 2011 年实施。该标准按不同桥型进行桥梁评定分类,并细化不同桥型的部件分类;根据不同桥型的部件类型制定评定细则,将评定指标进行细分并提出量化标准;提出了 5 类桥梁技术状况单项控制指标;改进了桥梁技术状况的评定模型。

《公路桥涵养护规范》(JTG 5120—2021)和《公路桥梁养护管理工作制度》要求对在用公路桥梁进行承载能力评定。为加强检测结果的定量化应用,客观评定桥梁的承载能力,规范承载能力检测评定工作,交通运输部 2011 年颁布了《公路桥梁承载能力检测评定规程》(JTG/T J21—2011)。该规程重点解决了检测结果的定量化应用问题,根据桥梁检查和检测结果,采用引入分项检算系数修正极限状态设计表达式的方法进行承载能力评定,提高了桥梁承载能力评定的客观性和可操作性。

荷载试验是桥梁承载能力评定的重要手段,2015 年,交通运输部颁布了《公路桥梁荷载试验规程》(JTG/T J21-01—2015),该规程从荷载试验的测试设备、测试内容、测点布置、试验过程控制及数据处理等方面做了具体要求,对规范和指导公路桥梁荷载试验工作有重要意义。

公路桥梁现场检测是开展桥梁评定和养护维修的前期基础性工作。为更好地依据《公路桥梁技术状况评定标准》(JTG/T H21—2011)、《公路桥梁承载能力检测评定规程》(JTG/T J21—2011)进行桥梁评定工作,2022 年交通运输部颁布了《在用公路桥梁现场检测技术规程》(JTG/T 5214—2022)。该规程针对在用桥梁的表观和内部病害、材质状况、几何形态等检测项目,从基本程序、方法步骤、检测要求、现场记录、统计汇总和方案报告等方面进行了规定和说明,力求进一步规范公路桥梁现场检测工作,提高其质量和效率。

随着监测技术的发展,对重要桥梁开展结构监测成为桥梁养护的重要方式,2022 年,交通运输部颁布了《公路桥梁结构监测技术规范》(JT/T 1037—2022)。该规范规定了公路桥梁结构监测的基本规定、监测内容、监测测点布设、监测方法、监测系统、数据管理和监测应用的要求。

同时针对不同桥梁结构养护特点,也颁布了相应的养护标准,进一步完善了我国公路桥梁检测标准体系。如 2021 年颁布了《公路缆索结构体系桥梁养护技术规范》(JTG/T 5122—2021),2023 年颁布了《公路桥梁支座和伸缩装置养护与更换技术规范》(JTG/T 5532—2023)。

1.3　桥梁结构评估方法

桥梁作为公路运输线上的关键结构物之一,其结构性能随运营时间和交通量的增加逐渐下降,需要采取合适的评估方法对其承载能力进行评定,以保证桥梁结构的安全运营。在役桥梁承载力评定受多重因素影响,如材料退化、构件损伤、边界条件变化等,其服役期间的技术状况和安全性评价难度远大于新建桥梁。总体上,桥梁评定分为技术状况评定和承载能力评定,评价方法及依据详见表1-4。

表1-4 桥梁评估方法

评定内容及方法		技术标准
技术状况	评分法	《公路桥梁技术状况评定标准》(JTG/T H21—2011) 《城市桥梁养护技术标准》(CJJ 99—2017)
承载 能力	检算法	《公路桥梁承载能力检测评定规程》(JTG/T J21—2011)
	荷载试验法	《公路桥梁荷载试验规程》(JTG/T J21-01—2015)

桥梁技术状况指的是桥梁结构各部件或构件的综合技术指标,反映桥梁结构的完好程度、安全程度及使用功能的完善程度。桥梁技术状况评定依据桥梁初始检查、定期检查资料,通过对桥梁各部件技术状况的综合评定,确定桥梁的技术状况等级,提出养护措施。公路桥梁技术状况评定方法按《公路桥梁技术状况评定标准》(JTG/T H21—2011)执行。

桥梁承载能力评估在特殊检查时开展,可采用分析检算或荷载试验方法。对于承载能力评定,一般采用仪器进行现场测试和其他辅助试验,对桥梁现状进行检算分析,得出评定结论,提出建议措施。

1.3.1 桥梁技术状况评定方法

公路桥梁技术状况评定依据《公路桥梁技术状况评定标准》(JTG/T H21—2011)进行,评定包括桥梁构件、部件、桥面系、上部结构、下部结构和全桥评定。采用分层综合评定与5类桥梁单项控制指标相结合的方法,首先判断是否满足5类桥梁单项控制指标,不满足的情况下再进行分层综合评定。评定时先对桥梁各构件进行评定,然后对桥梁各部件进行评定,再对桥面系、上部结构和下部结构分别进行评定,最后进行桥梁总体技术状况的评定。具体评分计算方法及案例详见4.3节。公路桥梁技术状况评定流程见图1-6。

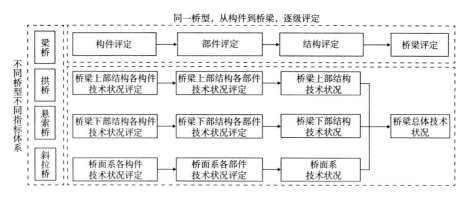

图1-6 公路桥梁技术状况评定流程

根据技术状况评分,可将桥梁结构技术状况等级分为 5 类,各等级分类界限详见表1-5。桥梁整体、上部结构、下部结构以及桥面系均可分级。表1-6 列举了各等级桥梁对应的状态描述,便于检测人员综合技术状况评分和整体状态描述,以及更准确地评定等级。

表1-5 桥梁技术状况分类界限表

技术状况评分	技术状况等级				
	1 类	2 类	3 类	4 类	5 类
Dr (SPCI、DPCI、BMCI)	[95,100]	[80,95)	[60,80)	[40,60)	[0,40)

表1-6 桥梁技术状况评定等级及状态描述

技术等级	状态	技术状况描述	
		公路桥涵养护规范	公路桥梁技术状况评定标准
1 类	完好、良好	1. 主要部件功能与材料均良好; 2. 次要部件功能良好,材料有少量(3%以内)轻度缺损; 3. 承载能力和桥面行车条件符合设计标准	全新状态,功能完好
2 类	较好	1. 主要部件功能良好,材料有少量(3%以内)轻度缺损,结构受力裂缝宽度小于设计限值; 2. 次要部件有较多(10%以内)中等缺损; 3. 承载能力和桥面行车条件达到设计指标	有轻微缺损,对桥梁使用功能无影响

续表1-6

技术等级	状态	技术状况描述	
		公路桥涵养护规范	公路桥梁技术状况评定标准
3类	较差	1. 主要部件材料有较多(10%以内)中等缺损,结构受力裂缝宽度超过设计限值,或出现轻度功能性病害,发展缓慢,尚能维持正常使用功能; 2. 次要部件有大量(10%~20%)严重缺损,功能降低,进一步恶化将不利于主要部件和影响正常交通; 3. 承载能力比设计降低10%以内,桥面行车不舒适	有中等缺损,尚能维持正常使用功能
4类	差	1. 主要部件材料有大量(10%~20%)严重缺损,结构受力裂缝宽度超过设计限值,锈蚀严重,或出现轻度功能性病害,且发展较快,结构变形小于或等于设计限值,功能明显降低; 2. 次要部件有20%以上的严重缺损,失去应有功能,严重影响正常交通; 3. 承载能力比设计降低10%~25%	主要构件有大的缺损,严重影响桥梁使用功能,或影响承载能力,不能保证正常使用
5类	危险	1. 主要部件出现严重的功能性病害,且有继续扩张现象,关键部位的部分材料强度达到极限,出现部分钢丝或钢筋断裂、混凝土压碎或杆件失稳变形、破损现象,变形大于设计限值,结构的强度、刚度、稳定性和动力响应不能达到交通安全通行的要求; 2. 承载能力比设计降低25%以上	主要构件存在严重缺损,不能正常使用,危及桥梁安全,桥梁处于危险状态

该评定方法按不同桥型进行桥梁评定分类,细化不同桥型的部件分类,并制定了部件病害检查内容和病害程度分级,程度分级中给出了定性标准和定量标准,这大大提高了现场检测的可操作性。在技术状况评定方面,增加了5类桥梁技术状况单项控制指标,考虑了权重分配,这也使评定结果更符合实际状况。

但实践中也发现一些值得注意的问题。首先,桥梁构件是整个技术状况评定的最小单元,构件划分的细致程度对评分结果有影响,构件划分越少,病害的累加效应就越大,造成评分偏低的情况。以3跨现浇连续箱梁桥为例,假设中跨主梁1/2跨截面存在混凝土剥落、1/4跨截面存在开裂、1/8跨截面存在蜂窝麻面三类病害,若主梁按跨划分为

3 个构件,则中跨主梁 1 个构件有 3 类病害,病害累加造成评分偏低,不符合实际情况。此时施工浇筑段划分构件相对较为合理。其次,该评定方法过程烦琐、计算量大,当无评定系统时,评分效率较低。

1.3.2 桥梁承载能力评估方法

桥梁承载能力是指桥梁结构在规定条件下,能够安全承受的最大荷载。桥梁承载能力评估依据《公路桥梁承载能力检测评定规程》(JTG/T J21—2011)进行,评估方法是以基于概率理论的极限状态设计方法为基础,采用引入分项检算系数修正极限状态设计表达式的方法,对在用桥梁承载能力进行检测评定。

承载能力评定流程如图 1-7 所示。首先对桥梁缺损状况、材质状况与自振频率进行调查,以确定承载能力检算系数及各种折减系数;然后根据规范对结构或构件按承载能力极限状态和正常使用极限状态进行验算,承载能力极限状态主要验算截面强度和稳定性,正常使用极限状态主要验算刚度和抗裂性;当验算结果不明确,即作用效应与抗力效应的比值在 1.0 ~ 1.2 之间时,再通过荷载试验的方式评定桥梁承载能力。

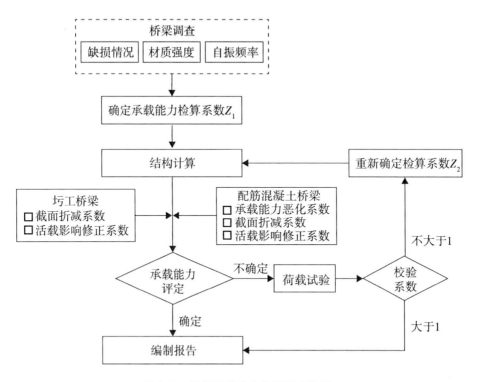

图 1-7 桥梁承载能力检算评定流程

1) 检算分项系数确定

(1) 活载影响修正系数

对于频繁通行大吨位车、超重运输严重及交通量严重超限的重载交通桥梁,应考虑实际运营荷载状况对结构承载能力所造成的不利影响。在进行荷载效应组合时可引入活载影响修正系数,适当地提高汽车检算荷载效应,以反映桥梁实际承受荷载情况。通过实际调查重载交通桥梁的典型代表交通量、大吨位车辆混入率、轴载分布,按式(1-1)确定。

$$\xi_q = \sqrt[3]{\xi_{q1}\xi_{q2}\xi_{q3}} \tag{1-1}$$

式中: ξ_q ——活载影响修正系数;

ξ_{q1} ——典型代表交通量影响修正系数,按表1-7确定;

ξ_{q2} ——大吨位车辆混入影响修正系数,按表1-8确定;

ξ_{q3} ——轴荷分布影响修正系数,按表1-9确定。

表1-7 交通量影响修正系数

Q_m/Q_d	ξ_{q1}	Q_m/Q_d	ξ_{q1}
$1 < \dfrac{Q_m}{Q_d} \leqslant 1.3$	$[1.0,1.05)$	$1.7 < \dfrac{Q_m}{Q_d} \leqslant 2.0$	$[1.10,1.20)$
$1.3 < \dfrac{Q_m}{Q_d} \leqslant 1.7$	$[1.05,1.10)$	$2.0 < \dfrac{Q_m}{Q_d}$	$[1.20,1.35]$

注: Q_m 为典型代表交通量; Q_d 为设计交通量。

表1-8 大吨位车辆混入影响修正系数

α	ξ_{q2}	α	ξ_{q2}
$\alpha < 0.3$	$[1.0,1.05)$	$0.5 \leqslant \alpha < 0.8$	$[1.10,1.20)$
$0.3 \leqslant \alpha < 0.5$	$[1.05,1.10)$	$0.8 \leqslant \alpha < 1.0$	$[1.20,1.35]$

注: α 为大吨位车辆混入率; ξ_{q2} 可按 α 值线形内插。

表1-9 轴荷分布影响修正系数

β	ξ_{q3}	β	ξ_{q3}
$\beta < 5\%$	1.00	$15\% \leqslant \beta < 30\%$	1.30
$5\% \leqslant \beta < 15\%$	1.15	$\beta \geqslant 30\%$	1.40

注: β 为实际调查轴荷分布中轴重大于14 t所占的百分比。

（2）承载能力检算系数 Z_1 或 Z_2

砖石结构、混凝土结构及配筋混凝土结构的承载能力检算系数 Z_1，综合考虑桥梁结构或构件表观缺陷、材质强度和桥梁结构自振频率的检测结果，按表 1-10 确定。

表 1-10　承载能力检算系数评定标度 D 计算

序号	检测指标名称	权重 α_j	评定标度 D_j 取值	综合评定方法
1	缺损状况	0.4	1～5 中的整数	
2	材质强度	0.3	1～5 中的整数	$D = \sum \alpha_j D_j$
3	自振频率	0.3	1～5 中的整数	

根据结构或构件承载能力检算系数评定标度，按表 1-11 确定承载能力检算系数 Z_1，特殊情况下，也可采用专家调查法确定。

表 1-11　圬工及配筋混凝土结构检算系数 Z_1 值

承载能力检算评定标度 D	受弯构件	轴心受压	轴心受拉	偏心受压	偏心受拉	受扭构件	局部承压
1	1.15	1.20	1.05	1.15	1.15	1.10	1.15
2	1.10	1.15	1.00	1.10	1.10	1.05	1.10
3	1.00	1.05	0.95	1.00	1.00	0.95	1.00
4	0.90	0.95	0.85	0.90	0.90	0.85	0.90
5	0.80	0.85	0.75	0.80	0.80	0.75	0.80

注：1. 小偏心受压可参考轴压取用承载能力检算系数；

　　2. 检算系数 Z_1 可根据评定标度 D 线性内插确定。

当通过检算分析尚无法明确评定桥梁承载能力时，即作用效应与抗力效应的比值在 1.0～1.2 之间时，可通过静载试验测定桥梁结构在试验荷载下的结构响应，并根据荷载试验校验系数确定检算系数 Z_2，重新进行承载能力检算或者直接判定桥梁承载能力是否满足要求。Z_2 按表 1-12 确定。

表 1-12 荷载试验校验系数确定结构检算系数 Z_2

校验系数 ξ	Z_2	校验系数 ξ	Z_2
0.4 及以下	1.30	0.8	1.05
0.5	1.20	0.9	1.00
0.6	1.15	1.0	0.95
0.7	1.10		

(3)承载能力恶化系数 ξ_e。

承载能力恶化系数 ξ_e 是考虑评定期内桥梁结构质量状况进一步衰退恶化对结构抗力效应产生不利影响的修正系数,按表 1-13 计算恶化状况评定标度 E。

表 1-13 配筋混凝土结构或构件恶化状况评定标度

序号	检测指标名称	权重 α_j	评定标度 E 计算
1	混凝土表观缺损	0.32	
2	钢筋锈蚀电位	0.11	
3	混凝土电阻率	0.05	$E = \sum\limits_{j=1}^{7} \alpha_j E_j$
4	混凝土碳化状况	0.20	E_j 为结构或构件某项检测指标的
5	混凝土保护层厚度	0.12	评定标度,取值范围为 1~5 中的
6	氯离子含量	0.15	整数。
7	结构混凝土强度推定值	0.05	

根据恶化状况评定标度 E 及桥梁所处的环境条件,按表 1-14 确定配筋混凝土桥的承载能力恶化系数。

表 1-14 配筋混凝土桥的承载能力恶化系数取值

承载能力检算评定标度 E	环境条件			
	干燥 不冻 无侵蚀性介质	干、湿交替 不冻 无侵蚀性介质	干、湿交替 冻 无侵蚀性介质	干、湿交替 冻 有侵蚀性介质
1	0.00	0.02	0.05	0.06
2	0.02	0.04	0.07	0.08

续表1-14

承载能力检算评定标度 E	环境条件			
	干燥 不冻 无侵蚀性介质	干、湿交替 不冻 无侵蚀性介质	干、湿交替 冻 无侵蚀性介质	干、湿交替 冻 有侵蚀性介质
3	0.05	0.07	0.10	0.12
4	0.10	0.12	0.14	0.18
5	0.15	0.17	0.20	0.25

(4)桥梁截面折减系数 ξ_c。

砖、石、混凝土结构及配筋混凝土结构截面折减系数根据材料风化、碳化、物理与化学损伤检测指标的评定标度及指标权重确定,按表1-15计算截面损伤评定标度 R。依据截面损伤的综合评定标度,按表1-16确定截面折减系数 ξ_c。

表1-15　截面损伤评定标度计算

结构类别	检测指标名称	权重值	评定标度 R 计算
砖、石结构	材料风化	0.20	$R = \sum \alpha_j R_j$ R_j 为结构或构件某项检测指标的评定标度,取值范围为 1~5 中的整数
砖、石结构	物理与化学损伤	0.80	
混凝土及配筋混凝土结构	材料风化	0.10	
混凝土及配筋混凝土结构	碳化	0.35	
混凝土及配筋混凝土结构	物理与化学损伤	0.55	

表1-16　圬工与配筋混凝土桥梁截面折减系数取值

R	ξ_c	R	ξ_c
$1 \leq R < 2$	$(0.98, 1.00]$	$3 \leq R < 4$	$(0.85, 0.93]$
$2 \leq R < 3$	$(0.93, 0.98]$	$4 \leq R < 5$	≤ 0.85

(5)钢筋截面折减系数 ξ_s。

配筋混凝土结构中,发生腐蚀的钢筋截面折减系数 ξ_s,可按表1-17确定。

表 1-17 配筋混凝土钢筋截面折减系数取值

评定标度	形状描述	截面折减系数 ξ_s
1	沿钢筋出现裂缝,宽度小于限制	(0.98,1.00]
2	沿钢筋出现裂缝,宽度大于限制,或钢筋锈蚀引起混凝土发生层离	(0.95,0.98]
3	钢筋锈蚀引起混凝土剥落,钢筋外露,表面有膨胀薄锈层或坑蚀	(0.90,0.95]
4	钢筋锈蚀引起混凝土剥落,钢筋外露,表面膨胀性锈层显著,钢筋断面损失在 10% 以内	(0.80,0.90]
5	钢筋锈蚀引起混凝土剥落,钢筋外露,出现锈蚀剥落,钢筋断面损失在 10% 以上	≤0.80

2)桥梁承载能力评定方法

(1)圬工桥梁承载能力评定

圬工桥梁承载能力极限状态,可按式(1-2)进行计算评定。

$$\gamma_0 S \le R(f_d, \xi_c, \alpha_d) Z_1 \qquad (1-2)$$

式中:γ_0——结构重要性系数;

  S——荷载效应函数;

  $R(\cdot)$——抗力效应函数;

  f_d——材料强度设计值,根据设计资料确定;

  α_d——结构的几何参数值,根据设计资料确定;

  Z_1——承载能力检算系数,根据荷载试验校验系数确定;

  ξ_c——配筋混凝土结构的截面折减系数,根据桥梁外观检查资料确定。

(2)配筋混凝土桥梁

配筋混凝土桥梁承载能力极限状态,可以按式(1-3)进行计算评定。

$$\gamma_0 S \le R(f_d, \xi_c \alpha_{dc}, \xi_s \alpha_{ds}) Z_1 (1-\xi_e) \qquad (1-3)$$

式中:γ_0——结构重要性系数;

  S——荷载效应函数;

  $R(\cdot)$——抗力效应函数;

  f_d——材料强度设计值,根据设计资料确定;

  α_{dc}——构件混凝土几何参数值,根据设计资料确定;

  α_{ds}——构件钢筋几何参数值,根据设计资料确定;

  Z_1——承载能力检算系数,根据荷载试验校验系数确定;

ξ_e——承载能力恶化系数，根据桥梁外观检查资料确定；

ξ_c——配筋混凝土结构的截面折减系数，根据桥梁外观检查资料确定；

ξ_s——钢筋截面折减系数，根据桥梁外观检查资料确定。

第 2 章

桥梁结构基础知识

桥梁作为一项建设工程,旨在横跨自然或人为的障碍物,如蜿蜒的河流、深邃的峡谷、繁忙的道路,从而连接分隔的地域,为人们提供一条畅通无阻的路径。桥梁种类繁多,结构各异,作为桥梁检测工程师,需要了解各种类型的桥梁结构,这不但包括掌握桥梁结构组成、受力体系、设计荷载、部件功能,还要熟知桥梁设计荷载、部件功能要求、常见病害类型等,唯有如此才能像医生一样,准确地找出病害,以确保桥梁的安全。

2.1 桥梁结构类型

从不同角度,桥梁有不同的分类方法。按照基本结构体系来分有梁桥、拱桥、悬索桥和斜拉桥;按照建桥材料来分有石桥、木桥、钢桥、混凝土桥等;按照跨径长度来分有特大桥、大桥、中桥和小桥;按照桥梁功能或者行业属相来分有公路桥、铁路桥、城市桥梁和景观桥梁等。桥梁结构在荷载作用下须保证安全,因此桥梁基本结构体系是桥梁检测工程师最先应该了解的。

2.1.1 桥梁基本结构体系分类

工程结构受力构件有拉、压和弯曲三种基本形式,比如常见的梁是受弯构件,桥墩是受压构件,斜拉索吊杆为受拉构件。桥梁结构也是由基本构件组成的结构物,形式多样,总体上可分为梁桥、拱桥、悬索桥和斜拉桥四种基本体系以及它们之间的各种组合。

1)梁桥

梁桥是以梁为主要受力构件的桥梁,荷载作用方向与承重结构的轴线接近垂直,梁是受弯构件,荷载通过梁的抗弯能力传递到桥梁墩台,在竖向荷载作用下下部墩台以受压为主。如图 2-1 所示,目前在公路上应用最广的是预制装配式预应力混凝土桥梁,截面形式有空心板、T 形梁和箱梁,结构形式上有简支结构和先简支后连续结构,此种梁桥的结构受力简单,采用梁场预制、现场安装的施工方式,其常用跨径在 50 m 以下。

(a) 简支梁桥　　　　　　　　　(b) 先简支后连续梁桥

图 2-1　预制装配式梁桥

随着跨径的增加,梁桥在恒载和活载作用下,支点截面负弯矩一般比跨中截面正弯矩大,主梁采用变截面形式,符合受力要求,同时支点附近的梁高增加时,还能进一步降低跨中截面的设计弯矩;从施工角度来说,变截面布置适合悬臂法施工,施工阶段的主梁内力和运营阶段的主梁内力基本一致。因此,预应力混凝土变截面箱梁桥成为很有竞争力的大跨梁桥。变截面箱梁桥在结构形式上有连续梁桥和连续刚构桥,如图 2-2 所示。不同于连续梁桥,连续刚构桥算是一种组合体系桥梁,其主要特点是墩梁固结,共同受力,墩身形式、高度对结构受力有影响。连续刚构桥常用于大跨、高墩的结构中,桥墩纵向刚度小,在竖向荷载下基本属于无推力结构,而上部结构具有连续梁的一般特点,具有较好的技术经济性。

(a) 连续梁桥　　　　　　　　　(b) 连续刚构桥

图 2-2　现浇变截面箱梁桥

2）拱桥

拱桥的主要承重结构是拱圈或拱肋。这种结构在竖向荷载作用下,桥墩或桥台将承受水平推力。同时,这种水平推力将显著抵消荷载所引起的在拱圈(或拱肋)内的弯矩作用。因此,与同跨径的梁相比,拱的弯矩和挠度要小得多。拱桥的承重结构以受压为主,通常采用抗压能力强的圬工材料(如砖石、混凝土)和钢筋混凝土等来建造。根据拱上建筑的形式,可分为实腹式拱桥和空腹式拱桥,如图2-3所示。

(a) 实腹式拱桥　　　　　　　　　　(b) 空腹式拱桥

图2-3 拱桥

拱桥的跨越能力很强,外形也较美观,在条件许可的情况下,修建拱桥往往是经济合理的,一般在跨径500 m以内均可作为比选方案。应当注意,为了确保拱桥的安全,下部结构和地基(特别是桥台)必须能承受很大的水平推力作用,此外,由于拱圈(或拱肋)在合龙前自身不能维持平衡,因而拱桥在施工过程中的难度和危险性较大。在地基条件差、不适合建造大推力拱桥的情况下,也可建造系杆拱桥。如图2-4所示,系杆拱桥也是一种组合体系桥梁,它将梁和拱两种基本结构组合起来,共同承受荷载,充分发挥梁受弯、拱受压的结构特性及其组合作用,达到节省材料的目的。结构上由拱肋、系杆、吊杆、桥面系等组成。拱肋结构一般为钢管混凝土和钢筋混凝土,拱肋间设置横撑,拱桥水平推力由系杆来承受。

（a）下承式　　　　　　　　　　（b）中承式

图2-4 系杆拱桥

3）悬索桥

悬索桥通常由桥塔、锚、缆索、吊杆、加劲梁及索鞍等主要部分组成,悬挂在两边桥塔上的主缆作为主要承重结构,如图2-5所示。作用于主梁上的竖向荷载,通过吊杆传递到主缆上,主缆通过索鞍支撑于桥塔,缆索两端锚固于两端的锚碇上。

（a）自锚式　　　　　　　　　（b）地锚式

图2-5　悬索桥

为了承受巨大的缆索拉力,锚碇结构需做得很大(重力式锚碇),或者依靠天然完整的岩体来承受水平拉力(隧道式锚碇),缆索传至锚碇的拉力可分解为垂直和水平两个分力,因而吊桥也是具有水平反力(拉力)的结构。桥塔承受缆索通过索鞍传来的垂直荷载和水平荷载,以及加劲梁支承在塔身上的反力,并将各种荷载传递到下部的塔墩和基础。桥塔同时还受到风力与地震的作用。桥塔的高度主要由垂跨比确定。主缆广泛采用高强度钢丝编制的钢缆,以充分发挥其优异的抗拉性能,因此结构自重较轻,能以较小的建筑高度跨越其他任何桥型无法比拟的特大跨度。其经济跨径在500 m以上。

4）斜拉桥

斜拉桥由塔柱、主梁和斜拉索组成,它是由承压的塔、受拉的索与受弯的梁体组合起来的一种结构体系。如图2-6所示,斜拉桥形式多样,常见的有两塔三跨式、独塔式,斜拉桥景观特色突出,往往成为地标式建筑。

图2-6　斜拉桥

　　斜拉桥基本受力特点是:受拉的斜索将主梁多点吊起,并将主梁的恒载和车辆等其他荷载传至塔柱,再通过塔柱基础传至地基。塔柱以受压为主。跨度较大的主梁就像一条多点弹性支承的连续梁一样工作,从而使主梁内的弯矩大大减小,使得主梁尺寸大大减小,结构自重显著减轻,从而大幅度提高了斜拉桥的跨越能力。由于同时受到斜拉索水平分力的作用,主梁截面的基本受力特征是偏心受压构件。斜拉桥属高次超静定结构,主梁所受弯矩大小与斜拉索的初张力密切相关,存在着一定的最优索力分布,使主梁在各种状态下的弯矩(或应力)最小。此外,由于塔柱、拉索和主梁构成稳定的三角形,斜拉桥的结构刚度较大,斜拉桥的抗风能力较悬索桥要好得多。

2.1.2　桥梁其他分类方式

　　除了按受力特点分成不同的基本结构体系外,人们还习惯按建桥材料、桥梁功能以及跨径长度等来进行分类。

　　(1)按建桥材料分类:按照主要承重结构所使用的材料划分,有石桥、木桥、钢桥、混凝土桥等。石桥是以石材为主要材料搭建而成的;木桥则以木材为主要材料;钢桥以钢材构建,具有较高的承载力和耐久性;混凝土桥则以混凝土为主要材料,广泛应用于现代桥梁建设。

　　(2)按桥梁功能分类:桥梁还可以按照其功能进行分类,有公路桥、铁路桥、城市桥梁、人行桥、水运桥(渡槽)以及景观桥梁等。公路桥主要承载道路交通的车辆和行人;铁路桥则用于承载运行的铁路列车;人行桥则是专门为行人提供通行的桥梁。

　　(3)按跨径长度分类:按照桥梁主跨的长度进行分类,有小跨度桥、中跨度桥、大跨度桥等。跨度越大,通常需要使用更复杂的结构形式和更高强度的材料来支撑桥面。公路桥梁跨径分类标准如表2-1所示。

表2-1　公路桥梁跨径分类标准

桥涵分类	多孔跨径总长 L/m	单孔跨径 L_K/m
特大桥	$L>1000$	$L_K>150$
大桥	$100 \leqslant L \leqslant 1000$	$40 \leqslant L_K \leqslant 150$
中桥	$30<L<100$	$20 \leqslant L_K <40$
小桥	$8 \leqslant L \leqslant 30$	$5 \leqslant L_K <20$
涵洞	—	$L_K<5$

注:1. 单孔跨径系指标准跨径。梁桥、板桥以两桥墩中线间距离或桥墩中线与台背的缘间距为准;拱桥和涵洞以净跨径为准。

　　2. 梁桥、板桥的多孔跨径总长为多孔标准跨径的总长,拱桥为两端桥台内起拱线间的距离,其他形式桥梁为桥面系行车道长度。

（4）按上部结构的行车道位置，又分为上承式、中承式和下承式。

（5）按跨越物的类型，可分为跨河桥、立交桥、高架桥和栈桥。高架桥一般指跨深沟峡谷以替代高路基的桥梁，以及在城市桥梁中跨越导梁的桥梁。

2.2 桥梁荷载

荷载是桥梁设计和评估过程中必须考虑的重要因素，因为它直接影响到桥梁的承载能力、安全性和使用寿命。在进行旧桥检测评估时，在考虑原设计荷载标准的同时，也应考虑桥梁结构在现行标准下的适用性。

2.2.1 桥梁荷载分类

公路桥梁汽车荷载主要包括以下几种类型（表2-2）：

1）永久荷载（恒载）

恒载是指桥梁结构自身的重量，包括桥梁的各个构件如桥面板、主梁、墩台、桥面系等的重量。恒载在桥梁使用期间基本保持不变。

2）基本可变荷载（活载）

活载是指桥梁使用过程中可能变化的荷载，包括汽车荷载、人群荷载、风荷载等。

（1）汽车荷载：最主要的活载，它包括汽车的自重和由于行车动态作用产生的附加荷载。

（2）人群荷载。

（3）汽车冲击力。

（4）离心力。

3）其他可变荷载

（1）风荷载。

（2）汽车制动力。

（3）温度效应。

（4）支座摩阻。

（5）温度荷载：由于温度变化，桥梁材料会热胀冷缩，从而在桥梁结构中产生应力。这种由于温度变化引起的荷载称为温度荷载。

4）偶然荷载

表2-2　桥梁荷载分类

分类	名称	说明
永久荷载	结构重力 （包括结构附加重力）	旧桥评估时,考虑恒载变化情况
	预加力	考虑预应力损失情况
	土的重力	运营中桥梁下部堆土或取土可能引起土压力变化
	土侧压力	
	混凝土收缩、徐变作用	
	水浮力	
	基础变位作用	结合基础沉降、滑移检测情况计算
可变荷载	汽车荷载	考虑原设计荷载标准与现行标准的差异性
	汽车冲击力	
	汽车离心力	
	汽车引起的土侧压力	
	汽车制动力	
	人群荷载	
	疲劳荷载	钢结构桥梁注重疲劳问题
	风荷载	灾害及极端天气下桥梁结构评估
	流水压力	
	冰压力	
	波浪力	极端天气下桥梁结构评估
	温度荷载 （均匀温度和梯度温度）	
	支座摩阻力	支座出现病害后摩阻力取值
偶然荷载	船舶的撞击作用	通航桥梁在撞击下的安全性
	漂流物的撞击作用	跨河桥梁在撞击下的安全性
	汽车的撞击作用	跨线桥梁在汽车撞击下的安全性

2.2.2　公路桥梁汽车荷载标准的演变

作为公路桥梁主导可变荷载,汽车荷载是桥梁结构最主要的荷载。从荷载性质上讲,汽车荷载是可变荷载;从作用位置看,汽车荷载又属于移动荷载。从桥梁运营周期来看,汽车荷载是所有可变荷载中受人为因素影响最大的,它也随着国民经济的发展而变化。根据各个时期实际的公路交通运输情况,截至目前,我国对桥梁汽车荷载标准共进行了7次修订,见表2-3。2004年以前的汽车荷载分为计算荷载和验算荷载两种,其中计算荷载以汽车车队表示,验算荷载在不同时期以拖车、履带车或平板挂车表示,如图2-7所示。

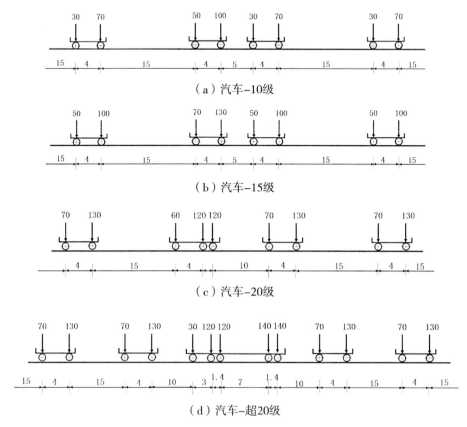

图2-7 车队荷载纵行布置图(单位:kN·m)

表2-3 桥梁汽车荷载演变

年份	标准名	计算荷载	验算荷载
1954 年	《公路工程设计准则》	汽-6、汽-8、汽-10、汽-13、汽-18	
1956 年	《公路工程设计准则(修订草案)》	汽-6、汽-8、汽-10、汽-13、汽-18、拖-30、拖-60、拖-80	
1967 年	《公路桥梁车辆荷载及净空标准暂行规定》	汽-10、汽-15、汽-26	履带-50、拖车-60、拖车-100

年份	标准名	计算荷载	验算荷载
1972 年	《公路工程技术标准(试行)》	汽-10、汽-15、汽-20	履带-50、挂车-80、挂车-100
1985 年	《公路桥涵设计通用规范》	汽车-10 级、汽车-15 级、汽车-20 级、汽车-超 20 级	履带-50、挂车-80、挂车-100、挂车-120
2004 年	《公路桥涵设计通用规范》(JTG D60—2004)	车道荷载:公路-Ⅰ级和公路-Ⅱ级 均布荷载:10.5 kN/m 集中荷载:180~360 kN	车辆荷载: 550 kN 的五轴标准车
2015 年	《公路桥涵设计通用规范》(JTG D60—2015)	车道荷载:公路-Ⅰ级和公路-Ⅱ级 均布荷载:10.5 kN/m 集中荷载:270~360 kN	车辆荷载: 550 kN 的五轴标准车

1954 年颁布的《公路工程设计准则》中确定了 5 种计算荷载,分别是:汽-6、汽-8、汽-10、汽-13、汽-18。该计算荷载车队包括若干标准车和一辆加重车。

1956 年,又颁布了《公路工程设计准则(修订草案)》,其在 1954 年《公路工程设计准则》中 5 种计算荷载的基础上,增加了 3 种验算荷载:拖-30、拖-60、拖-80。

1967 年,交通部颁布了《公路桥梁车辆荷载及净空标准暂行规定》。该规范对 1954 年及 1956 年规范中规定的设计荷载标准作了较大的修改,确定了 3 种计算荷载和 3 种验算荷载。3 种计算荷载分别是:汽-10、汽-15、汽-26;3 种验算荷载分别是:履带-50、拖车-60、拖车-100。

1972 年颁布的《公路工程技术标准(试行)》将设计荷载调整为 3 个等级:汽-10、汽-15、汽-20;而相应的 3 种验算荷载等级分别是:履带-50、挂车-80、挂车-100。

1985 年颁布的《公路桥涵设计通用规范》中,增加了汽车-超 20 级计算荷载标准及相应的挂车-120 验算荷载标准,从而确定了 4 种计算荷载和 4 种验算荷载。计算荷载为:汽车-10 级、汽车-15 级、汽车-20 级、汽车-超 20 级;验算荷载为:履带-50、挂车-80、挂车-100、挂车-120。

2004 年颁布的《公路桥涵设计通用规范》(JTG D60—2004)中规定,汽车荷载分为公路-Ⅰ级和公路-Ⅱ级两个等级,汽车荷载由车道荷载和车辆荷载组成,车道荷载由均布荷载和集中荷载组成,车辆荷载采用 550 kN 的五轴标准车。桥梁整体计算采用车道荷载,桥梁局部加载采用车辆荷载,车道荷载和车辆荷载作用不叠加。

车道均布荷载如图 2-8 所示。公路-Ⅰ级车道荷载的均布荷载标准值为 $q_k = 10.5$ kN/m,集中荷载标准值 P_k 按以下规定选取:桥梁计算跨径小于或等于 5 m 时,$P_k =$

180 kN;桥梁计算跨径大于或等于 50 m 时,$P_k = 360$ kN;桥梁计算跨径在 5～50 m 之间时,P_k 值采用直线内插计算。计算剪力效应时,集中荷载标准值 P_k 乘以系数 1.2。公路-Ⅱ级车道荷载的均布荷载标准值 q_k 和集中荷载标准值按公路-Ⅰ级车道荷载的 0.75 采用。

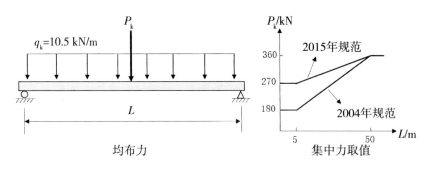

图 2-8　车道均布荷载

2015 年颁布的《公路桥涵设计通用规范》(JTG D60—2015)中进一步提高了集中荷载标准值,桥梁计算跨径小于或等于 5 m 时,$P_k = 270$ kN;桥梁计算跨径大于或等于 50 m 时,$P_k = 360$ kN;桥梁计算跨径 L_0 在 5～50 m 之间时,$P_k = 2(L_0 + 130)$。

2.3　桥梁结构计算概述

桥梁结构计算是桥梁设计和评估过程中的关键步骤,其目的是确定桥梁在不同荷载作用下的响应,以确保桥梁结构在设计寿命内能够安全、可靠地承受预定的荷载。

桥梁结构计算概述如图 2-9 所示。

2.3.1　结构计算内容

结构分析内容包括静力分析、动力分析、稳定性分析、施工过程分析和承载能力计算。静力分析研究结构在静态荷载作用下的响应,静力荷载包括自重、车辆荷载、风荷载、温度效应以及沉降等,静力响应包括应力、应变和变形。动力分析研究结构自振特性和在动态荷载(随时间变化的荷载)作用下的响应。动力分析包括响应谱分析、瞬态分析、频率响应分析等。在桥梁施工过程中,结构的受力状态会随着施工步骤的进行而变化,为了获取不同施工阶段下桥梁结构的受力情况的分析为施工过程分析。

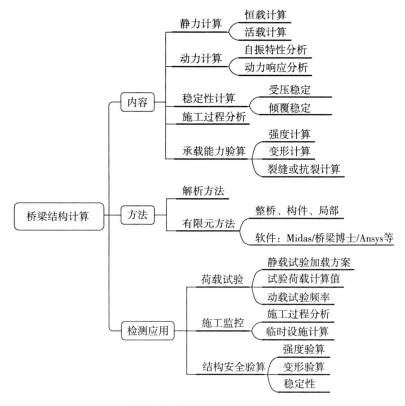

图 2-9　桥梁结构计算概述

2.3.2　结构计算方法

桥梁结构计算基本思路是将实际桥梁结构简化为力学计算模型,如图 2-10 所示。结构计算的方法有解析方法和有限元方法。解析方法使用数学公式直接求解简化的结构模型。有限元分析(FEA)是一种用于求解工程和物理学中问题的数值方法,其基本思想是将复杂的现实问题简化为有限的数学模型,然后通过将问题域分割成多个简单的子区域(即元素),在每个元素上近似求解原问题,最后将所有元素的解组合起来,得到整个问题域的近似解。

1)解析方法

以装配式 T 形梁桥为例,解析法是利用横向分布的概念将空间结构问题简化为单个构件的平面问题,梁桥结构解析的首要问题是计算荷载横向分布系数。桥上荷载横向分布的规律与结构的横向连接刚度有着密切关系,横向连接刚度越大,荷载横向分布作用越显著,各主梁的负担也越均匀。实践中梁桥上可能采用不同类型的横向结构,因此为使荷载横向分布的计算能更好地适应各种类型的结构特性,就需要按不同的横向结构简化计算模型拟定出相应的计算方法。目前常用的荷载横向分布计算方法有以下几种:

(1)杠杆原理法:忽略主梁之间横向结构的联系作用,把横向结构视作在主梁上断开而简支在其上的简支梁;该方法适用于计算荷载位于主梁支点时的横向分布系数。

(2)刚性横梁法:把横隔梁视作刚度极大的梁,也称偏心压力法。该方法适用于具有可靠横向联系的桥梁,且桥梁宽跨比小于或接近0.5的情况(窄桥)。当计及主梁抗扭刚度影响时,此法又称为修正刚性横梁法(修正偏心压力法)。

(3)铰接板(梁)法:把相邻板(梁)之间视为铰接,只传递剪力。

(4)刚接梁法:把相邻主梁之间视为刚性连接,即传递剪力和弯矩。

(5)比拟正交异性板法:将主梁和横隔梁的刚度换算成两向刚度不同的比拟弹性板来求解,并由实用的曲线图表进行荷载横向分布计算。

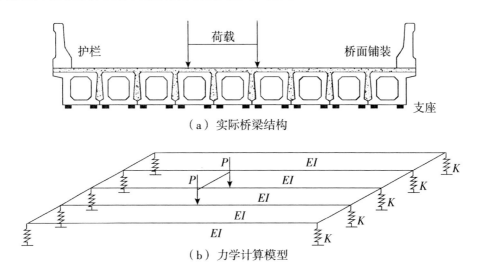

（a）实际桥梁结构

（b）力学计算模型

图2-10　桥梁结构计算简化示意图

2)有限元方法

随着计算机技术的发展,有限元分析已经成为工程设计和研究中不可或缺的工具。常见的有限元分析软件包括 ANSYS、ABAQUS、Midas/Civil、桥梁博士等。装配式梁桥也可以采用有限元建立整桥计算模型,主要步骤包括:

(1)前处理:首先建立分析对象的几何形状,然后定义材料属性、边界条件、荷载工况,进行网格划分,建立有限元模型。

(2)求解:在这个阶段,首先根据问题的物理特性(如弹性、热传导、流体流动等),为每个元素建立数学方程;然后联立这些方程,形成整个问题域的方程组;最后使用数值方法求解这个方程组。

(3)后处理:求解完成后,需要对结果进行分析,提出不同工况下关键截面的应力、应变、变形的数值及分布云图,对结果进行图表绘制和报告生成。

2.3.3 桥梁检测中结构计算

结构计算是桥梁检测中不可缺少的技术手段,在桥梁荷载试验、施工监控以及结构检算中均有应用。

1)荷载试验中的计算

荷载试验中,荷载试验方案编制以及结构承载能力评估都需要结构计算。试验荷载根据等效原则确定,编制方案时,首先需要计算桥梁结构的控制效应,如最大弯矩值、最大变形等;然后结合试验加载方式,计算出具体的加载荷载值、加载位置以及对应的结构应变和位移,作为荷载试验现场控制的标准;最后在试验完成后,需要进行截面承载能力复核、结构刚度计算以及抗裂性能计算,完成桥梁承载能力评估。可以说结构计算是荷载试验中的核心关键工作。

2)施工监控中的计算

控制计算是桥梁施工监控的基础工作内容。控制计算包括设计符合性计算、施工模拟计算、施工跟踪计算和参数敏感性分析。

(1)设计符合性计算依据设计文件选取合理的计算参数,考虑施工过程,进行主体结构强度、刚度和稳定性计算。其主要目的是确认计算模型与参数的正确性。

(2)施工模拟计算按实际施工组织确定的施工顺序和施工荷载,根据相关试验成果,修正计算模型和参数,进行施工过程计算,其目的是得到各施工阶段以及成桥状态结构内力和几何参数,作为目标数据。

(3)施工跟踪计算应根据实际的施工流程,按照监测数据分析、反馈控制更新计算参数,进行施工过程计算。其目的之一是从保障受力安全和实现成桥目标状态的角度,验证施工方案的合理性;目的之二是确定后续的合理施工状态,并得到后续各施工阶段及成桥状态的结构内力和几何等控制计算目标数据。

(4)参数敏感性分析宜在施工模拟计算和施工跟踪计算的模型上进行,分析参数变化对计算结果的影响程度。其目的是掌握控制计算模型中计算参数对计算结果的敏感性,明确施工监控关注的重要参数;确定重要参数的最大容许误差,评价其对线形和内力的影响。

3)结构验算

结构验算是确保桥梁在设计和使用过程中能够承受预期荷载而不发生破坏的重要步骤。验算内容包括强度验算、变形验算和稳定性验算。强度验算内容包括截面强度、连接强度、局部承压强度等;变形验算内容包括挠度、扭转以及结构裂缝等;稳定性验算内容包括整体稳定性、局部稳定性等。

2.4 桥面系部件

桥面系部件指的是与桥梁服务功能有关的部件,包括桥面铺装、排水防水系统、防撞护栏、伸缩装置、人行道以及照明标志等,桥面系典型布置如图2-11所示。

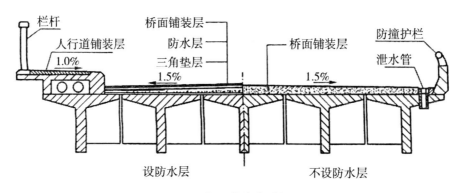

图2-11 桥面构造典型断面图

2.4.1 桥面铺装

桥面铺装即行车道铺装,它是车轮直接作用的部分。桥面铺装的作用在于防止车轮或履带直接磨耗行车道板,保护主梁免受雨水的侵蚀,并分散车轮的集中力。目前常见的桥面铺装形式有沥青混凝土铺装及水泥混凝土铺装。沥青混凝土铺装层为柔性结构,它可以减轻行车荷载对桥面板的冲击,较易达到车辆行驶安全、平稳、舒适的要求。水泥混凝土铺装层直接承受车辆轮压的作用,既是保护层,又是受力层,具有强度高、整体性好以及抗冲击和耐疲劳性能强等特点。

2.4.2 伸缩装置

1)伸缩装置功能概述

桥跨结构在气温变化、活载作用、混凝土收缩和徐变等影响下会发生变形。为了满足桥面按设计的计算图示自由变形的要求,同时又保证车辆能平顺通过,就要在相邻两梁端之间或梁端与桥台之间或桥梁的交接位置上预留伸缩缝,并在桥面设置伸缩装置。桥梁伸缩装置是为使车辆平稳通过桥面并满足桥面变形的需要,在桥面伸缩缝处设置的各种装置的总称,它是桥梁的重要组成部分。桥梁伸缩装置在满足变形的同时,应能将作用于其上面的荷载可靠地传递到桥梁主体结构上,并保证桥上车辆通行的安全性和舒适性。

桥梁伸缩装置的主体结构应具有足够的支承能力,并与桥梁主体结构有可靠的固定连接。桥梁伸缩装置应具有足够的位移能力,且能适应梁体竖向、横向和纵向位移的需要。伸缩装置的纵向位移主要是由梁体的温度伸缩、混凝土及预应力混凝土桥梁的收缩和徐变、梁体在车辆荷载作用下的弹性伸长等因素引起的。伸缩装置的横向位移是由横向风力和地震力等对梁体作用引起的;伸缩装置的竖向位移是由车辆等竖向荷载作用引起的。

温度效应是确定伸缩装置参数以及判别其工作状态是否正常的重要因素。桥梁伸缩装置除了应满足承载和位移的要求外,还应考虑防水、自洁、降噪等功能。

2)伸缩装置分类

桥梁伸缩装置按照伸缩体结构进行分类,主要有异型钢单缝式伸缩装置、模数单梁式伸缩装置、梳齿板式伸缩装置、无缝式伸缩装置。

(1)异型钢单缝式伸缩装置主要由异型钢和锚固件组成,常见的因边梁型钢形状不同有 C 形、E 形和 F 形。

(2)模数单梁式伸缩装置如图 2-12(a)所示,在各型钢之间采用串联布置橡胶剪切弹簧,通过串联橡胶剪切弹簧的等量剪切变形来实现缝宽的等距控制。

(3)梳齿板式伸缩装置是由钢制梳齿板组合而成的伸缩装置,如图 2-12(b)所示。

(4)无缝式伸缩装置通常采用弹塑性材料,并将其直接平铺在桥梁接缝处,与前后的桥面或路面铺装形成连续体,桥面平整无缝。

　　　(a) 模数单梁式　　　　　　　　　　　(b) 梳齿板式

图 2-12　桥梁伸缩装置

2.4.3　防排水系统

为防止雨水积滞于桥面并渗入梁体而影响桥梁的耐久性,除在桥面铺装层内设置防水层外,还应迅速引导桥上的雨水,将其排出桥外。通常当桥面纵坡大于2%而桥长小于50 m 时,雨水可流至桥头从引道上排出,桥上就不必设置专门的泄水孔道。为防止雨水冲刷引道路基,应在桥头引道的两侧设置流水槽。当纵坡大于2%,桥长超过50 m 时,宜在桥上每隔12~15 m 设置一个泄水管。如桥面纵坡小于2%,则宜每隔6~8 m 设置一个泄水管。泄水管的过水面积通常使每平方米桥面上不少于2~3 cm²,泄水管可以沿行车道两侧左右对称排列,也可交错排列,其离缘石的距离为 20 ~ 50 cm。

对于跨线桥和城市桥梁应设置完善的落水管道,将雨水排至地面阴沟或下水道内。泄水管也可布置在人行道下面,为此需要在人行道块件上留出横向进水孔,并在泄水管周围设置相应的聚水槽。桥梁泄水孔和排水管如图 2-13 所示。

图 2-13　桥梁泄水孔和排水管

防排水系统病害主要有泄水孔堵塞、箅子缺失、桥面排水不畅、桥下漏水等。其中,泄水孔存在堵塞现象是由于桥面杂土垃圾清扫不及时或者个别养护人员清扫至泄水孔处所导致。建议日常养护时将桥面杂土清除至桥外并及时清理、疏通堵塞的泄水孔,保障排水畅通。泄水管的缺失可能是人为破坏所致,及时补全即可。

2.4.4　防撞护栏

在布设人行道的公路桥梁上,为了确保行车安全,需要设置具有防撞能力的护栏。如图 2-14 所示,桥梁上常用的防撞护栏有波形钢护栏、混凝土墙式护栏和金属梁柱式护栏。防撞护栏作为一种保证车辆安全通行的防护设施,它的作用体现在以下几个方面:

（a）波形钢护栏及混凝土墙式护栏　　　　（b）金属梁柱式护栏

图 2-14　桥梁防撞护栏

（1）防穿越功能：防止车辆越出路外或撞到路侧危险物，以及防止失控车辆穿越中央分隔带闯入对向车道。

（2）使失控车辆恢复到正常行驶方向。

（3）具有良好的吸收碰撞能量的功能。

（4）诱导驾驶人视线，增加行车安全性，使道路更加美观。

护栏分为路侧护栏和中央分隔带护栏，《公路交通安全设施设计规范》（JTG D81—2017）规定公路桥梁护栏设置原则如下：

（1）各等级公路桥梁必须设置路侧护栏。

（2）高速公路及作为次要干线的一级公路的桥梁必须设置中央分隔带护栏，作为主要集散的一级公路的桥梁应设置中央分隔带护栏。

（3）设计速度小于或等于60 km/h的公路桥梁设置人行道（自行车道）时，可通过路缘石将人行道（自行车道）和车行道进行分离；设计速度大于60 km/h的公路桥梁设置人行道（自行车道）时，应通过桥护栏将人行道（自行车道）与车行道进行隔离。

防护等级是护栏的重要技术指标，桥梁防护等级是根据车辆驶出桥外或刚进入对向车行道可能造成的事故严重程度等级，应按表2-4的规定选取桥梁护栏的防护等级，并应符合下列规定：

（1）二级及二级以上公路小桥、通道、明涵的护栏防护等级宜与相邻的路基护栏相同。

（2）公路桥梁采用整体式上部结构时，中央分隔带护栏的防护等级可按路基中央分隔带护栏的条件来确定。

（3）由于桥梁线形、桥梁高度、交通量、车辆构成、运行速度或其他不利现场条件等因素易造成更严重碰撞后果的路段，经综合论证，可在表2-4的基础上提高1个或以上等级。其中，跨越大型饮用水水源一级保护区和高速铁路的桥梁以及特大悬索桥、斜拉桥等缆索承重桥梁，防护等级宜采用八（HA）级。

表2-4　桥梁护栏防护等级的选取

公路等级	设计速度 /(km/h)	车辆驶出桥外或进入对向车行道的事故严重程度等级	
		高：跨越公路、铁路或饮用水水源一级保护区等路段的桥梁	中：其他桥梁
高速公路	120	六（SS、SSm）级	五（SA、SAm）级
	100、80	五（SA、SAm）级	四（SB、SBm）级
一级公路	60	四（SB、SBm）级	三（A、Am）级
二级公路	80、60	四（SB）级	三（A）级

续表2-4

公路等级	设计速度/(km/h)	车辆驶出桥外或进入对向车行道的事故严重程度等级	
		高:跨越公路、铁路或饮用水水源一级保护区等路段的桥梁	中:其他桥梁
三级公路	40、30	三(A)级	二(B)级
四级公路	20		

注:括号内为护栏防护等级的代码,SS为路侧护栏等级,SSm为中分带护栏等级,对应等级为六级。

2.5 上部结构部件

目前在公路上,跨径50 m以下的桥梁,多采用预制装配式预应力混凝土梁桥,截面形式有空心板、T形梁和箱梁,结构形式上有简支结构和先简支后连续结构。

装配式预应力混凝土空心板桥、T形梁桥和箱形截面具有建筑高度较低、预制方便、用材经济等特点,是中、小跨径桥梁中最常用的桥型,空心板结构跨径主要分布在8~25 m,30~50 m预制拼装结构主要采用T形梁。小箱梁推广应用后主要跨径分布在20~40 m之间,在20~25 m之间与空心板形成竞争桥型,在30~40 m之间与T形梁形成竞争桥型。此类桥型横向由多片主梁组成,主梁通过横向连接部件(如铰缝)传递荷载,使整桥共同受力,主梁通过支座将荷载传递给下部结构。

当跨径大于50 m时,梁桥多采用箱梁截面形式,箱梁截面有单箱单室、单箱双室以及单箱多室等;箱梁构造布置灵活,适用于支架现浇施工、悬臂施工等多种施工形式。整体现浇箱梁一般采用纵向、竖向、横向三向预应力体系:纵向预应力抵抗纵向弯矩和部分剪力,竖向预应力抵抗剪力,横向预应力抵抗横向弯矩。预应力的数量和布筋位置需要考虑结构使用阶段的受力状态,同时施工方法不同,施工阶段受力差别很大,结构配筋综合使用需求和施工方法应由上述内容综合确定。

梁桥跨径应用范围如图2-15所示。

2.5.1 空心板

1953年以前,我国的板桥梁通用图完全是引进苏联的设计图;1961年,我国颁布了首部《公路桥涵设计规范》,据此,对以前编制的标准图进行了清理;1972年,交通部颁布《公路工程技术标准(试行)》后,在我国公路建设中1972年以前的标准图退出了历史舞台;1981年,交通部更新了《公路工程技术标准》,随后编制了高速公路桥涵设计图。随着公路建设领域的新技术、新方法、新材料、新设备、新工艺不断涌现,原有桥梁标准图已无法满足交通基础设施建设可持续发展的需要。交通部于 2005—2007 年组织设计科研单位,总结了几十年来我国中小跨径公路桥梁的设计施工等方面的经验教训,对其中的关键技术问题进行了深入研究和联合攻关,依据新版桥涵规范重新编制了一套新的板桥梁通用图。

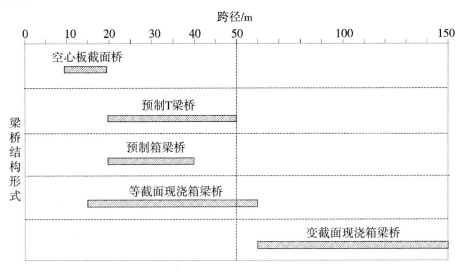

图 2-15　梁桥跨径应用范围

新编板桥梁通用图增加了空心板的截面高度,以保证空心板的安全储备和耐久性,同时可以增大刚度、减小挠度,典型断面如图 2-16 所示。空心板梁基本参数如表 2-5 所示。空心板是主要受力构件,板与板之间通过铰缝连接成共同受力的整体。截面采用矩形挖孔形式、大铰缝形式;中板采用对称截面,边板带预制悬臂。空心板常用跨径在 6 ~ 20 m 之间,梁高在 0.3 ~ 0.95 m 之间,其中 6 m、8 m 跨径多为普通钢筋混凝土,10 m、13 m、16 m、20 m 为预应力混凝土结构;预制板宽有 1.0 m 和 1.25 m,宽幅预应力空心板结构形式在工程量上大大节约工程造价,相应地提高了施工中安装、运输等工序的效率;在预应力施加方式上,后张法预应力较多,也有部分空心板采用先张法。

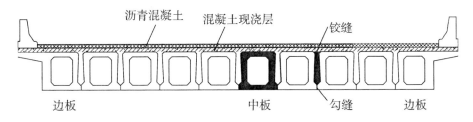

图 2-16　空心板桥典型断面

表 2-5 空心板梁基本参数　　　　　　　　　　　　　　单位:m

跨径	以往设计采用板高	2008 版通用图采用板高	板宽	结构材料
6	0.30～0.35	0.32	1.0/1.25	普通混凝土
8	0.40	0.42	1.0/1.25	普通混凝土
10	0.40～0.50	0.50、0.60	1.0/1.25	预应力混凝土
13	0.55～0.75	0.70	1.0/1.25	预应力混凝土
16	0.70～0.85	0.80	1.0/1.25	预应力混凝土
20	0.80～1.00	0.90	1.0/1.25	预应力混凝土

空心板桥使用过程中板与板之间的横向连接容易出现病害,初期以开裂、混凝土脱落或渗水等形式为主,短期内对桥梁的影响不甚明显。运营过程中,铰缝长期在水蚀和活载反复作用下,病害加剧并逐渐反射到桥面铺装,会出现纵向裂缝,影响结构的横向受力分布甚至形成单板受力的状态,一旦形成单板受力,会严重影响桥梁结构安全。

2.5.2　预制 T 形梁

装配式预应力混凝土 T 形梁桥从数量和建设规模上来说,基本是目前公路桥梁中仅次于空心板桥的另一类桥型,从跨径上来说,T 形梁桥适用跨径为 16～50 m,结构形式上有简支结构和先简支后连续两类,预制 T 形梁桥典型断面如图 2-17 所示。

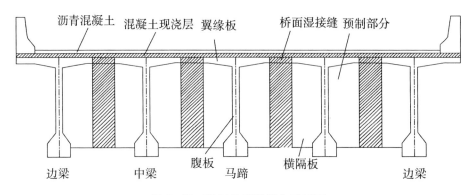

图 2-17　预制 T 形梁桥典型断面

预制梁宽尽可能相同,不同的梁距通过湿接缝宽度调整。中梁预制梁宽约 1.7 m,湿接缝宽度在 0.4～0.7 m 之间;公路-Ⅱ级预制梁宽采用 1.5 m 与 1.7 m,湿接缝宽度在 0.5～0.7 m 之间;翼板的形式和尺寸、腹板宽度也相同,只是梁高和马蹄尺寸因不同的跨径有差异。形成的连续体系与连续梁桥受力有同样的优点,即桥梁整体刚度大、收缩缝较少、变形不大等,可以提高行车的舒适性与车速。

2.5.3　预制小箱梁

装配式预应力混凝土预制箱梁桥常用跨径为 16～50 m,结构形式上有简支结构和先简支后连续两类,典型断面如图 2-18 所示。

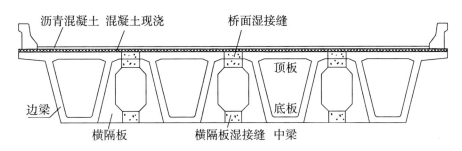

图 2-18　装配式小箱梁桥典型断面

预制箱梁常用跨径有 20 m、25 m、30 m、35 m、40 m,对应的梁高分别为 1.2 m、1.4 m、1.6 m、1.8 m、2.0 m。中梁顶部预制宽度 2.4 m,底宽 1.0 m,湿接缝宽度在 0.4～0.7 m 之间,通过湿接缝调整,单片梁宽 3.2 m 左右。预制箱梁的闭合薄壁截面刚度大,在车辆荷载作用下,主梁变形小,行车舒适性好。在施加预应力、运输、安装阶段,单梁的稳定性好。

2.5.4　现浇混凝土箱梁

大跨预应力混凝土连续梁桥、连续刚构桥多采用变截面箱梁。箱形截面有单箱单室、单箱双室和单箱多室等。单箱单室截面的顶板宽度一般小于 20 m;单箱双室截面的顶板宽度约为 25 m;双箱单室截面的顶板宽度可达 40 m 左右。一般地,等高度箱梁可采用直腹板或斜腹板,变高度箱梁宜采用直腹板。如图 2-19 所示,预应力箱梁采用三向预应力体系,纵向预应力抵抗纵向受弯和部分受剪,竖向预应力抵抗受剪,横向预应力则抵抗横向受弯。

图 2-19　箱梁三向预应力体系钢筋布置

1）纵向预应力筋

纵向预应力筋又称为主筋，是用以保证桥梁在恒载、活载作用下纵向跨越能力的主要受力钢筋，可布置在顶、底板和腹板中［图2-20（a）］。预应力混凝土连续梁桥中纵向预应力筋的布置方式多种多样，与所采用的施工方法以及预应力筋的种类等有密切的关系。以常用的悬臂浇筑施工为例，图2-20（b）表示采用悬臂施工方法的预应力筋布置方式。

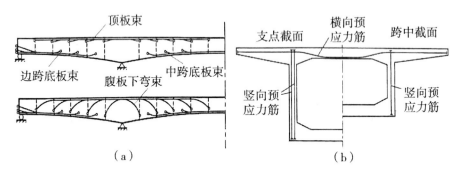

图2-20 箱梁纵向预应力钢筋布置

纵向预应力筋布置在梁中负弯矩区和正弯矩区的顶部和底部，其设计和构造仅由弯曲应力决定，而抗剪强度则由竖向预应力筋来提供。顶板预应力筋采用直线布束方式沿水平布置并锚固在梗肋处，此种布束方式可减少预应力筋的摩阻损失，并且穿束方便，也改善了腹板的混凝土浇注条件。顶板与腹板对应位置的预应力筋，在腹板内弯曲并下弯锚固在腹板上，以减小外荷载所产生的剪力。此时腹板应具有足够的厚度以承受集中的锚固力。预应力筋的布置要考虑张拉操作的方便。当需要在梁内、梁顶或梁底锚固预应力筋时，应根据预应力筋锚固区的受力特点给予局部加强，以防开裂损坏。

2）横向预应力筋

横向预应力筋是用以保证桥梁的横向整体性、桥面板及横隔板横向抗弯能力的主要受力钢筋，一般布置在横隔板或截面的顶板中。由于目前大跨度梁桥主梁大都采用箱形截面，顶板厚度一般在25~35 cm左右，在保证大量纵向预应力筋穿过的前提下，所剩的空间位置有限，此时横向预应力筋趋向于采用扁锚体系，以减少布筋所需空间。

3）竖向预应力筋

竖向预应力筋布置在腹板中，主要作用是提高截面的抗剪能力。竖向预应力筋在梁体腹板内沿纵向的布置间距可根据竖向剪力的分布而进行调整，靠支点截面位置较密，靠跨中位置较疏。竖向预应力筋比较短，故一般采用高强粗钢筋以减少力筋张拉锚固时的回缩损失，同时在预留孔道内可按后张法工艺施工。

2.6 下部结构部件

2.6.1 支座

支座是连接桥梁上部结构和下部结构的重要部件,它不仅要有效地传递结构物所受荷载,还要适应结构因温度变化、材料老化、地震等因素产生的变形。它的作用是传递荷载、适应结构变形以及抗震。如图 2-21 所示,按照变形约束,支座可分为固定支座、单向支座和双向支座。固定支座约束结构的水平移动和垂直移动;单向支座约束一个方向的水平变形,又分为纵桥向约束和横桥向约束;双向支座只约束竖向变形,允许纵桥向、横桥向水平变形。按照产品类型,公路桥梁常用的支座有板式橡胶支座、盆式支座、球形支座以及减、隔震支座等,其中板式橡胶支座又分为普通型和滑板型,如表 2-6 所示。此外,图 2-22 为按照产品类型分类的桥梁支座实物图。

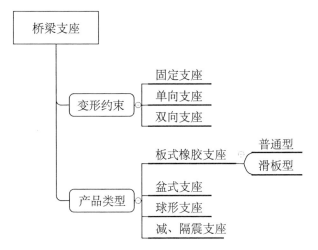

图 2-21 桥梁支座分类

（a）普通型板式橡胶支座　　　（b）滑板型板式橡胶支座　　　（c）盆式支座

图 2-22 桥梁支座产品

　　板式橡胶支座是一种广泛应用于公路中小跨径桥梁中的支座。板式橡胶支座由两层以上加劲钢板和橡胶组成,且钢板全部包在橡胶体内形成的支座,类型有普通型板式橡胶支座和滑板型板式橡胶支座,形状上有矩形和圆形。板式橡胶支座具有良好的弹性,能够适应梁端的转动,同时具有较大的剪切变形能力,以满足上部构造的水平位移需求。

　　盆式支座利用密封在钢盆中的橡胶板承受上部结构荷载,并将荷载传递至下部结构,按使用性能分为:①双向活动支座,具有竖向承载、竖向转动和双向滑移性能,代号SX;②纵向活动支座,具有竖向和横向水平承载、竖向转动和纵向滑移性能,代号ZX;③横向活动支座,具有竖向和纵向水平承载、竖向转动和横向滑移性能,代号HX;④固定支座,具有竖向和纵横向水平承载及竖向转动性能,代号GD;⑤减震型纵向活动支座,具有竖向和横向水平承载、竖向转动、纵向滑移及减震性能,代号JZZX;⑥减震型横向活动支座,具有竖向和纵向水平承载、竖向转动、横向滑移及减震性能,代号JZHX。

　　球形支座具有承受额定竖向荷载并各向转动的功能,按其水平向位移特性分为双向活动支座、单向活动支座和固定支座:①双向活动支座,具有双向位移性能,不承担水平向荷载的作用,代号SX;②单向活动支座,具有单向位移性能,承受单向水平荷载的作用,代号DX;③固定支座,承受各向水平荷载的作用,各向无水平位移,代号GD。

表2-6　桥梁支座分类

支座代号	型号	技术标准
板式橡胶支座GBZ	普通型板式橡胶支座、滑板型板式橡胶支座	公路桥梁板式橡胶支座JT/T 4—2019
盆式支座GPZ	1000-80000	公路桥梁盆式支座JT/T 391—2019
球形支座QZ	1500-60000	桥梁球型支座GB/T 17955—2009 公路桥梁球型支座规格系列JT/T 854—2013 公路桥梁多级水平力球型支座JT/T 873—2013
减、隔震支座	铅芯隔震橡胶支座	公路桥梁铅芯隔震橡胶支座JT/T 822—2011
	弹塑性钢减震	公路桥梁弹塑性钢减震支座JT/T 843—2012

2.6.2　桥梁墩台

　　桥梁下部结构由桥墩、桥台(合称墩台)和基础组成。墩台是桥梁的重要结构,支承着桥梁上部结构的荷载,并将它传给地基基础。桥梁墩台主要由墩台帽、墩台身和基础三部分组成。桥墩是指多跨桥梁的中间支承结构物,由盖梁、墩身与基础构成,承受由相邻两跨上部结构支座传来的竖直力、水平力和墩身风力;位于水流中的桥墩还要承受水流压力、冰作用以及可能出现的船只排筏或漂浮物的撞击力。桥台是连接两岸道路的桥路衔接构造物,它除了支承上部结构外,还起着挡土护岸的作用,由台帽、台身和基础组成;它承受由支座传来的竖直力和水平力的同时,还承受台后填土及填土上附加作用引起的侧向土压力。基础将桥梁的全部重力和作用传递到地基。桥梁墩台不仅本身应具有足够的强度、刚度和稳定性,而且对地基的承载能力、沉降量、地基与基础之间的摩阻力等也提出了一定的要求,以避免在这些荷载作用下有过大的水平位移、转动或者沉降发生。因此,桥梁墩台的设计与结构受力、土质构造、地质条件、水文、流速以及河床内的埋置深度密切相关。

1)桥墩

桥墩按其构造可分为实体桥墩、柱式桥墩、空心桥墩、柔性排架桩墩等四种类型。按墩身横截面形状可分为矩形、圆形、圆端形、尖端形和各种空心墩。墩身侧面可做成垂直的,亦可做成斜坡式或台阶式。

(1)实体桥墩

实体桥墩是由一个实体结构组成的,按其截面尺寸和重量的不同又可分为实体重力式桥墩和实体薄壁式桥墩,如图2-23所示。它们由墩帽、墩身和基础构成。墩帽是桥墩顶端的传力部分,它通过支座承托着上部结构,并将相邻两孔桥上的恒载和活载传到墩身上。

(a) 重力式　　　　　　　　　　(b) 薄壁式

图2-23 实体桥墩

(2)柱式桥墩

柱式桥墩以立柱作为主要承载结构,横向桥根据桥梁宽度设置1根(独柱墩)或多根立柱,柱身截面有圆柱、方形等形式,它是公路桥梁中应用最为广泛的桥墩之一。为了加强桥墩整体受力性能,柱式桥墩由立柱和盖梁组成框架,如图2-24(a)所示;为了降低桥梁高度,使造型更加美观,也可不设置盖梁,主梁支撑于柱帽上,如图2-24(b)所示;当桥梁较宽时,可采用立柱和长悬臂盖梁的桥墩形式,以减少立柱数量,如图2-24(c)所示。当墩身高度较大时,可设横系梁以加强柱身横向联系。

(a)框架式　　　　　　(b)分离式　　　　　　(c)框架悬臂式

图2-24　柱式桥墩

柱式桥墩可以很好地与桩基础组合,以适应不同的地质条件。以常用的转孔灌注桩双柱墩为例,它由钻孔灌注桩、立柱与盖梁(或墩帽)组成,立柱与灌注桩直接相连。当采用单墩单桩时,若桩间距过大,通常就在桩柱之间布置横系梁,以增加墩身的侧向刚度。钻孔桩柱式桥墩适用于很多场合和各种地质条件。通过增大桩径、桩长或用多排桩加建承台等措施,柱式桥墩也能适用于更复杂的软弱地质条件以及较大跨径和较高的桥梁。

(3)空心桥墩

高墩桥梁为了保证稳定性,桥墩截面相对较大,此时为了降低自重和地基的负荷,可以将墩身做成空心截面,也就是空心桥墩。此类型桥墩在外观上与实体桥墩无明显差别,只是自重较轻。需要注意的是,空心桥墩在构造尺寸上应符合下列规定:①对墩身最小壁厚;②墩身内应设横隔板或纵、横隔板,以加强墩壁的抗撞能力;③墩帽下需有一定高度的实心部分以传递墩帽的压力,墩顶实体段以下应设置带门的进入洞或相应的检查设备;④墩身周围应设置适当的通风孔或泄水孔,用以调节壁内外温差和平衡水压力。

(4)柔性排架桩墩

柔性排架桩墩是由单排或双排的钢筋混凝土桩与钢筋混凝土盖梁连接而成。其主要特点是:可以通过一些构造措施,将上部结构传来的水平力(制动力、温度影响力等)传递到全桥的各个柔性墩台或相邻的刚性墩台上,以减小单个柔性墩所受到的水平力,从而达到减小桩墩截面面积的目的。当桥梁孔数较多且桥较长时,柔性排架桩墩的墩顶会因位移过大而处于不利状态,这时宜将桥跨分成若干联,一联长度的划分视温度、地形、构造和受力情况而定。

2)桥台

桥台可分为重力式桥台和轻型桥台。

(1)重力式桥台

重力式桥台的常用型式有U形桥台、T形桥台和耳墙式桥台,如图2-25所示,它由台帽、台身和基础等三部分组成。台后的土压力主要靠自重来平衡,故桥台本身多数由石砌、片石混凝土或混凝土等材料建造,并用就地浇筑的方法施工。

U形桥台因其台身是由前墙和两个侧墙构成的U字形结构而得名。其优点是构造简单,可以用混凝土或片、块石砌筑,适用于填土高度在 8~10 m 以下或跨度稍大的桥梁;缺点是桥台体积和自重较大,增加了对地基的要求。此外,桥台的两个侧墙之间填土容易积水,结冰后冻胀,使侧墙产生裂缝。所以宜用渗水性较好的土夯填,并做好台后排水措施。

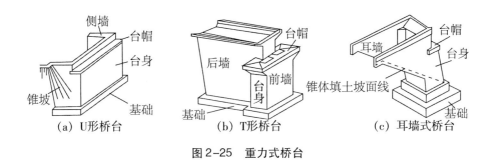

图 2-25　重力式桥台

（2）轻型桥台

轻型桥台的体积、自重较小,一般由钢筋混凝土材料建造,它借助结构物的整体刚度和材料强度承受外力,从而可节省材料,降低对地基强度的要求和扩大应用范围,为在软土地基上修建桥台开辟了一条经济可行的途径。常用的轻型桥台分为设有支撑梁的轻型桥台、钢筋混凝土薄壁桥台和埋置式桥台等。

①设有支撑梁的轻型桥台。

这种桥台的特点是:台身为直立的薄壁墙,台身两侧有翼墙(用于挡土)。在两桥台下部设置钢筋混凝土支承梁,上部结构与桥台通过锚栓连接,于是便构成四铰框架结构系统,并借助两端台后的土压力来保持稳定。按照翼墙(侧墙)的形式和布置方式,这种桥台又可分为一字形轻型桥台、八字形轻型桥台、耳墙式轻型桥台。

②钢筋混凝土薄壁桥台。

钢筋混凝土薄壁桥台常用的有悬臂式、扶壁式、撑墙式及箱式等,由扶壁式挡土墙和两侧的薄壁侧墙构成;挡土墙由前墙和间距为 2.5~3.5 m 的扶壁组成。台顶由竖直小墙和支于扶壁上的水平板构成,用以支承桥跨结构。两侧薄壁可以与前墙垂直,有时也做成与前墙斜交。

③埋置式桥台。

埋置式桥台是将台身埋在锥形护坡中,只露出台帽,以安置支座及上部构造。这样,桥台所受的土压力大为减小,桥台的体积也就相应地减小。按台身的结构型式,埋置式桥台可以分为肋形埋置式、桩柱式和框架式,如图 2-26 所示。

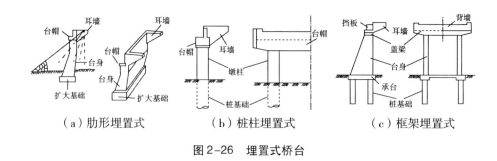

（a）肋形埋置式　　　（b）桩柱埋置式　　　（c）框架埋置式

图 2-26　埋置式桥台

如图 2-26（a）所示,肋形埋置式桥台的台身是由两块后倾式的肋板与顶面帽梁联结而成。台高在 10 m 及以上者须设系梁。帽梁、系梁和耳墙均需配置钢筋。台身与帽梁、台身与基础之间只需布置少量接头钢筋。

如图 2-26（b）所示,桩柱埋置式桥台对于各种土壤地基都适宜。根据桥宽和地基承载能力可以采用双柱、三柱或多柱的型式。柱与钻孔桩相连的称为桩柱式;柱子嵌固在普通扩大基础之上的称为立柱式;完全由一排钢筋混凝土桩和桩顶盖（或帽）梁联结而成的称为柔性柱台。

如图 2-26（c）所示,框架埋置式桥台既比桩柱式桥台有更高的刚度,又比肋形埋置式桥台挖空率更高,更节约体积。框架埋置式桥台结构本身具有斜杆,能够产生水平分力以平衡土压力,加之基底较宽,又通过系梁联成一个框架,因此整体稳定性好。

2.6.3　桥梁基础

桥梁下部结构与地基接触的部分称为基础,其直接坐落在岩石或地基上,顶端连接桥墩或桥台,是桥梁的重要组成部分。其作用是承受上部结构传来的全部荷载,并传递给地基。桥梁常用基础形式有扩大基础、桩基础、沉井基础等,如图 2-27 所示。扩大基础是将墩（台）及上部结构的荷载由其直接传递至较浅的支承地基的一种基础形式,一般采用明挖基础的方法进行施工。桩基础由基桩和连接于桩顶的承台共同组成。桩基础接受力原理可分为摩擦桩和端承桩,按施工方式可分为预制桩和灌注桩,灌注桩分为人工挖孔和机械钻孔两类。目前,桥梁用的桩基础大多为钻孔灌注桩。沉井基础是以沉井作为基础结构,将上部荷载传至地基的一种深基础。沉井是个无底无盖的井筒,一般由刃脚、井壁、隔墙等部分组成。在沉井内挖土使其下沉,达到设计高程后,进行混凝土封底、填心,修建顶盖,构成沉井基础。

冲刷已成为造成桥梁病害的重要因素之一。桥梁基础冲刷破坏往往在没有预警的情况下突然发生,并且在洪水期很难被监测到。冲刷主要表现为自然演变冲刷、一般冲刷和局部冲刷。无论哪种形式的冲刷,均会减少桥梁基础埋深,甚至造成扩大基础底部的掏蚀、裸露及脱空,严重降低桥梁结构的安全与稳定性。冲刷直接改变桥梁基础乃至整体结构的稳定性。浅基础冲刷可迅速侵蚀并输运基础周围河床泥沙,造成基础整体或局部沉降与掏空,从而导致桥梁整体倾斜而迅速垮塌。桩基础冲刷会降低基础埋置深度,缩短桩土摩擦长度,从而降低基础竖向承载与横向抗弯能力。

图2-27　桥梁基础形式

第 3 章

桥梁检测仪器和检测技术

3.1 概述

"工欲善其事,必先利其器",开展检测服务离不开检测仪器和检测技术。检测仪器是开展检测服务的基础工具,检测技术是检测服务的核心支撑。

检测仪器的基础性作用可从实现检测功能、保证检测精度、提高检测效率三个方面展现。首先,检测仪器是执行检测任务的物质基础,任何检测服务都离不开相应的检测仪器,例如桥梁荷载试验中,需要应变计和位移计,这些仪器直接决定了能进行何种类型的检测服务。其次,检测仪器的精度和准确性直接影响检测结果的质量,先进的检测仪器能够提供更精确、更可靠的数据,从而提高检测服务的质量和可信度。最后,高效的检测仪器能够快速完成检测任务,缩短检测周期,提高检测服务的效率。

检测技术涵盖了各种检测方法和流程,通过不断研究和创新检测技术,可以开发出更科学、更有效的检测方法,提高检测的准确性和可靠性。新的检测技术能够突破传统检测手段的限制,实现对更多、更复杂参数的检测,从而拓宽检测服务的范围。在面对一些复杂的检测任务时,我们需要依靠先进的检测技术来提供解决方案。上述这些都体现了检测技术是检测服务的核心支撑。

桥梁检测服务的对象可能是桥梁结构、桥梁部件或者桥梁材料,作为检测技术人员,我们既要掌握桥梁检测仪器的操作方法、熟悉常用检测技术,也要跟踪仪器和技术发展方向。

3.1.1 桥梁检测仪器类别

根据服务内容,公路桥梁现场检测总体上可分为结构缺陷调查、无损检测以及结构性能测试三类。①结构缺陷调查分为表观缺陷调查和内部缺陷检测,表观缺陷调查以抵近目视检测为主,内部缺陷检测需要借助专门的设备进行无损探测,以确定内部缺陷的位置和程度,如超声法检测裂缝深度;②无损检测是为了获取混凝土材料性质而开展的检测,如混凝土强度、混凝土钢筋的位置等;③结构性能测试是对结构状态或结构响应进行的量测,如桥面线形的测量以及桥梁荷载试验时应变位移的测量。桥梁检测常用仪器总体上可分为测量设备、无损检测设备、结构测试设备以及辅助设备,如图 3-1 所示。

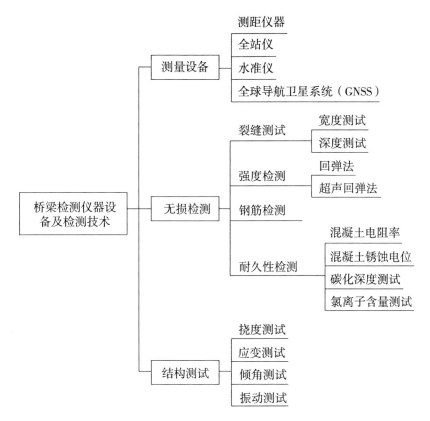

图 3-1　桥梁检测仪器分类

1)测量设备

测量设备包括测距仪器、全站仪、水准仪以及全球导航卫星系统(GNSS),用于测量尺寸(长度、宽度、高度)、几何状态(桥面线形、倾斜、坐标)、变形(挠度、位移)以及空间位置。

2)无损检测设备

混凝土材质参数测量包括混凝土强度、保护层厚度、钢筋直径及位置、混凝土碳化深度、混凝土电阻率等。结构内部缺陷检测。

3)结构测试设备

荷载试验时,结构截面上各种应力的分布状态及其大小;结构的各种静态变形,包括水平位移、竖向挠度、相对滑移、转角等以及在动荷载作用下,要测定结构的动应力,或测定结构的自振特性、动挠度、加速度、衰减特性等。

4）辅助设备

辅助设备包括拍照设备、作业平台和安全防护设备。现场检测需要记录检测现场及结构病害的影音数据,因此拍照设备是必备的。随着计算机视觉技术的发展,基于图像技术的检测设备,应用也越来越广泛。桥梁检测需要借助作业平台接近构件,如桥梁检测车、登高车,作业平台是实施检测的关键保障。桥梁检测面临高空、高速公路作业的情况,完善的安全防护设备是检测工作的基础。

3.1.2 仪器性能指标与计量标定

1）仪器性能指标

仪器的性能指标一般包括以下几个方面:

（1）量程:仪器的最大测量范围叫作量程。测量范围的最小值和最大值分别称为测量下限和测量上限,简称下限和上限。仪器的量程可以用来表示其测量范围的大小,用其测量上限值与下限值的代数差来表示。如应变计量程±1500,表示上限为1500。

（2）最小分度值:仪器指示装置的每一最小刻度所代表的数值叫作最小刻度。百分表的最小刻度为 0.01 mm,千分表的最小刻度为 0.001 mm。

（3）灵敏度:被测结构的单位变化所引起仪器指示装置的变化数值叫作灵敏度。灵敏度与最小刻度互为倒数。

（4）准确度（精度）:仪器指示的数值与被测对象的真实值相符合的程度叫作准确度。检测结果与真实值之间差别越小,则检测结果的准确度越高。

（5）误差:仪器指示的数值与真实值之差叫作仪器的误差。

（6）迟滞:输入信号的给定点处传感器从反方向逼近时其输入与正向输出的相比的偏移量。它表示传感器或检测系统输入输出特性的不一致程度。

（7）线性度:线性度就是反映测量系统实际输出、输入关系曲线与据此拟合的理想直线的偏离程度。

（8）重复性:在相同测量条件下,对同一批测量进行连续、多次测量所得结果之间的一致性。它表示检测系统或传感器在输入量按同一方向做全量程连续多次变动时所得特性曲线的不一致程度。

（9）分辨力:传感器能够感知的最小激励增量。

（10）动态特性:传感器用一个随时间变化的特征来描述其特性。

检测仪器的某些性能之间经常是互相矛盾的,如精度高的仪器,其量程较小;灵敏度高的仪器,其适应性较差,要根据试验的要求来选用合适的仪器。桥梁现场检测仪器应重点关注以下几个方面:

（1）根据检测量值合理选择仪器的量程、准确度、灵敏度。如荷载试验位移测量，当最大位移达到 10 cm 以上时，采用 1 mm 测量精度即可满足要求，同理，当最大位移仅有 5 mm 时，需要采用 0.01 mm 测量精度才能满足要求。对于野外检测仪器还应要求其工作性能稳定，抗干扰能力强。

（2）选用适应性强、具有多用途的检测仪器。如裂缝综合测试仪，既可测试裂缝宽度又可测试裂缝深度。

（3）选用使用方便、安装快捷、便于携带的仪器。如非接触式位移测量系统，省去了测试支架的搭设，一体化的系统，自重轻、体积小，便于野外桥梁检测时携带。

2）仪器的计量标定

试验用测试设备的技术性能应符合相关标准的规定。试验用测试设备应按规定定期进行检定、校准。《检测和校准实验室能力的通用要求》（GB/T 27025—2008）第 5.6.1 条规定："用于检测和（或）校准的对检测、校准和抽样结果的准确性或有效性有显著影响的所有设备，包括辅助测量设备（例如用于测量环境条件的设备），在投入使用前应进行校准。"对一些特别重要的试验，在试验前通常对仪器的主要指标进行专门的标定。

仪器的标定可以分为强制标定和非强制标定两类。强制标定的仪器仪表实行定点、定期标定，非强制标定的仪器仪表可由使用单位依法自行标定。计量标定具有以下特点：

（1）标定的目的是确保量值的准确可信，主要是评定量测仪器的计量性能，确定仪器的误差大小、准确程度、使用寿命、安全性能，确定仪器是否合格，是否可以继续正常使用，是否达到国家计量标准。

（2）标定本身是国家对量测的一种监督，标定结果具有法律效力。

3.1.3　桥梁检测系统

桥梁结构的力学性态，是建立在结构各种参数基础上的，通常这些参数由基本物理量和导出物理量构成，只有充分了解各力学量之间的变化规律，才能对结构力学行为进行准确描述，而桥梁结构试验是掌握桥梁结构力学特征的有效方法。在桥梁结构试验中，主要关注的物理量有位移、力、应变、压强、温度等，它们的相互关系可以通过其中一部分参数在外力加载或动态激励的情况下建立起来。由于各种物理量变化量级较小，通过人的感觉难以定量化描述，这就需要借助仪器或装置来实现。这些设备或装置一方面用来对试验对象进行加载或激励，另一方面用于测量试验对象的受荷变形或动态响应。桥梁结构试验所需设备通常包括加载设备、传感元件、信号显示与处理的仪器等，系统组成如图 3-2 所示。根据被测对象对应物理量的不同，信号采集及处理的方法也有所差异，由此构成了种类繁多的试验仪器。

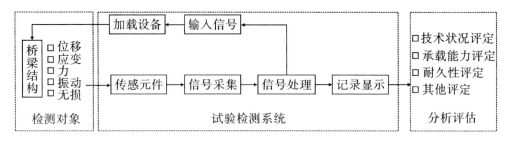

图 3-2　检测系统组成

试验仪器是检测工作的基础,决定了检测数据的准确性。相比室内试验,桥梁现场检测面临的环境更加复杂,对检测设备的要求更加严格,检测设备要满足可靠、实用、通用、经济的要求。现场检测设备的选择,需要综合考虑仪器性能、系统组网、设备供电以及可携带性等多方面因素确定。在大型桥梁测试中,由于测试内容多、测点多且分布广,需要考虑测试系统的组网方式,这决定了测试系统的可靠性、准确性以及测试效率。

目前,桥梁现场测试系统由传感器(位移、应变)、数据采集模块(单点无线模块、电脑端无线接收模块)、采集电脑以及供电设备(移动电源)组成,如图 3-3 所示。传感器与采集控制系统的连接可通过有线方式、无线方式或者两者的结合。有线组网利用传感器电缆线将多个传感器组成为网络,该方式适用于小范围的测试。无线组网利用无线通信技术,将多个传感器组成网络,无须物理布线。无线组网安装方便、灵活性高,适合大规模桥梁或难以布线的区域,但要注意无线信号可能受到干扰,数据传输速率和稳定性可能受环境影响。

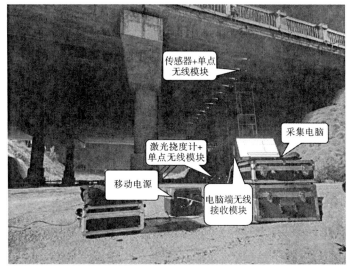

图 3-3　桥梁静载测试系统

现场测试系统还要考虑传感器和试验电脑的供电问题。传感器和采集电脑一般都是由锂电池供电,但荷载试验一般要持续多个小时,因此现场有必要配备便携式移动电源以满足试验用电需求。

3.2 测量设备及技术

测量设备和测量技术在桥梁检测中发挥着至关重要的作用,在桥梁结构尺寸测量、角度测量、距离测量、水准测量以及定位测量中应用广泛。

3.2.1 测距工具

1)钢卷尺、钢板尺

钢卷尺是一种常用的测量工具,它通常由不锈钢制成,具有很好的耐用性和精确度。钢卷尺可以卷曲收回,方便携带和存储。钢板尺也称为直尺或钢直尺,通常由不锈钢或经过烤蓝处理的碳钢制成,具有良好的耐磨性和抗腐蚀性。钢卷尺和钢板尺实物如图3-4所示。

图3-4 钢卷尺、钢板尺

2)游标卡尺

游标卡尺是一种精密的测量工具,由主尺和游标组成。游标卡尺的主尺通常固定在尺身上,而游标可以沿主尺滑动,如图3-5所示。量程包括 0 ~ 150 mm,0 ~ 200 mm,0 ~ 300 mm 等,而其分辨率通常为 0.02 mm,也有 0.1 mm 和 0.05 mm 的选项。游标卡尺的精度一般为±0.03 mm,也有±0.04 mm 和±0.05 mm 的精度等级。现代的游标卡尺可能具有电子显示屏,可以显示数字化的测量结果,提高了读数的准确性和便利性。

图3-5 游标卡尺

3）激光测距仪

激光测距仪是利用激光的反射原理来进行距离测量的仪器,其工作流程包括发射激光、反射激光、接收反射光、计算时间差、计算距离等步骤。激光测距仪是一种精密的测量设备,其组成包括激光发射器、光学系统、光电探测器、信号处理器、显示单元、电源及外壳。激光发射器是激光测距仪的核心部分,用于产生并发射激光束。光学系统包括发射透镜和接收透镜。发射透镜用于将激光器发出的激光聚焦成细束,以提高测量精度和距离;接收透镜则用于收集反射回来的激光。反射回来的激光被光电探测器检测到,并将光信号转换为电信号。信号处理器负责处理光电探测器转换的电信号,它会对信号进行放大、滤波、整形等处理,以计算出激光往返的时间,并根据光速计算出距离。显示单元用于将测量结果直观地展示给用户。

激光测距仪量程一般为 40～300 m,测距精度可达 1 mm,因其轻便紧凑、易于携带、量程大、精度高,非常适合在现场快速、准确地进行距离测量。根据使用场景,激光测距仪可分为室内型、室外型、图像型以及坐标型,如图 3-6 所示。

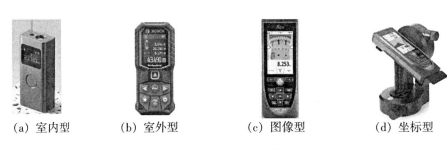

(a) 室内型　　　(b) 室外型　　　(c) 图像型　　　(d) 坐标型

图 3-6　激光测距仪

激光测距仪需要对准目标点测距,激光在目标点的可见性是保证使用体验的关键。激光的颜色取决于激光器产生激光的波长,可见光激光的波长在 380～700 nm 之间,不同的应用场合会选择不同颜色的激光。用于室内测距的,常采用对人眼可见且对视网膜相对安全的红色激光;对室外型激光测距仪,采用绿色激光,使激光点更加显眼,便于使用。随着技术的发展,除了基本的测距模块,部分激光测距仪还集成了倾斜模块、温度模块、蓝牙数据传输、内置摄像头等,以提供更加精确的测量结果和获得更好的测量体验。激光测距仪内置摄像头以提供视觉辅助,摄像头可以帮助用户通过显示屏查看和定位激光测距仪的对准目标,尤其是在无法直接看到测量目标的情况下,如高空或难以接近的位置。内置摄像头为激光测距仪带来了更高的灵活性和功能,使得用户能够在更多的场景下进行精确和高效的测量工作。如徕卡 D810 touch 是一款带图像测量的手持激光测距仪。它在不靠近目标的情况下,调节屏幕上的图像光标就可以进行远程测量。

4）测距轮

测距轮是一种用于测量地面距离的工具。它通常由一个装有计数器的轮子和一个手柄组成。用户通过推动或拉动测距轮,使其在地面上滚动,轮子每转一圈,计数器就会记录下来,从而可以计算出走过的总距离。测距轮可连续测量,适用于大范围的距离测量。测距轮适用于各种地形,包括平坦的路面、草地,崎岖不平的地面等。测距轮的测量精度可能受轮子与地面的接触压力、地面的硬度以及轮子的磨损等因素的影响,一般在厘米级别。常用的测距轮有数显式和机械计数式两种,如图 3-7 所示。

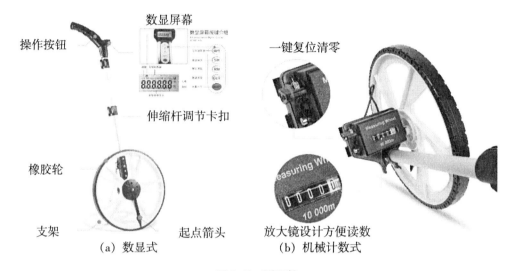

图 3-7　测距轮

3.2.2　全站仪、水准仪

1）全站仪

全站仪是指能自动测量角度和距离,并通过内置的软件处理这些数据,以确定点的三维坐标的测量仪器。它具有自动化程度高、功能多及精度较高等优点,广泛用于工程测量、变形监测、桥梁设计施工和其他相关领域。全站仪的精度等级可以从测角精度和测距精度两方面来划分。测角精度可分为 $0.5''$、$1''$、$2''$、$3''$、$5''$、$7''$ 等几个等级。测距精度一般表示为 $(A+B\text{ppm}\times D)\text{mm}$,其中 A 代表仪器的固定误差,B 是比例误差系数,与测量距离有关,ppm 是百万分之一,D 是测量距离,单位是 km。测距精度可以分为一级 $\pm(1+2\text{ppm}\times D)\text{mm}$,二级 $\pm(3+2\text{ppm}\times D)\text{mm}$,三级 $\pm(5+5\text{ppm}\times D)\text{mm}$。图 3-8 所示的徕卡超高精度智能全站仪,其测角精度为 $0.5''$,它还具有 ATR 自动目标识别棱镜功能、高速 LOCK 锁定跟踪棱镜功能和可供二次开发的接口,在桥梁荷载试验挠度测量、桥面高程及墩柱倾斜中有广泛的应用。

（a）全站仪主机　　（b）棱镜　　（c）桥墩垂直度测量　　　（d）挠度测量

图3-8　全站仪组成及其应用场景

全站仪挠度测量基本原理是三角高程测量。三角高程测量通过测量两点间的水平距离和竖直角求定两点间的高差，是测量桥梁大变形、大挠度的一个常用方法。

如图3-9所示，荷载试验时，全站仪设置于桥外的 O 点，桥梁上的 A、B、C 为挠度测点，通过测量桥梁加载前后测点与测点高程的变化值，即可得出测点的挠度。设 S 为测站和测点之间测线斜距，θ 为全站仪照准棱镜中心竖直角。以 A 点为例，加载前数据为（S_1，θ_1），则高程为 h_1。加载后数据为（S_2，θ_2），则高程为 h_2。A 点的挠度为 $\Delta h = h_1 - h_2$。对有多个测点的情况，利用全站仪提供的二次开发接口，检测人员可开发挠度测量程序，使用计算机或者移动手持设备与全站仪联机通信，组成系统集成，实时采集数据，实现自动化测量。此外，具备测点锁定跟踪功能的全站仪，在目标棱镜移动过程中实时跟踪，并且自动精确对准棱镜中心。利用连续测距功能，就可以实时获得目标棱镜的三维坐标运动轨迹，从而实现荷载试验中挠度的动态测量。

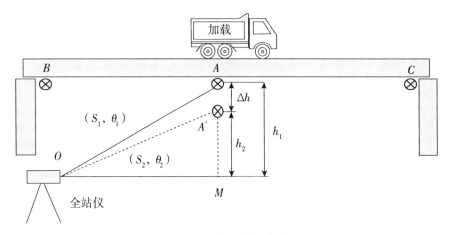

图3-9　全站仪测量桥梁挠度

在桥梁检测中，悬索桥、斜拉桥、大跨度拱桥等需要对索塔、拱顶及拉索等部位进行三维变形测量，此时宜采用全站仪对测点进行三维坐标测量。在桥面线形测量中，也可利用超高精度全站仪采用三角高程法测试桥面相对高程。

2）水准仪

水准仪是一种用于测量地面点高程差异的测量仪器，它通过测量水平视线的高度差来确定两点之间的高程差。它在地理测量、土木工程、建筑施工等领域应用广泛。水准测量系统主要由水准仪和水准尺组成，其中水准仪分为光学水准仪和电子水准仪，水准尺分为塔尺和铟钢尺，如图3-10所示。

（a）光学水准仪　　（b）电子水准仪　　（c）塔尺　　（d）铟钢尺

图 3-10　水准测量系统

水准仪的主要组成部分包括：①望远镜，用于观察目标点上的水平视线。望远镜通常可以调节焦距，以确保视野清晰。②水准管，用于检测望远镜是否处于水平位置。水准管中装有液体（通常是酒精或汞）和气泡，当气泡位于两个刻度线之间时，表示望远镜已经水平。③支架和调平螺旋，用于调整水准仪的水平位置。支架通常有三个调平螺旋，分别用于调节三个方向的平衡。

水准仪也常用于静载试验挠度测量和桥面线形测量。水准测量是用水准仪和水准尺测定地面上两点间高差的方法。在地面两点间安置水准仪，观测竖立在两点上的水准标尺，按尺上读数推算两点间的高差。挠度测量时，和全站仪测量类似，同样是测量加载前后的挠度差，需要注意的是，水准仪需要布置在与测点高差不大的水平面内不受加载影响的位置。当不具备设站条件时，也可以设置一个固定的后视点，每个工况都测量固定后视点高程，以后视点为基准，计算各工况的挠度值。桥面线形测量通常从已知高程点出发，沿选定的水准路线逐站测定各点的高程，对长大桥梁需要多次转站，这也将提高测量效率和测量精度。

3.2.3　卫星定位系统

卫星定位系统是一种基于空间卫星的无线导航与定位系统，可以向用户连续地提供高精度的三维坐标、三维速度及时间信息，具有实时性导航、定位和授时功能。全球常用的卫星定位系统有美国的全球定位系统（GPS）、俄罗斯的格洛纳斯（GLONASS）卫星导航系统、欧洲的伽利略（Galileo）卫星导航系统和中国的北斗卫星导航系统（BDS）。其中，北斗卫星导航系统是我国自行研制的全球卫星导航系统，可在全球范围内全天候为各类用户提供高精度、高可靠定位的导航、授时服务,并且具备短报文通信能力,定位精度可达到分米、厘米级别。

卫星定位系统按照定位方式可以分为绝对定位、相对定位,按照接收机状态又可以分为静态定位、动态定位。目前在桥梁检测中应用较多的是实时动态相对定位技术(RTK 定位技术)。RTK 定位系统是 GPS 测量技术与数据传输技术相结合而构成的组合系统,它的基本原理是利用 2 台以上接收机同时接收卫星信号,其中一台安置在已知坐标点上作为基准站,另一台用来测定未知点的坐标,作为流动站。基准站通过数据传输系统,将其观测值和测站坐标信息一起传送给流动站。流动站不仅通过数据链接收来自基准站的数据,还要自己采集观测数据,然后根据相对定位的原理,在系统内组成差分观测值进行实时处理,实时地计算并显示用户站的三维坐标及精度。RTK 定位原理及设备组成如图 3-11 所示。卫星定位系统凭借其高精度、实时性等优势,在桥梁检测及结构监测中有着广泛且重要的应用。

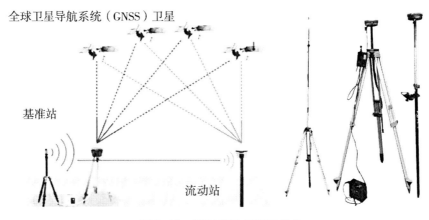

图 3-11　RTK 定位原理及设备

(1)桥面线形测量:利用卫星定位系统的高精度定位能力,沿桥面按一定间距设置测量点,通过卫星定位接收机获取各点的三维坐标,对桥面的线形进行精确测定。

(2)施工监控:从桥梁基础施工的桩基础定位,到上部结构的节段拼装,卫星定位系统贯穿施工全过程。在大型桥梁的基础施工阶段,利用卫星定位系统引导打桩船、钻机等设备进行精准定位,确保基础位置的准确性。在桥梁节段拼装过程中,对各节段的位置偏差进行实时监控,施工人员可根据反馈及时调整,保证桥梁结构的拼装精度,提升施工质量,缩短施工周期,降低施工风险。

(3)结构监测:在桥梁的桥墩、桥塔、主梁等关键部位部署卫星定位接收机,以此构建全方位的监测网络。通过持续采集位移、沉降、倾斜等数据,能够精准把握桥梁结构的实时状态。通过长期的数据积累,能够分析结构的性能演变趋势,为预防性维护提供科学依据。

3.3 混凝土结构无损检测

3.3.1 混凝土裂缝检测

裂缝分为结构性裂缝和非结构性裂缝:结构性裂缝是由外荷载作用而产生的裂缝,典型的结构性裂缝包括弯曲裂缝、剪切裂缝和剪扭裂缝等;非结构性裂缝是由混凝土收缩、温度变化、钢筋锈胀等原因引起的裂缝,典型的非结构性裂缝包括收缩裂缝、温度裂缝和锈胀裂缝等。结构性裂缝是指分布在结构主要受力部位或主要承重构件上的具有受力活动性特征的裂缝,它影响结构安全。非结构性裂缝是指开裂严重或使用条件恶劣,不及时处理将导致结构性能衰退并降低使用寿命的裂缝,它影响结构的耐久性。混凝土裂缝现场检测时,宜区分结构性裂缝和非结构性裂缝。裂缝位置、分布、走向与结构受力状态相关,它是判断裂缝性质的主要指标,现场检测时,主要依据裂缝位置、分布、走向等指标来区分结构性裂缝和非结构性裂缝。裂缝宽度、深度和数量是判断裂缝严重程度的主要指标。混凝土裂缝检测主要从裂缝的分布部位、走向、长度、宽度、深度等几个方面来进行。现场检测流程如图 3-12 所示。

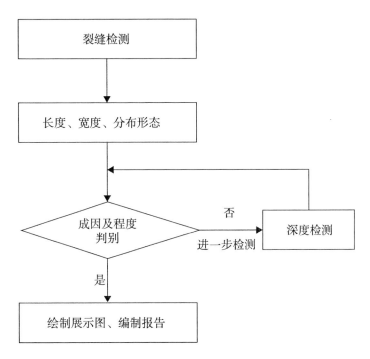

图 3-12 混凝土裂缝检测流程

（1）接近构件表面,逐构件进行裂缝观测。对结构主要受力构件或者主要受力部位。

（2）重点裂缝用记号笔在构件表面标记裂缝走向、起止位置、长度、宽度、测量位置和检测日期等。

（3）用卷尺量测裂缝的起止点、转折点位置,得到裂缝的长度、走向,并可绘制裂缝展示图。采用裂缝宽度观测仪量测裂缝的宽度。对较宽的超规范裂缝进行深度测试。

（4）对主要承重构件的结构性裂缝,宜绘制裂缝分布图,以此反映裂缝分布规律及与构件位置的对应关系,便于判断开裂原因。

3.3.1.1 裂缝宽度检测

裂缝宽度可采用裂缝比对卡、裂缝显微镜或者裂缝测宽仪进行测量。如图 3-13 所示,裂缝宽度测试仪由主机、测量摄像头和连接线组成,用测量摄像头对准裂缝,经过光学放大将裂缝显示在显示屏上,从而测读出裂缝的宽度。对较长的裂缝,可选择多个宽度测点,以便分析宽度的变化。测得裂缝宽度值后,可按表 3-1 来判断裂缝是否超限。

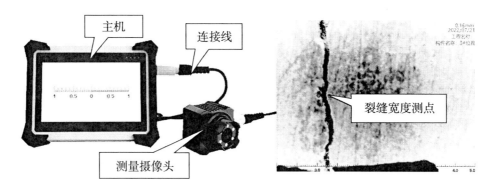

图 3-13　裂缝宽度测试示意图

表 3-1　裂缝宽度限值表

结构类别	裂缝部位	容许最大缝宽/mm	其他要求
钢筋混凝土梁	主筋附近竖向裂缝	0.25	
	腹板斜向裂缝	0.30	
	组合梁结合面	0.50	不容许贯通结合面
	横隔板与梁体端部	0.30	
	支座垫石	0.50	
全预应力混凝土梁	梁体竖向裂缝	不容许	
	梁体横向裂缝	不容许	
	梁体纵向裂缝	0.20	

续表 3-1

结构类别	裂缝部位		容许最大缝宽/mm	其他要求
A 类预应力混凝土梁	梁体竖向裂缝		不容许	
	梁体横向裂缝		不容许	
	梁体纵向裂缝		0.20	
B 类预应力混凝土梁	梁体竖向裂缝		0.15	
	梁体横向裂缝		0.15	
	梁体纵向裂缝		0.20	
砖、石、混凝土拱	拱圈横向		0.30	裂缝高小于截面高一半
	拱圈纵向		0.50	裂缝长小于跨径
	拱波与拱肋结合处		0.20	
墩台	墩台帽		0.30	不容许贯通墩台身截面的一半
	墩台身	经常受侵蚀性环境水影响 有筋	0.20	
		经常受侵蚀性环境水影响 无筋	0.30	
		经常有水，但无侵蚀性影响 有筋	0.25	
		经常有水，但无侵蚀性影响 无筋	0.35	
		干沟或季节性有水河流	0.40	
		有冻结作用部分	0.20	

注:表中所列容许最大缝宽适用于一般条件。对于潮湿和空气中含有较多腐蚀性气体等条件下的缝宽,限值应要求更严格一些。

3.3.1.2 裂缝深度检测

如图 3-14 所示,裂缝深度检测可采用超声法。超声波检测裂缝深度的基本原理是用一发射换能器重复发射一定频率的超声脉冲波,让超声波在所检测的物体中传播,然后由接收换能器将信号传递给超声仪,由超声仪测量接收到的超声波信号的各种声学参数,并转化为电信号显示在示波屏上。

1)超声脉冲检测装置

超声脉冲检测装置主要有超声仪和换能器两大部分。

(1)超声仪

超声仪是超声检测的基本装置。它的作用是产生重复的电脉冲去激励发射换能器,发射换能器发射的超声波在混凝土中传播后被接收换能器接收,并转换成电信号,放大后显示在示波屏上。超声仪除了产生、接收、显示超声波外,还具有量测超声波有关参数(如传播时间、振幅、频率等)的功能。超声仪可分为非金属超声检测仪和金属超声检测仪两大类。一般地,非金属超声检测仪由脉冲振荡、发射与接收装置、混频电路、扫描示波、计数显示及电源等部分组成。

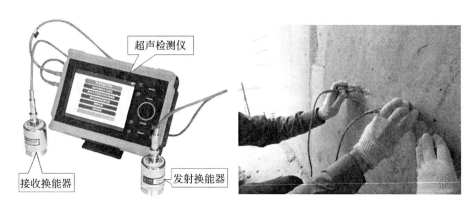

超声检测仪

接收换能器　　　发射换能器

图3-14　混凝土裂缝深度检测

（2）换能器

应用超声波检测混凝土时,需要将电信号转换成发射探头的机械振动,再向被测介质发送超声波。超声波在被测介质中传播一定距离后由接收探头接收,并将其转换成电信号后再送入仪器进行处理。这种将声能与电能相互转换的仪器称为换能器。上述发射探头和接收探头即超声换能器。换能器一般由压电晶体构成,压电晶体在受到压力或拉力而产生变形时,能在其界面上产生电荷。这种特殊晶体的压电性能是可逆的,即晶体在外加电场的作用下,也会产生变形。如果加在晶体界面上的是交变电场,则晶体由于反复变形而产生振动,并向周围介质发射声波。

常用换能器按波形不同分为纵波换能器与横波换能器,分别用于纵波与横波的测量。目前,一般检测中多用纵波换能器,其又分为平面换能器、径向换能器以及一发多收换能器。

在混凝土超声检测中,应根据结构或试件尺寸、混凝土对超声波衰减情况及检测目的来选择换能器。由于超声波在混凝土中衰减较大,为了使其传播距离较远,混凝土超声检测时多使用频率在 200 kHz 以下的低频率超声波。平面换能器用于一般结构的表面对测和平测;径向换能器(增压式、圆环式、一发双收式)则用在需钻孔检测或灌注桩声测管中检测以及水下检测等。

2）浅裂缝的检测方法

浅裂缝指局限于结构表层,开裂深度不大于 500 mm 的裂缝,桥梁工程中的梁、柱出现的裂缝,都属于浅裂缝。在测试时,根据被测结构的实际情况,可采用单面平测法(简称平测法)和对穿斜测法(简称斜测法)。

（1）平测法

当结构的裂缝部位只有一个表面可供检测时,可采用平测法进行裂缝深度检测。平测时应在裂缝的被测部位以不同的测距同时按跨缝和不跨缝布置测点进行声时测量。如图3-15(a)所示,首先将发射换能器 T 和接收换能器 R 置于被测裂缝的同一侧,并将 T 耦合好保持不动,以 T、R 两个换能器内边缘间距 l 为 100 mm、150 mm、200 mm…依次移动 R 并读取相应的声时值 t。以 l' 为纵轴、t 为横轴绘制 l'-t 坐标图,如图3-15(b)所示。也可用统计方法求 l 与 l 之间的回归直线式 l' = a + bt,式中 a、b 为待求的回归系数。

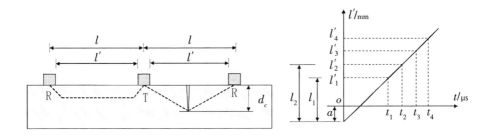

图3-15 单面平测裂缝示意图

每一个测点的超声实际传播距离为:

$$l_i = l'_i + a \tag{3-1}$$

式中:l_i——第 i 点的超声波实际传播距离,mm;

l'_i——第 i 点的 T、R 换能器内边缘间距,mm;

a——"l'-t"图中 l' 轴的截距或回归所得的常数项,mm。

其次,进行跨缝的声时测量。将 T、R 换能器分别置于以裂缝为轴线的两侧,两换能器中心连线垂直于裂缝走向,以 l' = 100 mm、150 mm、200 mm……,分别读取声时值。该声时值便是超声波绕过裂缝末端传播的时间。根据几何关系,可推算出裂缝深度的计算式为:

$$d_{ci} = \frac{l_i}{2}\sqrt{\left(\frac{t_i^0}{t_i}\right)^2 - 1} \tag{3-2}$$

式中:d_{ci}——裂缝深度,mm;

t_i、t_i^0——分别代表测距为 l_i 的不跨缝、跨缝平测的声时值,μs。

以不同测距取得的 d_{ci} 的平均值作为该裂缝的深度值 d_c,如所得的 d_c 值大于原测距中任一个 l_i,则应该把该 l_i 距离的 d_{ci} 舍弃后重新计算 d_c 值。

以声时推算浅裂缝深度,是假定裂缝中充满空气,声波绕过裂缝末端传播。若裂缝

71

中有水或泥浆,则声波经水介质耦合穿裂缝而过,不能反映裂缝的真实深度。因此时检测,裂缝中不得有填充水和泥浆。当有钢筋穿过裂缝而与 T、R 换能器的连线大致平行靠近时,则沿钢筋传播的超声波首先到达接收换能器,测试结果也不能反映裂缝的深度。因此,布置测点时应注意使 T、R 换能器的连线至少与该钢筋的轴线相距 1.5 倍的裂缝预计深度。

(2)斜测法

当结构物的裂缝部位具有两个相互平行的测试表面时,可采用斜测法检测。可按图 3-16 所示方法布置换能器,保持 T、R 换能器的连线在通过缝和不通过缝的测试距离相等、倾斜角一致的条件下,读取相应的声时、波幅和频率值。当 T、R 换能器的连线通过裂缝时,由于混凝土的不连续性,超声波在裂缝界面上产生很大衰减,接收到的首波信号微弱,其波幅和频率与不过缝的测点值比较有很大差异。据此便可判断裂缝的深度及是否在水平方向贯通。斜测法检测裂缝深度具有直观、可靠的特点,若条件许可宜优先选用。

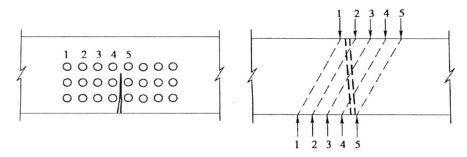

图 3-16　斜测裂缝深度示意图

3.3.1.3　裂缝跟踪观测

结构性裂缝的发展变化情况,是结构受力性能变化的重要指征,因此对影响结构安全的结构性裂缝进行定期跟踪观测是非常必要的。连续观测的内容包括裂缝长度、最大宽度和深度的变化情况,观测时要保证测量位置、测量方法和记录方式的一致性。根据连续观测裂缝检测参数的变化情况,确定下次观测的时间间隔。

3.3.2　混凝土强度检测

混凝土强度检测方法主要有回弹法、超声-回弹综合法、钻孔取芯法等。其中,回弹法是一种常用混凝土强度检测方法,由于设备简单、操作方便、测试迅速、费用低廉、不破坏混凝土等优点,该方法在现场检测中使用较多。

3.3.2.1 回弹法

1）回弹仪

回弹仪是利用表面硬度法进行混凝土强度测定的一种专用设备。其原理是利用重锤以一定冲击动能撞击顶在混凝土表面的冲击杆，测出重锤被反弹回来的距离，以回弹值（反弹距离与弹簧初始长度之比）作为与强度相关的指标，进而推定混凝土的强度。依据《回弹仪》（GB/T 9138—2015），按冲击力大小，回弹仪可分为轻型、中型和重型三种型号，详见表3-2，这三种型号分别适用于砖石或砂浆混凝土、一般混凝土和高强度等级混凝土。

表 3-2　回弹仪类型

类型	标称动能/J	类型代号	钢砧回弹值	弹击拉簧刚度/（N/m）	强度范围/MPa	检测依据
重型	9.800	H980/D980	83±2	1000±45		高强混凝土强度检测技术规程（JGJ/T 294—2013）
	5.500	H550/D550		1100±50	50～100	
	4.500	H450/D450	88±2	900±40	50～100	
中型	2.207	M225/D225	80±2	785.0±35	10～60	《回弹法检测混凝土抗压强度技术规程》（JGJ/T 23—2011）
轻型	0.735	L75/D75	74±2	261±12	6～30	《砌体工程现场检测技术标准》（GB/T 50315—2011）
	0.196	L20/D20		69±4	2～15	

按显示模式有机械刻度和数字显示两种，前者结构简单，但需要人工记录并进行数据处理；后者自动化程度高，可以自动记录并对数据进行处理，显示推定混凝土强度。

2）测强曲线

回弹法测定混凝土的抗压强度，是建立在混凝土的抗压强度与回弹值之间具有一定相关性的基础上的，这种相关性可用"f-R"相关曲线（或公式）来表示，通常称之为测强曲线。为了充分考虑各地区的材料差异，提高测试精度，回弹法测强曲线分为统一测强曲线、地区测强曲线和专用测强曲线三种，三种曲线的定义、适用范围、误差要求见表3-3。

表3-3　回弹法测强曲线

名称	统一测强曲线	地区测强曲线	专用测强曲线
定义	由全国有代表性的材料、成型工艺、养护条件配制的混凝土试块,通过大量的破损与非破损试验所建立的曲线	由本地区有代表性的材料、成型工艺、养护条件配制的混凝土试块,通过较多的破损与非破损试验所建立的曲线	由与构件混凝土相同的材料、成型工艺、养护条件配制的混凝土试块,通过一定数量的破损与非破试验所建立的曲线
适用范围	适用于无地区曲线或专用曲线时检测符合规定条件的构件或结构混凝土强度	适用于无专用曲线时检测符合规定条件的构件或结构混凝土强度	适用于检测与该构件相同条件的混凝土强度
误差要求	测强曲线的平均相对误差≤±15%,相对标准差≤18%	测强曲线的平均相对误差≤±14%,相对标准差≤17%	测强曲线的平均相对误差≤±12%,相对标准差≤14%

3)检测方法

以回弹法检测一般混凝土强度为例,说明检测方法。如图3-17所示为回弹法检测混凝土强度常用设备,包括回弹仪、碳化深度测量装置以及辅助工具。

①回弹仪。宜采用数显回弹仪,以提高效率。回弹仪在使用前应进行率定,在洛氏硬度HRC为60±2的钢砧上进行率定,回弹仪的率定值应为80±2。

②碳化深度测量装置包括1%酚酞酒精试剂。

③辅助工具包括磨石、钢砧等。

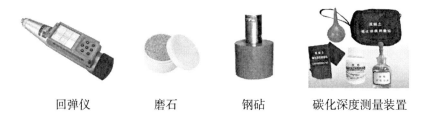

回弹仪　　　　磨石　　　　钢砧　　　碳化深度测量装置

图3-17　回弹法检测混凝土强度设备

一般地,检测构件的混凝土强度有两类方法:一类是逐个检测构件,另一类是抽样检测构件。逐个检测方法主要用于对混凝土强度质量有顾虑的独立结构或有明显质量问题的构件。抽样检测方法主要用于在相同的生产工艺条件下,强度等级相同、原材料和配合比基本一致且龄期相近的混凝土构件。被检测的试样应随机抽取不少于同类构件总数的30%,还要求测区总数不少于100个。

（1）单个构件检测要求

①测区应选在使回弹仪处于水平方向检测混凝土浇注侧面,宜可选在使回弹仪处于非水平方向检测混凝土浇注侧面、表面或底面。

②测区表面应清洁、平整、干燥,不应有接缝、饰面层、粉刷层、浮浆、油垢等以及蜂窝、麻面,必要时可用砂轮清除表面的杂物和不平整处,磨光的表面不应有残留的粉末或碎屑。

③测量回弹值时,回弹仪的轴线应始终垂直于混凝土检测面,并应缓慢施压、准确读数、快速复位。测区面积不宜大于 0.04 m²,每测区布置 16 个测点,相邻两测区的间距应控制在 2 m 以内,测区与构件端部或施工缝边缘的距离不应大于 0.5 m,且不应小于 0.2 m。

（2）按批检测

①混凝土生产工艺、强度等级相同,原材料、配合比、养护条件基本一致且龄期相近的同类构件可以组成一个检验批。

②受检构件应随机抽取,抽检数量不宜少于同批构件总数的 30% 且不宜少于 10 件。当检验批中抽检构件数量大于 30 个时可适当调整,但不得少于《混凝土结构现场检测技术标准》(GB/T 50784—2013)规定的最小抽检数量。

③当检验批中抽检构件尺寸满足上述标准第 4.1.3 条第 1 款要求时,该构件的测区数量可适当减少,但不应少于 5 个。

④当检验批中抽检构件数量大于 30 个,且不需要提供单个构件推定强度时,每个构件的测区数量可适当减少,但不应少于 5 个。

（3）碳化深度测试。碳化检测的目的是测量不同龄期的混凝土碳化深度,用于对回弹检测结果进行碳化修正。

4）数据处理

具体计算过程如下:

（1）回弹值计算

从每一个测区所得的 16 个回弹值中,剔除 3 个最大值和 3 个最小值后,将余下的 10 个回弹值按式(3-3)计算平均值:

$$R_{\mathrm{m}} = \frac{\sum\limits_{i=1}^{10} R_i}{10} \tag{3-3}$$

式中:R_{m}——测区平均回弹值,精确至 0.1;

R_i——第 i 个测点的回弹值。

（2）回弹值修正

①非水平方向检测非泵送混凝土浇筑侧面时，测区的平均回弹值应按式（3-4）修正：

$$R_m = R_{m\alpha} + R_{\alpha\alpha} \tag{3-4}$$

式中：$R_{m\alpha}$——非水平方向检测时测区的平均回弹值，精确至0.1；

$R_{\alpha\alpha}$——非水平方向检测时测区的平均回弹值的修正值，按《回弹法检测混凝土抗压强度技术规程》（JGJ/T 23—2011）规范附录中所提供的附录C取值。

②回弹仪非水平方向检测混凝土浇筑侧面时，回弹值按式（3-5）校正。

$$R_m = R_m^t + R_a^t$$
$$R_m = R_m^b + R_a^b \tag{3-5}$$

式中：R_m^t、R_m^b——水平方向检测混凝土浇筑表面、底面时，测区的平均回弹值，精确至0.1；

R_a^t、R_a^b——混凝土浇筑表面、底面回弹值的修正值，按《回弹法检测混凝土抗压强度技术规程》（JGJ/T 23—2011）规范附录中所提供的附录D取值。

当回弹仪为非水平方向且测试面为混凝土的非浇筑侧面时，应先对回弹值进行角度修正，并对修正后的回弹值进行浇筑面修正。

（3）混凝土强度的计算

构件的测区混凝土强度平均值应根据各测区的混凝土强度换算值计算。当测区数为10个及以上时，还应计算强度标准差。平均值及标准差应按式（3-6）和（3-7）计算：

$$m_{f_{cu}} = \frac{\sum_{i=1}^{n} f_{cu,i}^c}{n} \tag{3-6}$$

$$S_{f_{cu}} = \sqrt{\frac{\sum_{i=1}^{n} (f_{cu,i}^c)^2 - n(m_{f_{cu}})^2}{n-1}} \tag{3-7}$$

式中：$m_{f_{cu}}$——构件测区混凝土强度换算值的平均值（MPa），精确至0.1 MPa；

n——对于单个检测的构件，取该构件的测区数；对批量检测的构件，取所有被检构件检测区数之和；

$S_{f_{cu}}$——结构或构件测区混凝土强度换算值的标准差（MPa），精确至0.01 MPa。

（4）构件的现龄期混凝土强度推定

构件的现龄期混凝土强度推定值，按表3-4的相关要求计算。

表 3-4 构件的现龄期混凝土强度推定值计算

检测方法		现龄期混凝土强度推定方法
单构件评定	测区数少于 10 个	$f_{cu,e} = f^c_{cu,min}$ $f^c_{cu,min}$——构件中最小的测区混凝土强度换算值
	测区强度值中出现小于 10.0 MPa	$f_{cu,e} < 10.0$ MPa
	测区数不少于 10 个	$f_{cu,e} = m_{f^c_{cu}} - 1.645 S_{f^c_{cu}}$
批量检测时		$f_{cu,e} = m_{f^c_{cu}} - k S_{f^c_{cu}}$ k——推定系数,宜取 1.645。当需要推定强度区间时,可按国家现行有关标准的规定取值

对按批量检测的构件,当该批构件混凝土强度标准差出现下列情况之一时,该批构件应全部按单个构件检测:

①当该批构件混凝土强度平均值小于 25 MPa、$S_{f_{cu}}$ 大于 4.5 MPa 时;

②当该批构件混凝土强度平均值不小于 25 MPa 且不大于 60 MPa、$S_{f_{cu}}$ 大于 5.5 MPa 时。

(5)规范修订

2024 年 1 月住房和城乡建设部《回弹法检测混凝土抗压强度技术规程(征求意见稿)》,对以下内容进行了修订:

①增加了 H550 回弹仪的相关要求,解决了普通混凝土仪不能检测高强混凝土的困境,并增加了 M225 型回弹仪在质量为 1.05 kg 钢砧上的率定要求;对回弹仪适用范围进行了规定:"M225 型回弹仪用于检测强度等级 C10～C60 的混凝土构件,H550 型回弹仪用于检测强度等级 C60～C80 的混凝土构件"。

②回弹仪弹击超过 2000 次进行保养修改为 6000 次。

③测区面积修改为 0.09 ㎡;每测区读数由原规范的 16 个修改为 12 个;新规范修订了测区回弹测点数量及计算方式,由原来的每个测区 16 个回弹值修改为"12 个回弹值,剔除 1 个最大值和 1 个最小值"。

④明确了按照批量检测时,不得少于《混凝土结构现场检测技术标准》(GB/T 50784—2013)规定的最小抽检数量。

⑤原规范规定"取芯修正应取 6 个公称直径宜为 100 mm 的芯样",本次修订增加了"直径小于 100 mm 的小直径芯样数量不应少于 9 个"的规定。

⑥对碳化深度平均值的计算进行了细化,并明确当大于 6.0 mm 时,取 6.0 mm;对龄

期小于一年的构件进行强度检测时,当碳化深度值超过表4.3.3的限值要求时,宜采取表中对应的碳化深度值限值。

⑦新规范对检测面的选择进行了细化和明确,规定了非泵送混凝土构件检测面的选择顺序,并明确了现浇板类泵送混凝土应选择混凝土的浇筑底面。

⑧统一测强曲线抗压强度检测范围由10.0~60.0 MPa修改为10.0~80.0 MPa;统一测强曲线龄期由14~1000 d修改为14~1800 d。

⑨原规范的泵送混凝土测区换算表修订为"泵送混凝土底面向上测区强度换算表"和"泵送混凝土侧面水平测区强度换算表";增加了"泵送高强混凝土测区强度换算表"。

3.3.2.2　超声-回弹综合法

超声-回弹综合法是指采用超声仪和回弹仪,在结构混凝土同一测区分别测量声时值和回弹值,然后利用已建立起来的测强公式推算该测区混凝土强度的一种方法。与单一的回弹法或超声法相比,超声-回弹综合法具有以下特点:

(1)减少混凝土龄期和含水率的影响。混凝土的龄期和含水率对超声波声速和回弹值的影响有着本质的不同:混凝土含水率越大,超声声速偏高而回弹值偏低;混凝土龄期长,超声声速的增长率下降,而回弹值则因混凝土碳化程度增大而提高。因此,二者综合起来测定混凝土强度就可以部分减少龄期和含水率的影响。

(2)可以弥补相互间的不足。一个物理参数只能从某一方面、在一定范围内反映混凝土的力学性能,超过一定范围,它可能不太敏感或不起作用。例如回弹值 R 主要以表层的弹性性能来反映混凝土强度,当构件截面尺寸较大或内外质量有较大差异时,就很难反映混凝土的实际强度。超声声速主要反映材料的弹性性质,同时,由于超声波穿过材料,因而也反映材料内部的信息,但对于强度较高的混凝土(一般认为大于 35 MPa),其" f_a-v"相关性较差。因此,采用超声-回弹综合法测定混凝土强度,既可内外结合,又能在较低或较高的强度区间相互弥补各自的不足,从而能够较确切地反映混凝土强度。

(3)提高测试精度。由于超声-回弹综合法能降低一些因素的影响程度,较全面地反映整体混凝土质量,所以对提高无损检测混凝土强度的精度具有明显的效果。

超声-回弹综合法采用回弹仪测试混凝土表面回弹值,采用混凝土超声波检测仪测试混凝土中声速代表值,根据回弹值和声速代表值推定结构混凝土强度。用2个参数反映混凝土内部和表面性能,可以弥补单一采用回弹法或超声法的不足,能减少龄期和含水率的影响,测试精度高,适应范围广,能够较全面地反映混凝土的实际质量,减小测试误差,但其技术要求较回弹法高。

3.3.3 钢筋保护层厚度及间距检测

混凝土中钢筋检测方法详见表 3-5,其中钢筋保护层厚度和钢筋间距检测在桥梁交工验收、旧桥承载能力评估中均会涉及。桥梁交竣工验收中,上部结构、下部结构的保护层厚度是实体工程检测的内容,一般采用电磁感应法;在旧桥承载能力评估中,也需要检测保护层厚度和碳化深度来判断结构的耐久性状况;此外对缺乏设计资料的桥梁,采用电磁感应法探测钢筋位置分布也是常用手段。

表 3-5 混凝土中钢筋检测方法

检测方法	检测项目
电磁感应法	混凝土中钢筋的保护层厚度、间距
雷达法	混凝土中钢筋的保护层厚度、间距
磁测井法	基桩中钢筋笼长度
直接法	混凝土中钢筋的保护层厚度、间距、直径、力学性能、锈蚀形状
取样承重法	钢筋的公称直径
半电池电位法	混凝土中钢筋的锈蚀性状
电阻率法	混凝土中钢筋是否容易锈蚀

3.3.3.1 钢筋保护层厚度检测

1)电磁感应法检测原理

仪器的传感器产生交变电磁场,该电磁场作用于被测结构构件时,当遇到结构构件内部的金属介质时,则产生较为强烈的感生电磁场。仪器传感器接收到感生电磁场并转化为电信号,主机系统实时分析处理数字化的电信号,并以图形、数值、提示音等多种方式显示出来,从而准确判定钢筋位置、保护层厚度。用于混凝土保护层厚度检测的仪器,当保护层厚度为 10 ~ 50 mm 时,保护层厚度检测的允许偏差为±1 mm;当保护层厚度大于 50 mm 时,保护层厚度检测的允许偏差为±2 mm。用于钢筋间距监测的仪器,当保护层厚度为 10 ~ 50 mm 时,钢筋间距检测的允许偏差为±2 mm。常见钢筋位置测定仪有分体式和一体式,如图 3-18 所示。检测厚度量程在 2 ~ 200 mm,定位精度,检测分辨率。工作环境要求:环境温度:0 ~ 40 ℃;相对湿度:<90%;不得长时间阳光直射。

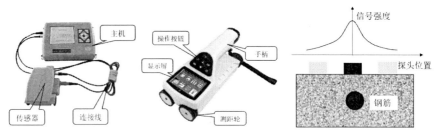

图 3-18　钢筋位置测定

2）钢筋混凝土保护层厚度检测步骤

钢筋混凝土保护层厚度检测应按下列步骤进行：

（1）根据预扫描结果设定仪器量程范围，根据原位实测结果或设计资料设定仪器的钢筋直径参数。沿被测钢筋轴线选择相邻钢筋影响较小的位置，在预扫描的基础上进行扫描探测，确定钢筋的准确位置，将探头放在与钢筋轴线重合的检测面上读取保护层厚度检测值。

（2）对同一根钢筋同一处检测两次，读取的两个保护层厚度值相差不大于 1 mm 时，取两次检测数据的平均值为保护层厚度值，精确至 1 mm；相差大于 1 mm 时，该次检测数据无效，并应查明原因；在该处重新进行两次检测，仍不符合规定时，应该更换电磁感应法钢筋探测仪进行检测或采用直接法进行检测。

（3）当实际保护层厚度值小于仪器最小示值时，应采用在探头下附加垫块的方法进行检测。垫块对仪器检测结果不应产生干扰，表面应光滑平整，其各方向厚度值偏差不应大于 0.1 mm。垫块应与探头紧密接触，不得有间隙。所加垫块厚度在计算保护层厚度时应予扣除。

混凝土保护层厚度检测值计算如下：

$$C_{m}^{t} = \frac{(C_{1}^{t} + C_{2}^{t} + 2C_{c} - 2C_{0})}{2} \tag{3-8}$$

式中：C_{m}^{t}——混凝土保护层厚度检测值（mm），精确至 1 mm；

　　　C_{1}^{t}、C_{2}^{t}——第 1、2 次混凝土保护层厚度电磁感应法钢筋探测仪器示值（mm），精确至 1 mm；

　　　C_{c}——混凝土保护层厚度修正量（mm），当没有进行钻孔剔凿验证时，取 0；

　　　C_{0}——探头垫块厚度（mm），精确至 0.1 mm，无垫块时取 0。

3.3.3.2　钢筋间距检测

（1）根据预扫描的结果，设定仪器量程范围，在顶扫描的基础上进行扫描，确定钢筋的准确位置。

（2）检测钢筋间距时,应将检测范围内的设计间距相同的连续相邻钢筋逐一标出,并应逐个量测钢筋的间距。当同一构件检测的钢筋数量较多时,应对钢筋间距进行连续量测,且不宜少于 6 个。

检测钢筋间距时,可根据实际需要采用绘图方式给出相邻钢筋间距,当同一构件检测钢筋为连续 6 个间距时,也可给出被测钢筋的最大间距、最小间距和平均间距。

3.3.4　混凝土耐久性检测

普通钢筋锈蚀是影响混凝土结构安全性和耐久性的重要因素。由于结构开裂、碳化作用、氯离子侵蚀等因素,使得钢筋发生电化学反应而锈蚀。锈蚀不仅造成钢筋截面积减小,同时导致钢筋体积膨胀,使钢筋与混凝土之间丧失握裹力,严重影响桥梁的承载力。

普通钢筋锈蚀的无损检测方法有物理方法和电化学方法两类。物理方法是通过测定钢筋锈蚀引起的物理特性变化来反映钢筋的锈蚀状况,主要有电阻棒法、射线法、声发射法、红外热线法等。但是此类方法大多只能做定性分析,且多数停留在试验阶段。电化学方法通过测定钢筋混凝土腐蚀体系的电化学特征来确定钢筋锈蚀程度或速度,包括电位法、交流阻抗法、线性极化法、混凝土电阻率法等。

3.3.4.1　混凝土电阻率检测

1）测试原理及设备

混凝土电阻率反映了混凝土的导电性能,可间接评判钢筋的可能锈蚀速率。通常混凝土电阻率越小,混凝土的导电能力越强,说明混凝土中钢筋的锈蚀可能性或速度越大。混凝土电阻率在锈蚀预警时起着很重要的作用。混凝土电阻率测试多采用四电极法,仪器为混凝土电阻率测试仪,包括主机、四电极探头、导电溶液等,如图 3-19 所示。混凝土电阻率测试仪量程宜为 0 ~ 20000 kΩ · cm,显示分辨率应为 0.1 kΩ · cm,准确度应为 ±1 kΩ · cm。

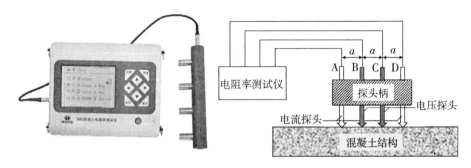

图 3-19　四电极法测试混凝土电阻率

2）测区位置布置

（1）测区宜布置在主要承重构件或承重构件的主要受力部位，或对钢筋锈蚀电位按现行《公路桥梁承载能力检测评定规程》（JTG/T J21—2011）评定为 3、4、5 的主要构件或主要受力部位。被测构件或部位的测区数量同钢筋锈蚀电位检测。

（2）测区面积不宜大于 5 m×5 m，并按确定的位置编号。每个测区应采用行、列布置测点，依据被测结构及构件的尺寸，宜用 300 mm×300 mm ~ 600 mm×600 mm 划分网格，网格的节点应为混凝土电阻率测点。在电位测量区域内进行，测点数量不宜少于 12 个。

（3）当测区混凝土有绝缘涂层介质隔离时，应清除绝缘涂层介质。测区清洁、平整，不应有接缝、施工缝、蜂窝、麻面或孔洞等。

3）现场检测步骤

（1）测量前应在电极前端涂上耦合剂，且测点之间耦合剂不得相通。可将吸水后的海绵塞分别塞入四个电极中，确保海绵塞塞紧。

（2）先把探头和电缆连接，然后将电缆连接到主机的插槽上，连接好后再开机。

（3）对电阻率测试仪进行标准块标定，在探头和标准块接触后，用手压紧探头和标准接触块；当电流达到99%时查测试结果是否在 29 ~ 33 kΩ·cm 之间，如果在此区间范围内，则可进行测量。

（4）测量时探头应垂直置于混凝土表面，并施加适当的压力，四电极探头应远离钢筋，并保证四电极探头海绵塞与混凝土表面测点有着良好的耦合。检测过程中，保持混凝土表面测试状态；混凝土表面太干或太湿，会造成测试结果不准确。

（5）应及时、完整、规范地填写检测记录表，对场地温度、湿度及实测电阻率做好记录工作。

（6）混凝土电阻率测试仪使用后，应及时擦干四电极探头上的金属部件，清洗四电极探头海绵塞，并挤干海绵内水分；若海绵塞损坏，应在使用时更换。

4）数据处理与判别

试验数据进行整理分析，根据表 3-6 所列标准，对混凝土中钢筋可能的锈蚀速度进行定性判断。

表 3-6　混凝土电阻率评定标准

电阻率/Ω·cm	可能的锈蚀速率	评定标度
≥20000	很慢	1
[15000,20000)	慢	2
[10000,15000)	一般	3

续表 3-6

电阻率/$\Omega \cdot cm$	可能的锈蚀速率	评定标度
〔5000,10000）	快	4
<5000	很快	5

注：量测时混凝土桥梁结构或构件应为自然状态。

3.3.4.2　混凝土锈蚀电位检测

1）电位法原理及所用仪器

电位法是目前应用最为广泛的一种评定混凝土结构锈蚀程度的无损检测方法,该方法通过测定钢筋、混凝土组成的电极与混凝土表面的铜、硫酸铜参考电极之间的电位差,评定钢筋的锈蚀状态。如图3-20所示,半电池电位法钢筋锈蚀检测仪应由铜-硫酸铜半电池、电压计和导线构成。饱和硫酸铜溶液采用分析纯硫酸铜试剂晶体溶解于蒸馏水中制备,应使透明刚性管的底部积有少量未溶解的硫酸铜结晶体,溶液应饱和清澈。半电池的电连接垫应预先浸湿,多孔塞和混凝土构件表面应形成电通路。

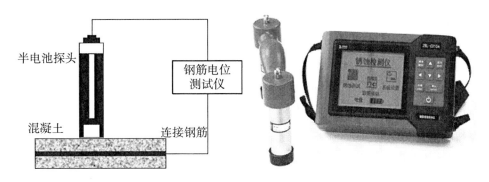

图 3-20　钢筋锈蚀电位测试系统

2）检测步骤

（1）在混凝土结构及构件上可布置若干测区,测区面积不宜大于 5 m×5 m,并应按确定的位置编号。每个测区应采用矩阵式（行、列）布置测点,依据被测结构及构件尺寸,宜用 100 mm×100 mm ~ 500 mm×500 mm 划分网格,网格的节点应为电位测点。每个结构或构件的测点数不少于 30 个。

（2）当测区混凝土有绝缘涂层介质隔离时,应清除绝缘涂层介质。测点处混凝土表面应平整、清洁。必要时应采用砂轮或钢丝刷打磨,并应将粉尘等杂物清除。

（3）导线与钢筋的连接应按下列步骤进行:①采用钢筋探测仪检测钢筋的分布情况,

并应在适当的位置剔凿出钢筋;②导线一端应接于电压仪的负输入端,另一端应接于混凝土中钢筋上;③连接处的钢筋表面应除锈或清除污物,并保证导线与钢筋有效连接;④测区内的钢筋(钢筋网)必须与连接点的钢筋形成电通路。

(4)导线与半电池的连接应按下列步骤进行:①连接前应检查各种接口,接触应良好;②导线一端应连接到半电池接线插头上,另一端应连接到电压仪的正输入端。

(5)测区混凝土应预先充分浸湿。可在饮用水中加适量(约2%)家用液态洗涤剂配制成导电溶液,在测区混凝土表面喷洒,半电池的电连接垫与混凝土表面测点应良好地耦合。

(6)半电池检测系统稳定性应符合下列要求:①在同一测点,用相同半电池重复两次测得该点的电位差值应小于10 mV;②在同一测点,用两只不同的半电池重复两次测得该点的电位差值应小于20 mV。

(7)半电池电位的检测应按下列步骤进行:①测量并记录环境温度;②应按测区编号,将半电池依次放在各电位测点上,检测并记录各测点的电位值;③检测时,应及时清除电连接垫表面的吸附物,半电池多孔塞与混凝土表面应形成电通路;④在水平方向和垂直方向上检测时,应保证半电池刚性管中的饱和硫酸铜溶液同时与多孔塞和铜棒保持完全接触;⑤检测时应避免外界各种因素产生的电流的影响。

(8)当检测环境温度在(22±5)℃之外时,应按式(3-9)和(3-10)对测点的电位值进行温度修正:

$$V = k \times (T - 27.0) + V_R, \quad T \geq 27 \text{ ℃} \tag{3-9}$$

$$V = k \times (T - 17.0) + V_R, \quad T \geq 17 \text{ ℃} \tag{3-10}$$

式中:V——温度修正后电位值(mV),精确至 1 mV;

V_R——温度修正前电位值(mV),精确至 1 mV;

T——检测环境温度(℃),精确至 1 ℃;

k——系数(mV/℃)。

3)数据处理与判别

半电池电位检测结构可采用电位等值线图表示被测结构及构件中钢筋的锈蚀性状。按合适比例在结构及构件图上标出各测点的半电池电位值,可通过数值相等的各点或内插等值的各点绘出电位等值线。电位等值线的最大间隔宜为100 mV。

对桥梁结构,当采用半电池电位值评价钢筋锈蚀性状时,应根据表3-7进行判断,也可参照表3-8进行判断。

表 3-7 混凝土桥梁钢筋锈蚀电位评定标准

电位水平/mV	钢筋状况	评定标度
≥-200	无锈蚀活动性或锈蚀活动性不确定	1
(-300,-200]	有锈蚀活动性,但锈蚀状态不确定,可能为坑蚀	2
(-400,-300]	有锈蚀活动性,发生锈蚀的概率为90%	3
(-500,-400]	有锈蚀活动性,严重锈蚀可能性极大	4
<-500	构件存在锈蚀开裂区域	5

表 3-8 混凝土桥梁钢筋锈蚀电位评定标准

电位水平/mV	钢筋状况
≥-200	不发生锈蚀的盖梁>90%
[-350,-200)	锈蚀形状不确定
<-350	发生锈蚀的盖梁>90%

3.3.4.3 混凝土碳化深度检测

混凝土碳化是混凝土中碱性物质(如氢氧化钙)与空气中的二氧化碳发生化学反应,生成碳酸盐和水,从而使混凝土的碱性降低的过程。这一过程通常是以化学方程式表示:$Ca(OH)_2+CO_2 \rightarrow CaCO_3+H_2O$。碳化会降低混凝土的碱性,当混凝土碳化深度到达钢筋表面时,高碱性环境中钢筋表面钝化膜会遭到破坏,钢筋就失去保护,当外部条件成熟时,就会发生锈蚀,进而影响混凝土的耐久性和对钢筋的保护能力,这是碳化深度测试目的之一。此外,碳化的混凝土表面硬度增加,但强度却降低,碳化深度测试结果用于回弹法检测混凝土强度修正,如图 3-21 所示。

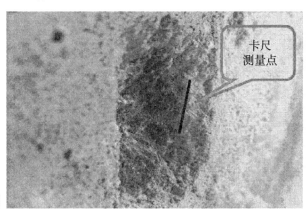

图 3-21 混凝土碳化深度测试

1）碳化深度值测量

酚酞酒精是一种弱有机酸,在 pH 值<8.2 的溶液里为无色的溶液,当遇到碱性溶液时,会变成红色。如果混凝土表层碳化了,喷洒酚酞酒精后,表层碳化部分不会发生颜色变化,深层没有发生碳化的混凝土会变成红色。

碳化深度检测要求如下:

(1)可采用工具在测区表面形成直径约 15 mm 的孔洞,其深度应大于混凝土的碳化深度。

(2)应清除孔洞中的粉末和碎屑,且不得用水擦洗。

(3)应采用浓度为 1% ~2% 的酚酞酒精溶液滴在孔洞内壁的边缘处,当已碳化与未碳化界线清晰时,采用专用测量仪器测量已碳化与未碳化混凝土交界面到混凝土表面的垂直距离。

(4)每个测点应连续测量 3 次,取 3 次测量结果的平均值作为该测区碳化深度值,精确至 0.25 mm。

(5)当测区碳化深度值的极差不大于 2.0 mm 时,以测区碳化深度平均值为构件所有测区的碳化深度值,按式(3-11)计算:

$$d_{\mathrm{m}} = \frac{1}{n} \sum_{i=1}^{n} d_i \qquad (3-11)$$

式中:d_{m}——构件所有测区的平均碳化深度值,当 d_{m} 大于 6.0 mm 时,取 6.0 mm,精确至 0.5 mm;

d_i——构件第 i 个碳化深度测量位置的碳化深度值,精确至 0.25 mm;

n——测量碳化深度的测区数。

(6)当测区碳化深度值的极差大于 2.0 mm 时,测区强度换算值应采用该测区对应的碳化深度值进行计算。

2）混凝土桥梁碳化深度状况评定

在桥梁承载能力评估中,对钢筋锈蚀电位评定标度为 3、4、5 的主要构件或主要受力部位,应进行混凝土碳化状况评定。被测构件或部位的测区数量不应少于 3 个或混凝土强度测区数量的 30%。碳化评定标准根据测区混凝土碳化深度平均值与实测保护层厚度平均值的比值 K_c,按表 3-9 的规定确定混凝土碳化评定标度。

表 3-9　混凝土碳化深度评定标度

K_c	<0.5	[0.5,1.0)	[1.0,1.5)	[1.5,2.0)	≥ 2.0
评定标度	1	2	3	4	5

3.3.4.4　混凝土氯化物含量测定

混凝土中的氯离子是极强的阳极活化剂,主要来源为掺料、水、骨料等。当其浓度达到某一临界值时,可使混凝土中的钢筋失去钝化,引起并加速钢筋锈蚀,是诱发混凝土内部锈蚀的主要原因之一。检测旧混凝土结构中氯离子含量,是判断分析混凝土中钢筋锈蚀原因及混凝土内部钢筋发生锈蚀可能性的依据。桥梁承载能力评估时,对钢筋锈蚀电位为 3、4、5 的主要构件或主要受力部位,应布置测区测定混凝土中氯离子含量及其分布,每一被测构件中测区数量不宜少于 3 个。可采用在结构构件上钻取不同深度的混凝土粉末样品的方法通过化学分析进行测定。

1)取样要求

可从既有结构或构件钻取混凝土芯样,检测混凝土中氯离子含量。氯离子含量检测宜选择结构部位中具有代表性的位置,并可利用测试抗压强度后的破损芯样制作试样。钻取混凝土芯样检测氯离子含量时,相同混凝土配合比的芯样应为一组,每组芯样的取样数量不应少于 3 个;当结构部位已经出现钢筋锈蚀、顺筋裂缝等明显劣化现象时,每组芯样的取样数量应增加一倍,同一结构部位的芯样应为同一组。氯离子含量检测的取样深度不应小于钢筋保护层厚度。

2)样品制备

既有结构或构件混凝土中氯离子含量的检测应从同一组混凝土芯样中取样。应从每个芯样内部各取不少于 200 g、等质量的混凝土试样,去除混凝土试样中的石子后,将 3 个试样的砂浆砸碎后混合均匀,并应研磨至全部通过筛孔公称直径为 0.16 mm 的筛;研磨后的砂浆粉末应置于 105 ℃±5 ℃烘箱中烘 2 h,取出后应放入干燥器冷却至室温备用。

3)试验方法

既有结构或构件混凝土中水溶性氯离子含量按《混凝土中氯离子含量检测技术规程》(JGJ/T 322—2013)附录 C 方法进行检测;既有结构或构件混凝土中酸溶性氯离子含量按《混凝土中氯离子含量检测技术规程》(JGJ/T 322—2013)附录 D 方法进行检测。

4)评定标准

根据混凝土中钢筋处氯离子含量,按表 3-10 评判诱发钢筋锈蚀的可能性,并根据测区最高氯离子含量确定混凝土氯离子含量评定标度。

表3-10　混凝土氯离子含量评定标准

氯离子含量 （占水泥含量百分比）	诱发钢筋锈蚀的可能性	评定标度
<0.15	很小	1
[0.15,0.40)	不确定	2
[0.40,0.70)	有可能诱发钢筋锈蚀	3
[0.70,1.00)	会诱发钢筋锈蚀	4
≥1.00	钢筋锈蚀活化	5

3.4　桥梁结构测试

　　桥梁结构试验是利用各种仪器,测试桥梁结构在荷载或其他因素(温度、变形)作用下的响应,并通过响应数值分析结构的强度、刚度以及稳定性,达到评估结构安全的目的。如图3-22所示,结构试验中测试的响应一般有挠度、转角、应变、振动,其中静载试验和动载试验采用的加载方式和测试设备有很大差别,动载测试要求更高的数据采集频率。

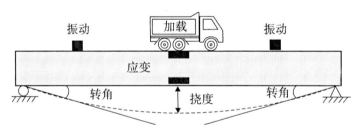

图3-22　桥梁结构试验测试的指标

3.4.1　应变测试

1)应变测试原理

　　结构在外力作用下会产生应力,应力是反映结构在荷载作用下构件的局部受力与破坏状态的关键指标,也是反映结构安全状态的主要参数。实际上直接测量应力比较困难,一般是通过测量应变间接测量应力。应变是度量物体变形程度的量,它是长度的相对变化量,如图3-23,长度为 L_0 、截面积为 A 的受拉杆,在外力 F 作用下,长度变为 L ,伸长量为 ΔL 。

図 3-23 应变测试示意图

在变形场均匀的前提下，即每个点的应变都相同时，应变可采用式(3-12.a)来表示。测试时，在梁截面处布置应变计，以应变计标距 d 范围内的应变表示测试截面处的应变。测试获得的应变值可根据式(3-12.b)计算得出应力，也可根据式(3-12.c)计算出作用荷载 F 与应变的关系，通过应变测试系统可以实现结构应变测试。

$$\varepsilon = \frac{\Delta L}{L_0} \tag{3-12.a}$$

$$\varepsilon = \frac{\sigma}{E} \tag{3-12.b}$$

$$\varepsilon = \frac{F}{E_A} \tag{3-12.c}$$

2)应变计分类

应变测试系统是一种用于测量和记录结构或材料在受到机械载荷作用时产生的应变的设备，系统通常包括应变计、数据采集单元、信号放大器、数据分析软件。应变计是该系统中最重要的设备，它是测量物体微小形变的传感器，它的基本原理是利用某些材料的固有特性，如金属的电阻应变效应或某些传感材料的压电效应，将物体的形变转换为电信号、光信号等，从而实现对微小变形的测量。应变计安装到结构上才能应用，其安装方式可分为标贴式和内埋式。根据采集频率，应变计可分为静态应变计和动态应变计。根据测试原理，应变计可分为电阻式、振弦式、光纤光栅式和数码式，见表 3-11。如图 3-24 所示。下面根据测试原理的不同对各种应变计进行介绍。

表 3-11 几种应力测量方法的对比光栅

指标	电阻式	振弦式	光纤光栅式	数码式
	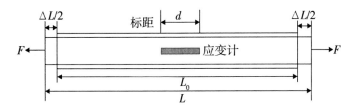			
标距	100 mm	150 mm	150 mm	150 mm

续表 3-11

指标	电阻式	振弦式	光纤光栅式	数码式
量程	±1500	±1500	±1500	±1500
精度	0.1	0.1	0.1	0.1
采集频率	静载/动态	静载	静载/动态	静载/动态
安装方式	标贴式	标贴式/内埋式	标贴式/内埋式	标贴式
组网方式	有线/无线	有线/无线	有线/无线	有线/无线

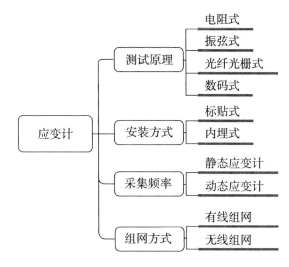

图 3-24 应变计分类

（1）电阻式应变计：电阻式应变计基于材料的电阻随应变而发生变化的原理研制。电阻式应变计通常由金属箔片构成，当材料受到力或应变时，箔片的长度、宽度或电阻值会发生变化。通过测量电阻值的变化，可以确定应变的大小。电阻式应变计适用于静态测量和动态测量。

（2）振弦式应变计：基于钢弦频率随拉力变化的原理研制。一定长度的钢弦张拉在两个端块之间，端块牢固安装于待测构件上，构件的变形使得两端块相对移动并导致钢弦张力变化，张力的变化又使钢弦的谐振频率发生变化，通过测量钢弦谐振频率的变化从而测出待测构件的应变和变形。

（3）光纤光栅式应变计：光纤光栅式应变计利用光学原理来测量材料或结构的应变。最常用的光纤光栅式应变计是光纤传感器。它基于光纤中的光信号随应变而发生的相位或强度变化。光纤光栅式应变计具有高精度和非接触性，适用于复杂结构或高温环境下的应变测量。

（4）数码式应变计：基于磁致伸缩效应研制。磁致伸缩效应是指某些材料在外加磁场的作用下发生尺寸变化的现象。镍锰合金（Ni-Mn）是一种具有磁致伸缩效应的合金，它能够在应力作用下改变其磁化状态，从而实现应力的测量。

3）应变计应用

每种应变计都有其适用的领域和特点，在选择应变计时，需要根据测量范围、精度要求、环境适应性、价格、组网等因素综合确定。应变计选型技术指标如下：

（1）标距：两个安装块之间的距离，一般约为 100 ~ 150 mm。测试时可不改变结构的原有应力状态，可以测量其他仪表（如机械式应变计）无法安装的部位处的应变或结构某个局部的应力，制成大标距时也可以测量混凝土结构的应变。

（2）量程：应变计能够测量的最大应变范围，一般约为 3000 $\mu\varepsilon$。

（3）分辨率：应变计能分辨出的最小应变，一般可达到 0.1 $\mu\varepsilon$。

（4）适用温度范围：-20 ~ +80 ℃。可在高温（100 ~ 800 ℃）、低温（-100 ~ -70 ℃）、高压、高速、旋转和具有核辐射干扰等特殊条件下量测，可用于模型试验，也能直接用于运行中的机械和实体结构各部位的静态、动态和瞬态应变量测，可测频带宽。

（5）采集频率：根据数据采集频率可分为静态应变计和动态应变计。

（6）长期稳定性。

（7）应变计根据安装方式可分为内埋式和标贴式，其中内埋式应变计一般用于混凝土桥梁施工监控，施工时安装于混凝土结构内部。

（8）组网方式：易于实现全自动化数据采集、多点同步测量、远距离测量和遥控测试，操作方便，测试方法易于掌握。组网方式有有线组网、无线组网以及过程分布式组网。

3.4.2　挠度测试

挠度是指结构在荷载作用下发生的变形，它是评价结构刚度的参数，挠度测试是结构测试的重点，也是难点。挠度表示一点相对于另一点的位移，即测点相对于基准点的位移，如桥梁荷载试验时，需要测试荷载施加前后的测点的相对位移。挠度计的种类很多，按照不同的标准，挠度计的分类方式如图 3-25 所示。挠度计按测试方式可分为接触式挠度计和非接触式挠度计；按数据采集频率可分为静挠度计和动挠度计；按设备组网方式可分为有线组网挠度计和无线组网挠度计。各种挠度计的对比见表 3-12。

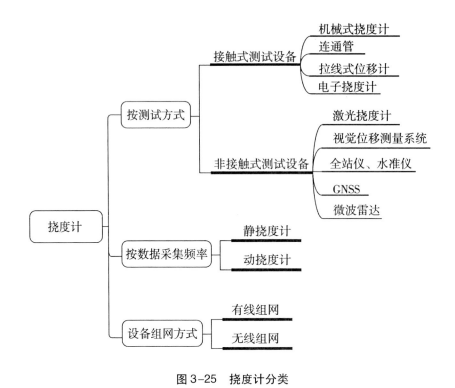

图 3-25　挠度计分类

表 3-12　挠度计的对比

测试方法	测试仪器		测试精度	采集频率	适用场景
接触式	机械式挠度计	千分表	0.001 mm	静态	量程小，人工读数
		百分表	0.01 mm	静态	量程小，人工读数
	连通管		毫米级以下	静态	测距小于 300 m
	拉线式位移计		0.1 mm	静态	
	电子挠度计		0.001 mm	动态/静态	
非接触式	激光挠度计		0.1 mm	动态/静态	测距 50 m，垂直测点测试
	视觉位移测试系统		0.1 m	动态/静态	测距 500 m
	全站仪		毫米级	静态	各种桥梁，测距小于 2 km
	水准仪		毫米级	静态	桥面测试、视线受限
	GNSS		厘米级	静态	超大跨度桥梁
	微波雷达		毫米级	动态/静态	

接触式测试通常把挠度计安装于固定支架上,挠度计可滑动的测杆与测点接触,此时测点相对于支架的位移就是挠度,如图 3-26 所示。采用接触式挠度测试的方式有机械式挠度计、连通管、拉线式位移计、电子挠度计等。接触式挠度测试一般需要搭设临时测试支架,当桥下净空较高或桥下不便于搭设支架时,其应用就受到限制。

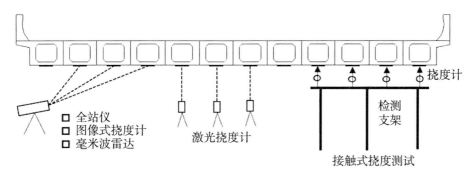

图 3-26　挠度测试方式

非接触式测试是指在不接触待测目标的前提下获得结构的形变状态。非接触式测试可解决接触式测试中面临的现场测试条件差、安装成本高、多点同步测试不便等问题。目前,非接触式测试设备有全站仪、水准仪、激光挠度计、视觉位移测试系统、微波雷达以及全球导航卫星系统(GNSS)等。

1)激光挠度计

激光挠度计是利用激光测距来测试结构物挠度的仪器。它通过发射一束激光光束,并利用光散射原理来测试结构物表面的形变,从而实现对结构物挠度的测试。激光挠度计通常由激光源、接收器、信号处理单位等构成。激光挠度计是一种非接触性测试仪器,具有高精度和高灵敏度,能够实时、准确地测试结构物表面的微小变形,提供可靠的挠度测试结果。

2)视觉位移测试系统

基于数字图像技术的视觉位移测试系统是采用工业相机拍摄并记录被测结构的运动情况,利用子区整像素搜索与亚像素匹配技术跟踪目标在图像中的运动轨迹,通过建立图像与现实世界之间的几何关系得到所测目标的位移信息。与传统接触式传感器相比,视觉位移测试系统具有易安装、远距离、高精度、多点同步测试等优势,广泛应用于各种位移测试场景。如图 3-27 所示,视觉位移测试系统主要包括摄像设备、控制电脑、标志物(靶标),可根据使用场景的不同,选择不同焦段镜头和不同采集帧率、分辨率的工业相机以满足测试需求,可实现桥梁结构动挠度、模态参数和索力的测试。在近距离测试中可实现结构位移的亚毫米级测试,对于微幅振动或大视场下结构的振动测试,可结合视频运动放大、串并联相机等技术实现。

图 3-27 视觉位移测试系统

视觉位移测试系统在实际应用中会受到自身振动、环境温度、相机自热、光强变化、设备硬件性能与系统算法等因素影响，导致其测试精度下降，如表 3-13 所示。

表 3-13 视觉位移测试系统误差影响因素

误差影响因素		产生误差的原理
硬件因素	相机成像噪声	相机在将光电信号转换为数字信号的过程中会产生电子噪声，影响成像质量，导致位移测试产生误差
	相机自热	相机内部电子元件存在电阻，在电流的作用下发热，引起相机内部温度变化，导致相机成像发生变形，产生测试误差。可通过预热相机，待相机内部温度稳定后再使用，但在复杂多变的室外条件下，该方法难以保证相机自身温度的稳定，从而影响测试精度
	镜头畸变	由于相机镜头不同区域影像缩放比例不同导致图像发生形变，这显然会造成位移测试误差
算法因素	整像素匹配误差	整像素匹配在计算目标子集与参考子集相关度时，无法保证百分之百的匹配
	亚像素插值误差	亚像素插值通常采用样条插值、双线性插值、双五次 B 样条插值等方式来近似逼近变形后的图像，逼近过程一般会引起系统误差
环境因素	自身振动的影响	测试设备因使用环境的不稳定导致自身发生刚体运动，造成测试误差
	环境温度和热流扰动的影响	环境温度变化引起设备自身结构的变形，导致位移测试误差的产生；热流扰动影响是由于空气温度不均，与被测物表面存在温差，导致相机视场中产生热浪（光线折射发生偏转，造成视觉上的扭曲），影响相机成像造成一定测试误差
	水雾因素和光强变化的影响	当相机视场中的水雾遮挡目标或目标光强变化时，易导致图像模糊，成像质量差甚至目标匹配失败，可通过设置人工光源提高目标的辨识度和稳定性，降低水雾与光照变化对目标物的影响

3)微波雷达

微波通常是指 300 MHz ~ 300 GHz 频域(波长为 1 ~ 100 mm)的电磁波。微波雷达兼有毫米波雷达的一些优点,可用于测距、测速。微波雷达主要由天线、发射前端、模数转换器(A/D)与数字信号处理器组成。根据雷达发射信号的不同,可分为单频雷达和宽带雷达。单频雷达主要用于速度和近距离高精度位移的测试,其发射信号为单频的连续微波信号;宽带雷达主要用于多目标位移与空间位置的测试,其发射的微波信号具有一定的频率带宽,根据频率带宽的变化形式,宽带雷达可分为线性调频连续波、步进调频连续波、脉冲超宽带等多种微波雷达,见表 3-14。

表 3-14　微波雷达测距原理

微波雷达类型		测距原理
单频雷达		对目标发射单频微波,发射波到达目标之后产生的回波被雷达接收器接收,根据 2 次回波信号与发射波的相位差实现对目标的位移测试。缺点是只能获得单一目标的位移,无法实现多目标的位移同步测试
宽带雷达	线性调频连续波(LFMCW)	利用发射信号的频率随时间连续变化,通过测试输出差拍信号的频率和相位来完成目标距离/位移的测试,可实现目标的分辨和高精度测试,并通过模式切换与干涉雷达结合,进一步提高距离测试精度。但硬件实现难度与成本相对较高,一般只应用于大型结构的变形和振动测试
	步进调频连续波(SFCW)	雷达发射信号的频率是随时间步进变化,利用干涉相位和逆傅里叶变换完成目标距离/位移的测试。SFCW 雷达已在结构变形监测领域得到广泛应用,具有较成熟的技术和商业化产品

微波雷达具有非接触、抗雨雾烟等特点,可在较为恶劣的环境下使用,但其测试精度还是会受到雷达系统自身和使用环境等多方面影响。雷达在位移测试中,由于自身模块、器件不理想,导致输出的信号存在额外直流偏置、信号幅度不一致等问题。信号相位信息无法正确解调是雷达系统自身误差产生的主要原因。为降低设备自身的影响,可采用线性解调、最小二乘算法等对直流偏置进行校准。微波作为一种电磁波,可穿透大气中的云、雾、雨,实现对结构变形的测试,但其精度仍会受到大气温度、湿度、气压等环境因素的影响。相较于其他类型传感器,微波雷达在环境条件复杂的桥梁结构振动和位移监测中有着独特优势。

近距离位移测试试验中,干涉雷达的位移测试误差较小,主要误差来源于正交混频器相位的非线性输出,通过不断改进,用数字正交混频器取代模拟混频器,可将误差控制到微米级,大幅提升测试精度。

对大型结构进行远距离位移测试时,由于雷达系统自身功率的限制,目标物反射的回波信号信噪比低,加之受杂散信号影响,信噪比进一步降低,但此时旁瓣信号的能量衰减较小,易因旁瓣信号泄露造成目标信号被覆盖,导致系统难以解调出位移形变,影响微波雷达远距离形变测试精度。解决方案之一是在被测结构上安装角反射器、有源反射器等获得高信噪比的回波信号以提升探测距离,但在大跨桥梁上安装角反射器、有源反射器等并不方便。可通过升级雷达,提高雷达发射功率和接收器的灵敏度,实现无反射靶标下的远距离结构变形测试,但此方法仅能从不同距离测试数据中提取信号最强测点,实现多目标测试,难以进行高采样率的全局测试。

对于无反射靶标下的远距离、多目标形变全局的结构测试,可通过改进雷达系统和改变雷达结构的形式实现,但其精度还有待进一步提升,且设备成本提升,影响推广应用。微波雷达结合基于振动频率的索力测试方法,可实现索力的非接触测试。在索力测试时,微波雷达可直接通过索杆结构反射信号获得回波,无须设置角反射器,也可同步对多根索杆张力进行高精度测试,大大提高了测试效率。

3.4.3　转角测试

桥梁结构试验时,结构的节点、截面和支座都有可能发生转动,这种变形常用倾角仪来测量。倾角仪是一种用于测量物体在静态或动态环境下与初始状态所成倾斜角度的工具,在桥梁检测监测中应用广泛。倾角仪的工作原理是以重力作用线为参考,以感受元件相对于重力作用线的某一状态为初值,在传感器随结构一起发生转角后,感受元件相对于重力作用线的状态也发生改变,把变化量用各种方法转换成读数。

常用的倾角仪有水准管式倾角仪、光纤光栅式倾角仪、数显倾角仪、双轴倾角仪。其中,水准管式倾角仪是一种利用水准管来测量和计算转角的仪器,它由水准管、气泡等组成,其工作原理是:水准管中的气泡需要在两个水准管线之间进行移动,以确定转角。

双轴倾角仪通常将加速度计和陀螺仪结合起来使用,它由微控制器(MCU)、微机电系统(MEMS)加速度计、模数转换电路、通信单元组成,其通过把物体相对于水平面的倾斜角或倾斜角的变化转换为与之对应的电信号或数字信号,计算得出相对应的倾角值,实现双轴倾斜观测。加速度计提供静态倾斜角的测量,而陀螺仪提供动态倾斜角变化的信息。通过这两种传感器的数据融合,可以得到更准确和稳定的倾斜角测量结果。双轴倾角仪应用于桥梁荷载试验和桥墩倾斜监测,如图 3-28 所示。

图 3-28　双轴倾角仪

3.4.4　振动测试

桥梁结构在风、车辆及地震等作用下不可避免地产生振动,振动测试是评估桥梁结构状况和动态特性的一种重要方法,如桥梁自振频率测试、索力测试。如图 3-29 所示,桥梁振动测试系统通常由振动传感器、数据采集系统、测试分析软件组成。

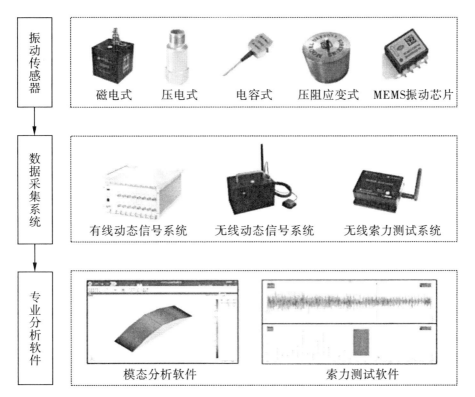

图 3-29　桥梁振动测试系统

1）振动传感器

振动传感器是由质量、弹簧和阻尼器构成的单自由度振动系统,当外界发生振动时,质量块会在弹簧的弹性力和阻尼器的阻尼作用下产生相应的位移或运动变化,进而将机械振动信号转化为便于后续处理和分析的电信号。振动传感器有速度计、加速度计,在桥梁检测和监测中均有广泛的应用。

按照工作原理的不同,振动传感器可分为磁电式速度计、压阻应变式加速度计、压电式加速度计、伺服式加速度计和电容式加速度计。

（1）磁电式速度计

磁电式速度计基于电磁感应原理工作,它通常由永久磁铁、线圈和弹簧元件组成。当传感器随桥梁等被测物体振动时,线圈与磁铁产生相对运动、切割磁力线,在线圈内会产生感应电压,通过测量感应电压就可以得出物体的振动速度。它灵敏度较高且无须额外的激励电源;受环境温度、湿度等因素影响较小;结构相对简单,可靠性高,易于维护。但它体积和重量较大,频率响应范围相对较窄,在高频测量时可能存在一定的局限性,常用于桥梁的低频振动监测。

（2）压阻应变式加速度计

压阻应变式加速度计包含了应变计,利用压阻效应,当质量块在加速度作用下产生惯性力时,应变片发生形变,导致其电阻值发生变化,通过测量电阻变化来计算加速度。压阻应变式加速度计灵敏度高、体积小、重量轻、便于安装;频率响应范围宽,适用于高频振动测量。但受温度影响较大,需要进行温度补偿;测量量程相对较小,在大加速度测量时可能会出现饱和现象;并且由于应变片疲劳和老化问题,长期稳定性有待进一步提高。

（3）压电式加速度计

压电式加速度计基于压电效应,当某些晶体材料受到外力作用时,会在其表面产生电荷,当质量块在加速度作用下对压电晶体施加力时,晶体表面会产生与加速度成正比的电荷,通过测量电荷来获取加速度信息。它频率响应范围极宽,可测量从低频到高频的加速度信号;可承受较大的冲击和振动;工作温度范围广,适用于各种恶劣环境。但需要配备专门的电荷放大器进行信号转换和放大,对电缆电容和外界干扰较为敏感,需要采取良好的屏蔽措施。

（4）伺服式加速度计

伺服式加速度计一般由质量块、位移传感器、伺服放大器、反馈线圈、永磁体等组成。质量块与位移传感器相连,用于检测质量块的位移,伺服放大器根据位移信号产生控制电流,反馈线圈在永磁体的磁场中受电流作用产生力,以平衡质量块因加速度产生的惯性力。当质量块在加速度作用下产生位移时,通过反馈系统产生一个与加速度成正比的力,使质量块回到平衡位置,通过测量反馈力来计算加速度。

伺服式加速度计精度极高,线性度高,能够准确测量微小的加速度变化;具有良好的稳定性和抗干扰能力,对环境温度、湿度等因素的变化不敏感;测量量程大,可适应不同加速度范围的测量需求,多用于高精度振动测量。但其结构复杂,成本较高;体积和重量相对较大,响应速度相对较慢;需要外部电源和复杂的信号处理电路。

(5)电容式加速度计

电容式加速度计基于电容变化原理,质量块在加速度作用下产生位移,导致电容极板间的距离或面积发生变化,从而引起电容值的变化,通过测量电容变化来计算加速度。电容式加速度计功耗低、受电磁干扰和温度影响较小、体积小、易于集成化,适合电池供电的设备和长期监测应用。但它的测量电路相对复杂,需要高精度的电容测量电路;对极板间的距离变化较为敏感,在大加速度测量时可能会出现非线性误差;长期稳定性需要进一步提高。

常用的速度计、加速度计的适用范围及优缺点分析见表3-15。振动传感器选型时,可考虑测量范围、精度要求、频率响应、环境适应性、安装要求、成本因素以及输出信号等因素,综合确定。

表3-15　加速度传感器技术原理及性能特点比较

仪器名称	适用范围	结构示意图
磁电式速度计	**适用范围** ①测量范围:位移±移±mm;加速度±加速度 g。 ②频率响应:0.3 ~ 20 Hz。 ③可用于行车试验、脉动试验。 **优缺点** ①灵敏度较高,输出信号较强,无须额外的激励电源。 ②频率响应范围相对较窄,在高频测量时可能存在一定的局限性	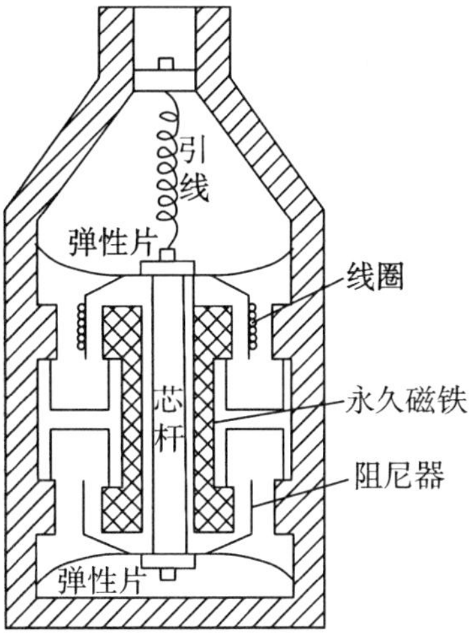

仪器名称	适用范围	结构示意图
压阻应变式加速度计	**适用范围** ①测量范围:±测 g。 ②频率响应:0 ~ 100 Hz。 ③可用于行车试验。 **优缺点** ①灵敏度高、体积小、重量轻、便于安装;频响宽,适用于高频振动测量。 ②需要进行温度补偿;量程相对较小;长期稳定性有待进一步提高	
压电式加速度计	**适用范围** ①测量范围:±测量范 g。 ②频率响应:0.5 ~ 1 kHz。 ③可用于行车试验、索力测量,高灵敏度的也可用于脉动试验。 **优缺点** ①频带宽、体积小,适用于各种桥梁结构,应用广泛。 ②需要配备专门的电荷放大器;对电缆电容和外界干扰较为敏感	
伺服式加速度计	**适用范围** ①测量范围:±测 g。 ②频率响应:0 ~ 100 Hz。 ③可用于行车试验、脉动试验。 **优缺点** ①超低频响应性能好,用于超低频($f<0.5$ Hz)、高精度振动测试。 ②结构复杂,成本较高;体积和重量相对较大,响应速度相对较慢;需要外部电源和复杂的信号处理电路	

续表 3-15

仪器名称	适用范围	结构示意图
电容式加速度计	**适用范围** ①测量范围:±测 g。 ②频率响应:0~100 Hz。 ③可用于行车试验、脉动试验。 **优缺点** ①功耗低、稳定性好、体积小、易于集成化,适合电池供电的设备和长期监测应用。 ②测量电路相对复杂,大加速度测量时可能会出现非线性误差;长期稳定性需要进一步提高	

2)动态数据采集系统

动态数据采集系统包括数据采集单元(DAQ)和动态信号分析仪(DSA)。DAQ 用于采集振动传感器的信号,它能实现采样模式设置、信号调理、实时数据传输、数据缓存以及传感器自校准等功能。DSA 主要对 DAQ 采集到的数字信号进行实时分析和处理,它包含数字信号处理模块、频谱分析模块、时域分析模块、数据存储模块以及显示模块等,能够对振动信号进行各种分析运算,并将结果以直观的方式呈现出来。

3)分析软件

分析软件主要用于数据处理。桥梁检测用的分析软件有模态分析软件和索力测试软件。模态分析软件用于识别桥梁的模态参数,如自振频率、阻尼比、振型等,其一般有项目数据管理、频谱变换、模态参数识别及三维可视化展示等功能。索力测试软件有频谱变换、索参数管理以及索力计算等功能。

3.5　无人机辅助检测

无人机作为一种载具,搭载智能设备采集桥梁各部位图像。在桥梁检测中,对于人工不易检查的部位可采用无人机进行辅助巡检,主要有以下几种情形。

(1)检测人工难以到达的桥梁部位,如高墩、高塔、桥底等位置。

(2)采用人工检测时具有较大危险性的桥梁部位,如悬索桥主缆等。

(3)采用人工检测效率低下时。

（4）需连续大面积检测时。

（5）已知位置存在病害，需要定期观察病害扩展时。

（6）道路交通不便进行封锁时。

基于无人机的桥梁检测方法是以无人机搭载相机为采集手段，通过人工操作或自动巡检采集桥梁表面图像，然后以病害识别、定量、定位三重方法分析所采集的图像。常用的民用无人机包括固定翼无人机、多旋翼无人机、直升无人机和混合类型无人机。对于桥梁检测场景，商用的多旋翼无人机应用较为广泛。无人机桥梁辅助检测流程一般分为方案制定、现场实施和数据处理 3 个阶段，如图 3-30 所示。

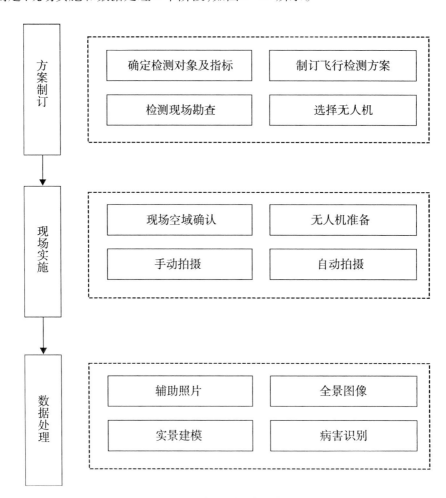

图 3-30　无人机桥梁辅助检测流程

1）方案制订阶段

首先根据检测对象、检测部位的不同，依据现场情况以及空域管理要求，选择相应功能的无人机，确定检测飞行方式。无人机具有良好的静态悬停功能、抗风稳定性、定位功能。无人机所搭载的相机或摄像机应根据具体检测的病害类型从分辨率、快门类型、焦距、传感器尺寸、云台三轴稳定性、重量等多个方面综合考虑。

2）现场实施阶段

无人机的控制方式包括人工手动操控和规划航点自动飞行，当作业环境较为复杂时，检测无人机应采用人工控制方式展开作业。轨迹规划技术决定了检测平台对桥梁表面进行表观病害检测的具体路径。部分传统的研究并不会提前生成轨迹供检测平台进行巡检，而是采用人工控制的方式。

对不同检测对象，差异控制拍摄距离。对桥梁的上部结构与下部结构应分开巡检，且单次对单侧进行巡检拍摄；桥梁整体结构巡检顺序应遵循先左再右、先上后下的规则。索结构塔应由上至下进行巡检，斜拉索应由上至下进行巡检，主梁应在侧面进行巡检；对桥面、梁、墩台等大体积部位进行全面检测时，无人机巡检过程应保证采集的图像之间有50% 及以上的重叠率。

对桥梁的不同位置，如桥塔、拉索、桥底应采取不同的巡检拍摄方式。针对桥梁桥面、上部结构（拉索、索夹、桥塔等）的缺损状况检测，检测环境较空阔时，应采用普通类型的多旋翼无人机。针对桥梁下部结构（桥底面、桥墩等）检测时，宜采用具有特殊定位功能的多旋翼无人机。针对支座检测，区域狭窄时，宜配备坚固的桨叶保护罩，保证无人机在轻微碰撞下不受明显损伤。

3）数据处理阶段

无人机获取的数据多为照片、视频等形式的数字图像数据，根据无人机辅助检测的定位，目前处理无人机检测数据的方式有人工目视检测、病害自动识别和实景建模。

（1）人工目视检测

人工目视检测是最简单的方式，拍摄照片能直观地展示桥梁表观缺陷的情况，直接用于病害的定性判断。人工目视检测的自动化程度较低，正逐渐被更加先进的方法所取代。

（2）病害自动识别

病害自动识别分析方法包括基于经典数字图像处理的方法和基于深度神经网络的方法。基于经典数字图像处理的方法进行裂缝检测主要依赖于图像分割技术，包括边缘检测、阈值分割、区域生长、特征匹配等算法。基于深度神经网络的桥梁表观病害检测方法主要分为目标检测、语义分割和实例分割三大类别；目标检测能够在图像中将病害以锚框等形式标注，语义分割则能够实现像素级别的病害分割，实例分割能在像素级分割的基础上进一步区分一类病害中的不同实例。

（3）实景建模

倾斜摄影测量技术是以无人机飞行平台为媒介，搭载多台航摄仪或通过多航线拍摄，多方位、多角度获取地物影像数据，影像数据同时包含 POS 数据，可满足三维建模的要求。利用三维建图软件,通过数据的预处理、空中三角加密、平差处理、单模型点云数据提取、合并、平差、纹理提取,输出三维实景模型。进行三维建模不仅能够将待测桥梁结构的表面信息与几何信息留存建档,还能用于辅助病害信息的定位、精确巡检航线的生成等病害检测的子任务。

第4章

桥梁定期检查是通过对桥梁进行全面而深入的现场检查,查明缺陷或潜在缺陷和损伤的性质、部位、严重程度及发展趋势,弄清出现缺陷和损伤的原因,评定桥梁技术状况等级,以便对桥梁进行分类管理,及时进行维修养护,使其处于完好的技术状态,保证运营安全。

4.1 桥梁定期检查流程和内容

桥梁检查是桥梁养护的前期基础工作,通过定期检查要达到以下目的:

(1)确定桥梁各种病害的位置、严重程度及是否对该桥的安全运营造成隐患,对整桥技术状况进行评定,分析其病害产生原因并提出相应的处置建议。

(2)为所检测的桥梁建立病害档案及运营档案,积累必要的技术资料。

(3)为桥梁的运营养护、加固提供依据和参考。

公路桥梁定期检查依据的技术规范主要如下:

(1)《公路桥涵养护规范》(JTG 5120—2021)。

(2)《在用公路桥梁现场检测技术规程》(JTG/T 5214—2022)。

(3)《公路桥梁技术状况评定标准》(JTG/T H21—2011)。

(4)《道路交通标志和标线 第4部分:作业区》(GB 5768.4—2017)。

(5)《公路养护安全作业规程》(JTG H30—2015)。

4.1.1 检查流程

定期检查一般以目测观察为主,桥梁检测仪器测量为辅的方式,进行桥梁各部分结构表面的缺陷检查。工作流程包括技术资料调查、检测方案制订、现场检测、技术状况评定、处置技术建议报告编写等,如图4-1所示。

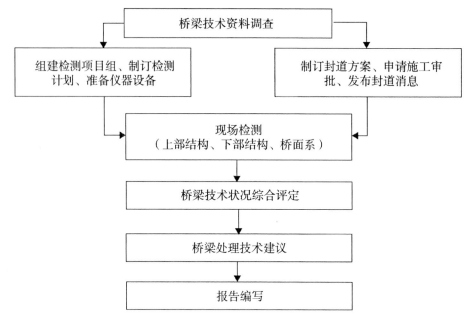

图 4-1　检测工作流程

1)桥梁技术资料调查

桥梁技术资料调查的目的是了解桥梁从建造开始直至现在的全过程,反映这个过程的主要依据是桥梁设计、施工和养护工作的有关文件资料。这些文件资料既能为探测某些隐藏的桥梁缺陷、对桥梁结构适用性的判断提供帮助,又能为桥梁评定提供可靠的依据。一般认为,桥梁检查需要收集如下技术资料。

(1)设计资料,包括桥梁设计图纸、计算书、桥位地质钻探资料等。

(2)施工资料,包括施工记录和材料试验报告、桥梁竣工图纸及说明书等。

(3)维修及养护资料,包括历次桥梁检查记录、维修养护记录及有关图纸。

(4)交通量调查和使用荷载调查资料,包括经常通过车辆的车型、载重量及交通量资料;历史上通过特殊车辆的记录。另外对于一些桥梁,还应调查周围环境、桥跨水流状态和通航的资料等。

2)检查方案制订

定期检查由专业检测机构实施,由于检查内容多、技术要求较高,需要事先制订检测方案。桥梁定期检查方案包括桥梁概况介绍、检查依据及流程、构件编号及病害记录规则、现场检查内容及方法、技术状况评定方法及流程及组织实施等内容。方案制订时,对上次技术状况评定为 3 类、4 类、5 类的桥梁,宜列出主要病害和技术状况评定结果,以便于本次检测中对比发展。

3)现场检测

桥梁定期检查一般选择现场检测,对于难以直接观测的桥梁部位,需借助检测仪器辅助检查,人工辅助记录各部件缺损情况并分析破损部件病害原因。

据桥型确定检查内容及检查重点,明确现场检测方法及要求。对结构复杂桥梁的复杂受力和特殊结构部位(或构件),以及上次技术状况评定为 3 类、4 类、5 类桥梁的典型病害发生部位(或构件),应规定针对性的检查内容及方法。

4)技术状况评定

根据现场检测数据,对桥梁进行评定,并以检测报告的形式呈现定期检查结果。桥梁技术状况评定依据相应的技术规范进行。公路桥梁技术状况评定依据《公路桥梁技术状况评定标准》(JTG/T H21—2011)进行,城市桥梁技术状况评定依据《城市桥梁养护规范》(CJJ 99—2003)进行。

5)报告编写

检测报告是定期检查的主要成果。定期检查应填写定期检查记录表和技术状况评定表,并宜按一桥一报告的原则编制定期检查报告。报告内容包括:

(1)《公路桥涵养护规范》(JTG 5120—2021)要求的记录表格,主要有桥梁基本状况卡片、桥梁定期检查记录表和桥梁技术状况评定表。

(2)桥梁检查方案的相关内容,并根据最新检查数据更新桥梁基本信息和桥梁结构图片,包括桥面正面照片一张、桥梁两侧立面照片各一张。

(3)检测数据和结果汇总。给出典型病害的照片和文字说明,并针对上部结构、下部结构和桥面系进行病害的汇总。

(4)重点病害发展变化情况及成因分析。对程度严重、发展较快、影响安全的重点病害,结合历年数据,分析病害发展变化情况和成因。

(5)桥梁技术状况评定。包含本次评定结果,以及与历年评定结果的对比,分析桥梁技术状况发展变化趋势。

(6)检测结论及养护建议。提出下次检查时间。

(7)附录。包含仪器表、桥梁病害示意图、桥梁外观病害检查结果详表、其他检测结果附表,以及与检测结果对应的病害照片、工作照片等。

对需要分册编制报告的定期检查项目,可采用总报告和分报告(一桥一报告)的形式。总报告重点描述项目概况、检测依据、检测方案、人员设备、技术状况评定结果汇总、病害类型和数量汇总、典型病害处治建议等。分报告重点描述桥梁基本信息、典型病害分析、桥梁技术状况评定和成因分析及结论与建议。

4.1.2　定期检查内容

养护检查等级为Ⅰ级的桥梁,定期检查周期不得超过 1 年;养护检查等级为Ⅱ级、Ⅲ级的桥梁,定期检查周期不得超过 3 年。

1)桥面系的检查

(1)桥面铺装层纵、横坡是否顺适,有无严重的龟裂、纵横裂缝,有无坑槽、拥包、拱起、剥落、错台、磨光、泛油、变形、脱皮、露骨、接缝料损坏、桥头跳车等现象。

(2)伸缩缝有无异常变形、破损、脱落、漏水、失效,锚固区有无缺陷,是否存在明显的跳车。

(3)人行道有无缺失、破损等。

(4)栏杆、护栏有无缺失、破损等。

(5)防排水系统是否顺畅,泄水管、引水槽有无明显缺陷,桥头排水沟功能是否完好。

(6)桥上交通信号、标志、标线、照明设施是否损坏、失效。

2)混凝土梁桥上部结构检查

(1)混凝土构件有无开裂及裂缝是否超限,有无渗水、蜂窝、麻面、剥落、掉角、空洞、孔洞、露筋及钢筋锈蚀。

(2)主梁跨中、支点及变截面处,悬臂端牛腿或中间铰部位,刚构的固结处和桁架的节点部位,混凝土是否开裂、缺损,钢筋有无锈蚀。

(3)预应力钢束锚固区段混凝土有无开裂,沿预应力筋的混凝土表面有无纵向裂缝。

(4)桥面线形及结构变位情况。

(5)混凝土碳化深度、钢筋锈蚀检测。

(6)主梁有无积水、渗水,箱梁通风是否良好。

(7)组合梁的桥面板与梁的结合部位及预制桥面板之间的接头处混凝土有无开裂、渗水。

(8)装配式梁桥的横向连接构件是否开裂,连接钢板的焊缝有无锈蚀、断裂。

3)钢桥上部结构检查

(1)构件涂层劣化情况。

(2)构件锈蚀、裂缝、变形、局部损伤。

(3)焊缝开裂或脱开。

(4)铆钉和螺栓松动、脱落或断裂。

(5)结构的跨中挠度、结构变位情况。

(6)钢箱梁内部湿度是否符合要求,除湿设施是否工作正常。

(7)钢-混凝土组合梁桥和混合梁桥的检测,除按混凝土上部结构、钢桥上部结构外,还应包括下列内容:①桥面板与梁的结合部位有无纵向滑移、开裂;②预制桥面板之间的接头处混凝土有无开裂、压溃、渗水、错位;③混凝土梁段与钢梁段结合处构造功能是否正常,接合面有无脱开、渗漏、错位、承压钢板变形等。

4)拱桥上部结构检查

(1)主拱圈是否变形、开裂、渗水,拱脚是否发生位移。

(2)圬工拱桥拱圈的灰缝有无松散、剥离或脱落,砌块有无风化、断裂、压碎、局部掉块、脱落;钢筋混凝土拱桥的拱圈(片)表观及材质状况检测按混凝土上部结构检查;钢-混凝土组合拱桥及钢拱桥的钢结构检测应按钢桥上部结构检查。

(3)行车道板、横梁、纵梁及拱上立柱(墙)、盖梁、垫梁的混凝土有无开裂、剥落、露筋和锈蚀。空腹拱的腹拱圈有无较大的变形、开裂、错位,立墙或立柱有无倾斜、开裂。

(4)拱的侧墙与主拱圈间有无脱落,侧墙有无鼓凸变形、开裂,实腹拱拱上填料有无沉陷,排水是否正常。

(5)拱桥的横向联结有无变位、开裂、松动、脱落、断裂、钢筋外露、锈蚀等,连接部钢板有无锈蚀、断裂。

(6)双曲拱桥拱波与拱肋结合处是否开裂、脱开,拱波之间砂浆有无松散、脱落,拱波是否开裂、渗水等。

(7)劲性骨架的拱桥,混凝土是否沿骨架出现纵向或横向裂缝。

(8)吊杆索力有无异常变化。吊杆防护套有无开裂、鼓包、破损,必要时可打开防护套,检查吊杆钢丝涂膜有无劣化,钢丝有无锈蚀、断丝。钢套管有无锈蚀、损坏,内部有无积水;吊杆导管端密封减振设施和其他减振装置有无病害及异常等。

(9)逐个检查吊杆锚头及周围锚固区的情况,锚具是否渗水、锈蚀,是否有锈水流出的痕迹,锚固区是否开裂。必要时可打开锚具后盖抽查锚杯内是否积水、潮湿,防锈油是否结块、乳化失效,锚杯是否锈蚀。锚头是否锈蚀,镦头或夹片是否异常,锚头螺母位置有无异常。

5)支座的检查

(1)支座是否缺失,组件是否完整、清洁,有无断裂、错位、脱空。

(2)活动支座实际位移量、转角量是否正常,固定支座的锚销是否完好。

(3)橡胶支座是否老化、开裂,有无位置串动、脱空,有无过大的剪切变形或压缩变形,各夹层钢板之间的橡胶层外凸是否均匀。

(4)四氟滑板支座是否脏污、老化,聚四氟乙烯板是否磨损、是否与支座脱离、是否倒置。

(5)盆式橡胶支座的固定螺栓是否剪断,螺母是否松动,钢盆外露部分是否锈蚀,防尘罩是否完好,抗震装置是否完好。

（6）组合式钢支座是否干涩、锈蚀,固定支座的锚栓是否紧固,销板或销钉是否完好。钢支座部件是否出现磨损、开裂。

（7）摆柱支座各组件相对位置是否准确,混凝土摆柱的柱体有无破损、开裂、露筋,钢筋及钢板有无锈蚀,活动支座滑动面是否平整。

（8）辊轴支座的辊轴是否出现爬动、歪斜,摇轴支座是否倾斜,轴承是否有裂纹、切口或偏移。

（9）球形支座地脚螺栓有无剪断,螺纹有无锈蚀,支座防尘密封裙有无破损,支座相对位移是否均匀,支座钢组件有无锈蚀。

（10）支承垫石是否开裂、破损。

（11）简易支座的油毡是否老化、破裂或失效。

（12）支座螺纹、螺帽是否松动,锚螺杆有无剪切变形,上下座板(盆)的锈蚀状况如何。

（13）支座封闭材料是否老化、开裂、脱落。

6）桥梁墩台及基础的检查

（1）墩身、台身及基础变位情况。

（2）混凝土墩身、台身、盖梁、台帽及系梁有无开裂、蜂窝、麻面、剥落、露筋、空洞、孔洞、钢筋锈蚀等。

（3）墩台顶面是否清洁,有无杂物堆积,伸缩缝处是否漏水。

（4）圬工砌体墩身、台身有无砌块破损、剥落、松动、变形、灰缝脱落,砌体泄水孔是否堵塞。

（5）桥台翼墙、侧墙、耳墙有无破损、裂缝、位移、鼓肚、砌体松动。台背填土有无沉降或挤压隆起,排水是否畅通。

（6）基础是否发生冲刷或淘空现象,地基有无侵蚀。水位涨落、干湿交替变化处基础有无冲刷磨损、颈缩、露筋,有无开裂,是否受到腐蚀。

（7）锥坡、护坡有无缺陷、冲刷。

7）附属设施检查

（1）养护检修设施是否完好。

（2）墩台防撞设施是否完备。

（3）桥上避雷装置是否完好。

（4）桥面照明及结构物内供养护检修的照明系统是否完好。

（5）防抛网、声屏障是否完好。

8）河床及调治构造物的检查

（1）桥位段河床有无明显冲淤或漂流物堵塞现象,有无冲刷及变迁状况,河底铺砌是否完好。

（2）调治构造物是否完好,功能是否适用。

4.2　桥梁检测作业区检查单位划分

4.2.1　桥梁检查作业方式

　　定期检查要求接近各部件仔细检查其缺损情况。为了尽可能地接近桥梁的各个部件，以仔细检查其是否存在缺损情况，实际检测过程中，需要借助桥检车、登高车等专业设备来靠近桥梁结构，开展检测工作。

　　对于较高的桥梁，桥梁检测车是不可或缺的工具。这种车辆配备有可伸缩的工作平台，能够灵活地调整高度和角度，精准地靠近桥梁的各构件。检测人员可以站在工作平台上，近距离地对桥梁的梁体、桥墩、桥台等部位进行全面检查，仔细查看是否有裂缝、破损、钢筋外露等问题。而对于较低的桥梁，单梯和人字梯则成为较为适用的工具。检测人员可携带必要的检测仪器，通过单梯或人字梯靠近桥梁，对其各个细节部位进行认真观察和检测。桥梁定期检查常见作业形式如图4-2所示。

（a）梯子

（b）登高车

（c）桥梁检测车（一）

（d）桥梁检测车（二）

图4-2　检测作业平台

利用桥梁检测车对高速公路桥梁进行检测时,需要设置安全作业区,并上报交通管理部门。桥梁检测作业区的布置是一项复杂且严谨的工作,需要综合多方面因素来确定,其中桥位交通条件和检测需要是两个核心要点。合理的作业区布置不仅能保障检测工作的顺利开展,还能最大限度地降低对交通的影响,确保交通安全。

作业区的设置按照《道路交通标志和标线第 4 部分:作业区》(GB 5768.4—2017)、《公路养护安全作业规程》(JTGH30—2015)的要求执行。桥梁检测作业区属于移动作业区,即车辆连续移动或停留时间不超 30 min 的间歇移动作业。如图 4-3 所示,作业区由警告区、上游过渡区、上游缓冲、工作区、下游过渡区和终止区 6 部分组成。作业区警示设施如图 4-4 所示。

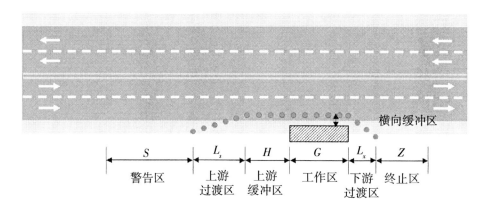

图 4-3   桥梁检测作业区布置示意图

图 4-4   桥梁检测作业区警示设施

1）主线桥梁检查

在正常交通状况下，主线桥梁进行检测时，通常会选择封闭最右侧的一个车道，这样对交通流的整体影响较小，且方便检测人员及设备的进出。当桥梁跨越公路或者通航河流时，桥下净空高度就成了必须重点考虑的因素。

2）互通区桥梁检查

根据桥梁所处路线，互通区桥梁可按互通区主线桥梁和匝道桥梁分别考虑作业区布置。互通区主线布置检测作业区时重点考虑桥下净空高度，如果净空高度不足，桥梁检测车作业时侵占桥下被交道净空，影响被交道上过往车辆的安全。匝道桥梁一般车道数量较少，并且多位于曲线上。在布置检测作业区时，要综合考虑车辆转弯半径、交通流量以及桥下净空高度等因素，通过合理设置警示标志、引导车辆通行等方式，保障检测作业和匝道交通的有序进行。

3）桥隧连接路段

对山区公路而言，桥隧连接的情况较为常见。在这种特殊路段进行检测时，检测作业区的告警区布置需要格外谨慎。当告警区有可能布置在隧道内时，由于隧道内光线较暗、空间相对封闭，车辆行驶速度较快，为了确保驾驶员能够及时发现告警信息并做出反应，就需要增加告警区的长度。同时，将作业区起点布置在隧道外，这样可以提前对车辆进行分流和引导，避免车辆在隧道内突然减速或变道，引发交通事故。此外，还需要在隧道内和隧道口设置明显的警示标识，如警示灯、反光标志等，提醒驾驶员注意减速慢行，安全通过检测作业区。

4.2.2 桥梁检查人员与设备

桥梁定期检查一般分组进行，检查小组一般为3人以上，检查人员应具备桥梁专业知识、操作检查设备技能以及一定的病害分析处治能力。定期检查应配备必要的仪器设备，一般包括测量仪器、记录工具、无损检测仪器、检测平台及安全设备，见表4-1。

表4-1 桥梁定期检查常用设备

项目	设备名称	用途
表观缺陷调查	钢直尺、钢卷尺、激光测距仪	缺陷尺寸、范围测量
	裂缝综合测试仪	裂缝宽度、深度检测
	记号笔、喷漆	缺陷标识
	长焦相机、无人机	缺陷记录

续表 4-1

项目	设备名称	用途
几何尺寸及材料无损检测	水准仪、全站仪	桥梁线形、墩柱倾斜测量
	回弹仪、碳化深度测量	混凝土构件强度检测
	钢筋保护层	混凝土构件混凝土保护层厚度检测
	钢筋锈蚀仪	混凝土构件钢筋锈蚀状况检测
平台及安全检测	安全帽、反光服、安全带	检测人员安全防护
	防撞车、反光锥桶、封道标牌	检测安全作业区
	桥梁检测车、登高车、梯子	检测平台

4.2.3 桥梁检查单位划分

1) 桥梁检查单元的划分

公路桥梁技术状况评定采用分层综合评定方法,按桥型→结构→部件→构件的分层方式建立评定模型,如图 4-5 所示。每种桥型又分上部结构、下部结构、桥面系 3 类结构,每种结构由不同的部件组成。部件是构件的总称,表示同类的构件;构件是最小的划分单元,也是定期检查的直接对象。

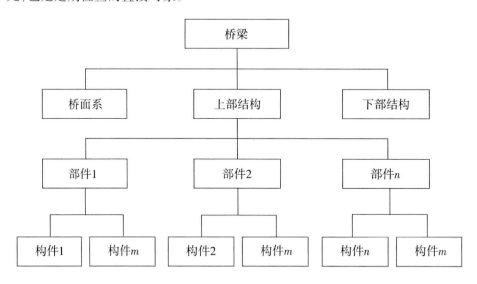

图 4-5 公路桥梁检查单元评定模型

《公路桥梁技术状况评定标准》(JTG/T H21—2011)中总体上分为梁桥、拱桥、斜拉桥、悬索桥共 4 类评价模型,各桥型结构部件组成详见表 4-2。定期检查时,首先应对待检桥梁进行单元划分,桥型相同的桥梁,构件划分相对简单;对由不同结构组成的桥梁、分幅的桥,按以下原则划分。

表 4-2　不同桥型结构部件组成

桥型		结构部件		
		上部结构	下部结构	桥面系
梁桥		1. 主要承重; 2. 一般承重; 3. 支座	1. 翼墙、耳墙; 2. 锥坡、护坡; 3. 桥墩; 4. 桥台; 5. 墩台基础; 6. 河床; 7. 调治构造物	1. 桥面铺装; 2. 伸缩装置; 3. 人行道; 4. 栏杆护栏; 5. 排水系统; 6. 照明标志
拱桥	板拱、肋拱、箱形拱、双曲拱	1. 主拱圈; 2. 拱上结构; 3. 桥面板		
	刚架拱、桁架拱	1. 刚架拱片; 2. 横向联结系; 3. 桥面板		
	钢混组合拱桥	1. 拱肋; 2. 横向联结系; 3. 立柱; 4. 吊杆; 5. 系杆(含锚具); 6. 桥面板(梁); 7. 支座		
斜拉桥		1. 斜拉索系统(斜拉索、锚具、拉索护筒、减振装置等); 2. 主梁; 3. 索塔; 4. 支座		
悬索桥		1. 加劲梁; 2. 索塔; 3. 支座; 4. 主鞍; 5. 主缆; 6. 索夹; 7. 吊索及钢护筒; 8. 锚杆	1. 锚碇; 2. 索塔基础; 3. 散索鞍; 4. 河床; 5. 调治构造物	

115

（1）由不同结构形式组成的桥梁应根据结构形式划分为多个评价模型，并分别进行编号。如主桥为斜拉桥、引桥为梁桥的桥梁，应划分为斜拉桥和梁桥2个评价模型。

（2）对于双幅桥梁，如果上、下部结构完全分离，则宜分别进行编号和技术状况评定；如果上部结构分幅，下部结构是整体式的，可按一座桥梁进行统一编号和技术状况评定。

2）桥梁构件编号方法

桥梁构件编号包含桥梁代码信息和构件自身信息。桥梁代码按照《公路数据库编目编码规则》（JT/T 132—2003）和《公路桥梁命名编号和编码规则》（GB/T 11708—1989）进行编码，具体要求详见附录1。

构件编码宜采用 A、B、C、D 四个层次的编码形式，其中 A 为结构部位代码，B 为部件代码，C 为桥跨、墩台或桥联的序号，D 为构件序号。编码中的 A、B、C、D 均采用阿拉伯数字形式，如表4-3所示。

表4-3 桥梁构件编号规则

编号层级		编号规则
A	结构部位代码	上部结构、下部结构桥面系的代码分别为1、2、3
B	部件代码	按01、02、03、04、…的顺序表示各类部件的编号
C	桥跨、墩台或桥联的序号	桥跨、墩台、桥联由小桩号向大桩号侧按1、2、3、4、…的顺序进行编号
D	构件序号	同类构件横桥向排列时，序号由右向左依次为1、2、3
		同类构件纵向排列时，序号由小桩号向大桩号侧依次为1、2、3

3）病害记录要求

原始记录表如采用传统的人工记录的方式，检测和记录人员进行现场签字，并对原始记录进行存档。在智能化的检测设备和软件应用越来越多以及倡导无纸化办公的背景下，对于智能化检测设备和软件出具的检测表格，提倡采用电子签名和电子存档的方式进行签字确认和存档。

原始记录表应由检测及记录人员现场签字确认。现场检测数据应清晰完整地记录在专用表格上。记录信息存在错误或遗漏时，应及时更改或补充，错误或遗漏处进行单横线杠改或添加符号，并应由检测人员在更改信息旁签字，不得涂改。当采用智能化检测系统进行检测记录时，原始记录表也应由检测及记录人员及时签名确认。

对于重要病害的连续观测，考虑到需要进行病害数据的持续对比和分析，应采用固定的记录方式和记录表格。

4.3　桥梁定期检查方法

4.3.1　表观病害检查方法

表观病害指的是结构表面采用目视或无损检测方法可见的缺陷和损伤,表观病害检查是桥梁定期检查的主要工作内容。表观病害检查逐构件进行,需要大量的现场检测工作,也要求检测人员在烦琐且细致的工作中明确重点,对影响结构安全性和耐久性的典型病害,对支座、伸缩装置等功能性部件及需要进行维修处治的表观病害,应详细检查记录。

混凝土构件表观缺陷检查:

混凝土构件一般性表观病害包括蜂窝、麻面、剥落、掉角、空洞、孔洞、露筋、腐蚀、渗水、泛碱等,如图4-6所示。此类病害主要影响结构的耐久性,也需要维修处置,检测中准备记录病害数量和位置,以便于维修方案设计和施工。

（a）麻面　　　　　　　　　　（b）孔洞

（c）剥落露筋　　　　　　　　（d）渗水泛碱

图 4-6　混凝土常见表观缺陷

（1）蜂窝:混凝土局部不密实或松散,表面多砂少浆,呈蜂窝状孔洞。

（2）麻面:混凝土表面局部缺浆、粗糙,或有大量小凹坑的现象。这种缺陷通常是由于混凝土浇筑时未能充分振捣,导致气泡未能排出,或者由于模板表面不光滑、脱模剂涂刷不均匀等原因造成的。麻面会影响混凝土的外观质量,也可能降低其耐久性和结构强度。

（3）剥落:混凝土表层脱落、工程集料外露的现象。严重时,成片状脱落,钢筋外露。

（4）掉角：构件角边处混凝土局部掉落，或出现不规整缺陷。

（5）空洞、孔洞：混凝土内部的不密实区域，这些区域在混凝土浇筑过程中由于各种原因未能被混凝土填充，形成了空腔或孔洞。混凝土空洞对结构的强度和耐久性都有严重影响，因为它们会减少混凝土的有效截面面积，加剧应力集中，从而降低结构的承载能力和抗裂性能。此外，空洞还可能导致钢筋的暴露和锈蚀，进一步影响结构的安全性和使用寿命。

（6）渗水泛碱：指混凝土中的碱性物质[如氢氧化钙 $Ca(OH)_2$]被水分溶解并迁移到混凝土表面，随后与空气中的二氧化碳反应，生成碳酸盐，导致混凝土表面出现白色粉末状或晶体状沉积物的现象。泛碱现象不仅影响混凝土的外观，还可能削弱混凝土的强度和耐久性。

（7）露筋锈胀：指混凝土中的钢筋因为暴露于外界环境而发生的锈蚀现象，随着时间的推移，钢筋锈蚀产生的铁锈体积膨胀，从而对周围的混凝土产生内部压力。这种内部压力会导致混凝土发生裂缝、剥落甚至结构破坏。露筋锈胀是混凝土结构中常见的一种病害，会严重影响结构的耐久性和安全性。

（8）混凝土腐蚀：指混凝土与外部环境中的化学或电化学物质发生反应，导致其性能下降的现象。腐蚀会影响混凝土的强度、耐久性和美观，严重时甚至会导致结构失效。常见的混凝土腐蚀类型包括混凝土碳化、钢筋锈胀、化学侵蚀、冻融循环、碱骨料反应等。

混凝土构件表观质量缺陷的相关参数，如长度、面积或者深度等，可根据缺陷类型按下列方法测量：

（1）用钢尺测量每个露筋的长度。

（2）用钢尺测量每个孔洞的最大直径，用游标卡尺测量深度。

（3）用钢尺或相应工具确定蜂窝和疏松的面积，必要时成孔，测量深度。

（4）用钢尺或相应工具确定麻面、掉皮、起砂等面积。

（5）用刻度放大镜等仪器测量裂缝的最大宽度，用钢尺测量裂缝的长度。

混凝土构件外观质量缺陷的检测，应按缺陷类别进行分类汇总。混凝土构件表观病害检查及记录要求如表4-4所示。

表4-4 混凝土表观病害检测记录要求

序号	表观病害	缺陷特征	参数	记录精度
1	蜂窝、剥落、掉角、空洞、孔洞	病害范围	长(L)×宽(W)	0.01 m×0.01 m
		累计面积	S_{sum}	0.01 m²
		最大深度	D_{max}	0.01 m

续表 4-4

序号	表观病害	缺陷特征	参数	记录精度
2	麻面、腐蚀、渗水、泛碱	病害范围	长(L)×宽(W)	0.01 m×0.01 m
		累计面积	S_{sum}	0.01 m²
3	露筋、钢筋锈胀	病害范围	长(L)×宽(W)	0.01 m×0.01 m
		累计面积	S_{sum}	0.01 m²
		最大长度	L_{max}	0.01 m

裂缝是混凝土结构的又一典型病害,裂缝检测是桥梁定期检查的重点和难点工作。裂缝在混凝土表面和混凝土内部同时存在,兼具表观病害和内部损伤的双重属性,它是结构受力状况的体现,涉及结构安全性,因此裂缝检测的重要性不言而喻。相比其他表观病害,裂缝是微小的、不易发现的,这天然地增加了裂缝检测的难度。混凝土结构裂缝的出现与结构相关,表 4-5 所列为常见桥型混凝土裂缝重点检测部位和典型裂缝特征。混凝土结构裂缝检测应包括以下重点部位或构件:①主要承重构件和结构重要部位;②结构受力复杂和构造薄弱部位;③结构发生异常变形部位;④曾出现结构性裂缝的构件或部位。裂缝具体检测可按 3.3.1 节所述方法进行。

表 4-5 常见桥型混凝土裂缝重点检测部位和典型裂缝特征

桥型	重点检测部位	典型裂缝特征
简支梁桥	主梁跨中区域	梁板底面横向裂缝,或延伸至侧面
	梁端支座附近	自支座侧向跨中斜向上开展,与水平方向成 30°~60°
	柱式墩台的盖梁	盖梁墩顶竖向裂缝,上宽下窄;靠桥墩斜向上开展斜向裂缝,与水平方向成 30°~60°
	柱式桥墩,桥墩与盖梁(墩帽)连接处,墩底	环向裂缝;竖向裂缝
	简支转连续支座位置上翼缘	上翼缘混凝土斜向开裂
连续梁桥	主梁跨中区域	底面横向裂缝;腹板竖向裂缝
	主拉应力较大的腹板区域(一般约为跨径 1/4 处及其附近)	顶面(铺装层)横向裂缝或梁侧上部裂缝;板斜裂缝
	桥墩处梁体上部及其附近	腹板斜裂缝;沿预应力管道的纵向裂缝

续表 4-5

桥型	重点检测部位	典型裂缝特征
刚构（T构）桥	墩梁固结区段的梁顶板和腹板	腹板斜裂缝和竖向裂缝；顶板横向裂缝
	主梁跨中区域	底面横向裂缝；腹板竖向裂缝
	主拉应力较大的腹板区域（一般约为跨径1/4处及其附近）	顶面（铺装层）横向裂缝或梁侧上部裂缝；腹板斜裂缝
	T形刚构桥	牛腿裂缝
	墩底（主墩与承台连接部位）	环向裂缝；竖向裂缝
拱桥	主拱圈的拱板或拱肋	拱顶的下缘（拱腹）和拱脚的上缘（拱背）横向裂缝；拱肋横梁裂缝
	拱上立柱（或立墙）上下端	立柱下端裂缝；立柱竖向裂缝
	桁架拱桥的拱脚节点、桁架节点、桁架受拉腹杆、桁架拼装段	拱脚与台帽连接处开裂；拱脚处下弦杆及侧面环向开裂
	刚架拱桥的拱脚、横梁	拱脚上缘及侧面环向开裂；横梁与拱片连接处裂缝
	混凝土系杆拱	系杆裂缝

4.3.2 支座及伸缩装置检查方法

支座和伸缩装置是桥梁重要功能性部件，也是需要更换的易损构件。《公路桥涵设计通用规范》（JTG D60—2015）中规定支座和伸缩装置的使用年限为15年。2023年12月1日起施行的《公路桥梁支座和伸缩装置养护与更换技术规范》（JTG/T 5532—2023）对公路桥梁常用支座和伸缩装置的养护和更换提出了更高的要求。该规范明确，支座和伸缩装置更换前的检查、检测与评定，应在定期检查报告的基础上，进行深度检查，即复查和补充检测，防止漏检和误判。除支座外，对桥梁主体结构也应进行复查和评定，以保障桥梁顶升安全。

1）支座检查

公路桥梁常用支座包括板式橡胶支座、盆式支座和球形支座。支座的检查指标包括工作状况检查、支座功能检查和适应性检查，检查内容详见表4-6。支座工作状况检查应按现行《公路桥涵养护规范》（JTG 5120—2021）和《公路桥梁技术状况评定标准》（JTG/T H21—2011）的规定进行，支座工作状况应以目测和检测仪器相结合的方法进行定性检查与定量检测。

表4-6　支座检查指标和内容

检查指标	检查内容
工作状况检查	1. 板式支座老化变质、开裂； 2. 板式支座缺陷； 3. 板式支座位置串动、脱空或剪切超限； 4. 盆式支座组件损坏； 5. 聚四氟乙烯滑板磨损； 6. 盆式支座位移、转角超限
支座功能检查	1. 运营后支座脱空移位； 2. 曲线桥和斜桥扭过大引起支座偏压、脱空、移位； 3. 不锈钢板脱落移位，转动、滑动功能受阻； 4. 承压变形和剪切变形超限； 5. 支座垫石不平整偏压受力、开裂、破损、丧失承载力
适应性检查	1. 支座规格型号选用不当； 2. 支座安装布置不符合设计要求，支座布置有误； 3. 滑板橡胶支座不锈钢板漏放或滑板倒置

2）伸缩装置检查及典型病害分析

（1）伸缩装置检查

公路桥梁常用伸缩装置包括异型钢单缝伸缩装置、模数式伸缩装置和梳齿板伸缩装置。伸缩装置的检查内容包括表面清洁度检查、工作状况检查（缺损检查）、功能失效状况检查和适应性检查4个方面，检查内容详见表4-7。

表4-7　伸缩装置检查指标和内容

检查指标	检查内容
表面清洁度检查	1. 伸缩装置无垃圾、尘土堆积和卡塞； 2. 伸缩装置无渗漏水和积水现象
工作状况检查（缺损检查）	1. 凹凸不平； 2. 锚固区缺陷； 3. 破损
功能失效状况检查	1. 锚固混凝土破损范围和破损程度，表面清洁度（垃圾、尘土卡塞）； 2. 主要受力构件断裂，支撑横梁和支撑托架脱落情况； 3. 零部件损坏数量（包括弹性元件）过多； 4. 防水排水失效、渗漏水、钢组件锈蚀情况
适应性检查	1. 原伸缩装置选用规格型号与实际桥梁结构和路面厚度不符； 2. 原设计伸缩量与桥梁实际伸缩量不符

（2）伸缩装置典型病害分析

随着车流量的增长,伸缩装置的使用年限呈递减的趋势,伸缩装置典型病害有缝内杂物堵塞、橡胶条破损、锚固区混凝土破损以及型钢弯曲及断裂,如表4-8所示。缝内杂物堵塞由桥面杂物未及时清扫所致,它可能影响伸缩缝正常变形;橡胶条破损不会对行车安全造成很大影响,其主要危害是造成伸缩装置防水破坏,雨水渗流到墩台支座处,可能造成支座病害及墩台混凝土锈胀病害;锚固区混凝土破损及型钢断裂,与车辆荷载长期作用有关,该病害造成伸缩装置行车平顺性下降,车辆冲击效应增大,对主梁结构造成不利影响,同时对行车安全会造成很大危害;型钢弯曲由支座病害所致,此时其重心线会发生偏移,产生扭矩,进而导致截面产生畸变,这种畸变可能会影响到型钢的结构性能和使用效果。

表4-8　伸缩装置典型病害

病害部位	病害类型	病害成因
锚固区混凝土	锚固区混凝土破损	1. 重载车辆的重压; 2. 混凝土养护时强度未达到标准即放行交通; 3. 伸缩装置伸缩量计算错误,导致混凝土由于膨胀被压坏
型钢	型钢弯曲	1. 支座病害导致不能正常伸缩,引起伸缩不均; 2. 伸缩装置安装时,模板绑扎不紧,混凝土浇筑渗进位移箱,导致伸缩功能丧失,引起伸缩不均
	型钢断裂	1. 重载车辆的重压; 2. 异型钢计算跨径过大; 3. 型钢不满足强度、疲劳要求; 4. 焊接处焊接不达标准; 5. 橡胶支座疲劳受损,导致横梁脱空
橡胶条	橡胶条破损	橡胶条长期暴露在外,风吹日晒或由于石块的挤压,导致橡胶条的破损
伸缩缝	缝内杂物堵塞	橡胶条内堆积大量泥土、石块等杂物,将伸缩缝卡死

4.3.3　桥梁几何形态测量

根据《公路桥涵养护规范》(JTG 5120—2021)要求,桥梁需要设置永久观测点并定期进行观测,也就是开展桥梁几何形态的测量。几何形态测量是以成桥状态或者某一规定时刻的状态为基准,测量桥梁整体、构件几何形态的变化,重点是获取变化量。桥梁检测项目与永久观测点布置要求见表4-9。

表4-9 桥梁检测项目与永久观测点布置要求

检测项目	永久观测点
桥面高程	每孔不宜少于10个点,沿行车道两边(靠缘石处)布设,跨中、$L/4$、支点等控制截面必须布设
墩、台身、锚碇变位	布置于墩、台身底部(距地面或常水位0.5~2 m)、桥台侧墙尾部顶面和锚碇的上、下游两侧各1~2点
墩、台身、索塔倾斜度	墩、台身底部(距地面或常水位0.5~2 m)的上、下游两侧各1~2点
索塔变位	每个索塔不宜少于2个点,索塔顶面、塔梁交接处各1~2点
主缆线形	每孔不宜少于10个点,沿索夹位置布设,主缆最低点和最高点必须布设
拱轴线	每孔不宜少于18个点,沿拱圈上、下游两侧拱肋中心处在拱顶、$L/8$、$L/4$、$3L/8$、拱脚等控制截面布设
拱座变位	不宜少于2个点,布设于拱座上、下游两侧
悬索桥索夹滑移	桥塔侧第一对吊杆索夹处各设1个点
索鞍与主塔相对变位	索鞍处各设1个点

在测量桥梁几何形态时,永久观测点的设置要注意以下几点:

(1)单孔跨径不小于60 m的桥梁,应设立永久观测点,定期进行控制检测。单孔跨径小于60 m的桥梁,检测中若发现结构存在异常变形,应进行相应的控制检测。特殊结构桥梁,宜根据养护、管理的需要,增加相应的控制检测项目。

(2)桥梁永久观测点的设置应牢固可靠。当测点与国家大地测量网联络有困难时,应建立相对独立的基准测量系统。永久观测点有变动时,应及时检测、校准及换算,保持数据的有效和连续。

(3)设置永久观测点后,应绘制永久观测点平面布置图,并在图中明确基准点位置。

(4)桥梁主体结构维修、加固改造前后,应进行控制检测,保持观测资料的连续性。

(5)应设置而没有设置永久观测点的桥梁,应在定期检查时按规定补设。测点的布设和首次检测的时间及检测数据等,应按要求归档。

(6)特大桥、大桥、中桥的墩台旁,必要时可设置水尺或标志,以观测水位和冲刷情况。

4.4 公路桥梁技术状况评定

4.4.1 评定流程

公路桥梁技术状况评定依据《公路桥梁技术状况评定标准》(JTG/T H21—2011)进行,该标准采用分层综合评定与单项指标控制相结合的方法,评定流程如图4-7所示。

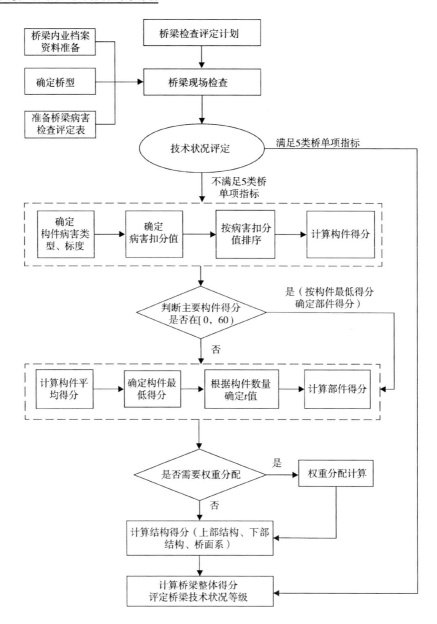

图4-7　桥梁技术状况评定流程图

4.4.2　构件评分方法及计算示例

　　构件评分首先要考虑其是否为主要构件,不同桥梁结构的主要构件见表4-10。构件评定标准中将主要构件技术状况评定标度分为5类,次要构件技术状况评定标度分为4类,分别见表4-11、表4-12。根据构件的病害,对照构件评定标准,确定主次构件的技术状况评定标度,查阅表4-13,确定单项病害的扣分值。

表 4-10 各结构类型桥梁主要构件

结构类型	主要构件
梁桥	上部承重构件、桥墩、桥台、基础、支座
板拱桥(圬工、混凝土)、肋拱桥、箱形拱桥、双曲拱桥	主拱圈、拱上建筑、桥面板、桥墩、桥台、基础
刚架拱桥、桁架拱桥	刚(桁)架拱片、横向连结系、桥面板、桥墩、桥台、基础
钢-混凝土组合拱桥	拱肋、横向连结系、立柱、吊杆、系杆、行车道板(梁)、支座、桥墩、桥台、基础
悬索桥	主缆、吊索、加劲梁、索塔、锚碇、桥墩、桥台、基础、支座
斜拉桥	斜拉索(包括锚具)、主梁、索塔、桥墩、桥台、基础、支座

表 4-11 桥梁主要构件技术状况评定标度

技术状况评定标度	技术状况描述
1 类	全新状态,功能完好
2 类	功能良好,材料有局部轻度损伤或污染
3 类	材料有中等缺损,或出现轻度功能性病害,但发展缓慢,尚能维持正常使用功能
4 类	材料有严重缺损,或出现中等功能性病害,但发展较快;结构变形小于或等于规范值,功能明显降低
5 类	材料严重缺损,或出现严重的功能性病害,且有继续扩展现象;关键部位的部分材料强度达到极限,结构变形大于规范值,结构的强度、刚度、稳定性不能达到安全通行的要求

表 4-12 桥梁次要构件技术状况评定标度

技术状况评定标度	技术状况描述
1 类	全新状态,功能完好;或功能良好,材料有轻度损伤、污染等
2 类	有中等缺损或污染
3 类	材料有严重缺损,出现功能降低,进一步恶化将不利于主要部件,影响正常交通
4 类	材料有严重缺损,失去应有功能,严重影响正常交通;或原无设置,而调查需要补设

表4-13　构件各检测指标扣分值

检测指标所能达到的最高等级类别	指标类别				
	1 类	2 类	3 类	4 类	5 类
3 类	0	20	35	—	—
4 类	0	25	40	50	—
5 类	0	35	45	60	100

桥梁构件是最基础的评价单元,桥梁构件的技术状况评分按式(4-1)计算。需要注意的是,当某个构件有 2 种以上病害时,需要对病害严重程度进行排序,然后计算构件得分。

$$\text{PMCI}_l(\text{ BMCI}_l \text{ 或 DMCI}_l) = 100 - \sum_{x=1}^{k} U_x \qquad (4-1)$$

当 $x = 1$ 时(即构件只有 1 种病害)

$$U_1 = DP_{i1}$$

当 $k \geqslant 2$ 时(即构件病害不止 1 种)

$$U_x = \frac{DP_{ij}}{100 \times \sqrt{x}} \times \left(100 - \sum_{y=1}^{x-1} U_y\right) \quad (\text{其中} j = x, x \text{ 取 } 2, 3, 4, \cdots, k)$$

当 $DP_{ij} = 100$ 时

$$\text{PMCI}_l(\text{ BMCI}_l \text{ 或 DMCI}_l) = 0$$

式中:PMCI_l——上部结构第 i 类部件 l 构件的得分,值域为 $0 \sim 100$ 分;

BMCI_l——下部结构第 i 类部件 l 构件的得分,值域为 $0 \sim 100$ 分;

DMCI_l——桥面系第 i 类部件 l 构件的得分,值域为 $0 \sim 100$ 分;

k——第 i 类部件 l 构件出现扣分的指标的种类数;

U、x、y——引入的变量;

i——部件类别,例如 i 表示上部承重构件、支座、桥墩等;

j——第 i 类部件 l 构件的第 j 类检测指标;

DP_{ij}——第 i 类部件 l 构件的第 j 类检测指标的扣分值,根据构件各种检测指标扣分值进行计算,扣分值按表4-13确定。

构件评分方法主要有以下两个特点:①单个构件进行评分计算时,构件的得分与构件的病害种类相关联,病害种类越多,构件得分值越低,同类病害中取病害最为严重的一个进行评定;②无论构件病害种类和数量如何增加,构件得分数始终大于等于 0 分。

单个构件的得分计算是以扣分形式体现的,关于单个构件的具体得分计算主要有两种情况:一种是单个构件的一种病害计算,另一种是单个构件的多种病害计算。下面分别举例说明两种情况的计算方法和过程。

计算示例2:单个构件多种病害

某空心板桥,其中一片板底有混凝土裂缝和剥落两种病害。

(1)查表确定扣分值,并按扣分值排序:裂缝最严重等级标度为5类,裂缝评定指标标度3类,则扣分值为45分;剥落最严重等级标度为4类,裂缝评定指标标度3类,则扣分值为40分。

(2)计算扣分值: $U_1 = 45$; $U_2 = \dfrac{40}{100 \times \sqrt{2}} \times (100 - 45) = 15.6$

(3)计算构件得分:PMCI = 100 − 45 − 15.6 = 39.4,则该片板的最终评分为39.4分。

4.4.3　部件评分方法及计算示例

桥梁部件是桥梁结构中同类构件的统称,如所有主梁、所有支座、所有桥墩等。构件评分完成后开始进行部件评分,计算比构件简单,参见式(4-2),按上部结构、下部结构和桥面系分别计算各部件得分。

上部结构部件得分: $PCCI_i = \overline{PMCI} - (100 - PMCI_{min})/t$ 　　　　　(4-2a)

下部结构部件得分: $BCCI_i = \overline{BMCI} - (100 - BMCI_{min})/t$ 　　　　　(4-2b)

桥面系部件得分: $DCCI_i = \overline{DMCI} - (100 - DMCI_{min})/t$ 　　　　　(4-2c)

式中: $PCCI_i$ ——上部结构第 i 类部件的得分,值域为0~100分;

$\overline{PMCI}$ ——上部结构第 i 类部件各构件得分平均值,值域为0~100分;

$BCCI_i$ ——下部结构第 i 类部件的得分,值域为0~100分;

$\overline{BMCI}$ ——下部结构第 i 类部件各构件得分平均值,值域为0~100分;

$DCCI_i$ ——桥面系第 i 类部件的得分,值域为0~100分;

$\overline{DMCI}$ ——桥面系第 i 类部件各构件得分平均值,值域为0~100分;

$PMCI_{min}$ ——上部结构第 i 类部件中分值最低的构件得分值;

$BMCI_{min}$ ——上部结构第 i 类部件中分值最低的构件得分值;

$DMCI_{min}$ ——上部结构第 i 类部件中分值最低的构件得分值;

t ——随构件的数量而变的系数,见表4-14。

表4-14   t值

n(构件数)	t	n(构件数)	t	n(构件数)	t	n(构件数)	t
1	∞	11	7.9	21	6.48	40	4.9
2	10	12	7.7	22	6.36	50	4.4
3	9.7	13	7.5	23	6.24	60	4.0
4	9.5	14	7.3	24	6.12	70	3.6
5	9.2	15	7.2	25	6.00	80	3.2
6	8.9	16	7.08	26	5.88	90	2.8
7	8.7	17	6.96	27	5.76	100	2.5
8	8.5	18	6.84	28	5.64	≥200	2.3
9	8.3	19	6.72	29	5.52	—	—
10	8.1	20	6.6	30	5.4	—	—

部件评分有如下特点:

(1)单个构件得分越低,部件分数越低。

(2)通过最差构件得分对部件得分平均值进行修正。

(3)考虑主要部件中最差构件对桥梁安全的影响,当上部结构、下部结构中主要部件的某一构件评分值 $PMCI_l$ 在$[0,60)$区间时,主要部件的评分值 $PCCI = PMCI_l$。

计算示例1:某2跨T形截面梁桥共有T形梁8片,各梁构件评分结果见表4-15,计算主梁部件得分。

表4-15   某桥梁主梁构件评分结果

构件编号	1-1#	1-2#	1-3#	1-4#	2-1#	2-2#	2-3#	2-4#
构件得分	94	65	96	85	76	80	96	68

计算过程如下:

(1)判断各构件得分是否小于60分。

(2)构件得分平均值: $\overline{PMCI} = 82.5$。

(3)最低构件得分值: $PMCI_{min} = 65$。

(4)统计构件数量 n,并查表确定 $t = 8.5$。

(5)计算部件得分: $PCCI = 78.4$。

计算示例2:某2跨T形截面梁桥共有横隔板10道,各横隔板评分结果见表4-16,计算横隔板部件得分。

表4-16　某桥梁横隔板构件评分结果

构件编号	1-1#	1-2#	1-3#	1-4#	1-5#	2-1#	2-2#	2-3#	2-4#	2-5#
构件得分	65	75	78	42	35	65	96	68	74	82

计算过程如下:

(1)构件得分平均值:$\overline{PMCI}=68$。

(2)最低构件得分值:$PMCI_{min}=35$。

(3)构件数10,查表得$t=8.1$。

(4)计算部件得分:PCCI=59.9。

4.4.4　结构评分方法及计算示例

1)计算公式

桥梁上部结构、下部结构、桥面系的技术状况评分,按式(4-3)计算。

$$SPCI(SBCI 或 BDCI) = \sum_{i=1}^{m} PCCI_i(BCCI_i 或 DCCI_i) \times W_i \qquad (4-3)$$

式中:SPCI——桥梁上部结构技术状况评分,值域为0~100分;

SBCI——桥梁下部结构技术状况评分,值域为0~100分;

BDCI——桥面系技术状况评分,值域为0~100分;

m——上部结构(下部结构或桥面系)的部件种类数;

W_i——第i类部件的权重,按规范规定取值,对桥梁中未设置的部件,应根据此部件的隶属关系,将其权重值分配给各既有部件,分配原则按照各既有部件权重在全部既有部件权重中所占比例进行调整。

2)计算示例

某公路桥梁桥面系各部件评分结果见表4-17,计算桥面系得分。

表4-17　某桥梁横隔板构件评分结果

部件名称	桥面铺装	伸缩缝	护栏	排水	人行道	照明、标志
部件得分	85	75	78	42	无	无

计算过程如下：

（1）由于该桥面系没有设照明、标志和人行道，因此首先进行权重重分配计算，计算过程及结果见表4-18。

表4-18 桥面系权重重分配计算

部件名称	权重	有/无	既有部件权重和	分配系数	未设构件权重和	分配后权重
桥面铺装	0.4	有		0.47		0.47
伸缩缝	0.25	有		0.29		0.29
护栏	0.1	有	0.85	0.12	0.15	0.12
排水	0.1	有		0.12		0.12
人行道	0.1	无		—		—
照明、标志	0.05	无		—		—

（2）计算桥面系得分

$$\mathrm{BDCI} = 85 \times 0.47 + 75 \times 0.29 + 78 \times 0.12 + 42 \times 0.12 = 76.1$$

4.4.5 桥梁技术状况评分

桥梁技术状况评分由上部结构、下部结构及桥面系得分分别乘以相应的权重得出，计算公式见式（4-4），其中桥面系权重 W_D 为0.2，上部结构权重 W_{SP} 为0.4，下部结构权重 W_{SB} 为0.4。

$$D_r = \mathrm{BDCI} \times W_D + \mathrm{SPCI} \times W_{SP} + \mathrm{SBCI} \times W_{SB} \qquad (4-4)$$

计算出 D_r 值后按表4-19确定的界限表，确定技术状况等级 D_j。

表4-19 桥梁总体评分计算过程

评定结构	结构得分	权重	全桥得分	技术等级
桥面系	85	0.2		
上部结构	78	0.4	85	2 类
下部结构	92	0.4		

4.5 桥墩倾斜检测及评定案例

4.5.1 项目概况

　　某山区高速公路桥梁,设计荷载为公路-Ⅰ级,设计速度80 km/h,该桥平面位于曲线上,纵断面位于3.4%的上坡段,左右分幅设置。桥址区属于构造剥蚀中低山地貌区,沟谷切割斜坡地形,起伏较大,桥址区山体斜坡以倾向东为主,地势西高东低,桥梁主要跨越山间沟谷,桥轴线地面高程在791 ~ 858 m之间,相对高差约67 m,桥梁现状如图4-8所示。

图4-8　桥梁现场图片

　　该桥左幅上部构造采用24 m×30 m预制预应力混凝土T形梁,先简支后结构连续,跨径组合为4×30 m+4×30 m+4×30 m+4×30 m+4×30 m+4×30 m,共六联。右幅上部构造采用23×30 m装配式预应力T形梁,先简支后结构连续,跨径组合为4×30 m+4×30 m+4×30 m+4×30 m+4×30 m+3×30 m,共六联。桥宽24.5 m,车道净宽11 m,单幅横桥向5片T形梁,布置形式为0.5 m(防撞护栏)+11 m(行车道)+2×1.0 m(中分带)+11 m(行车道)+0.5 m(防撞护栏)。下部结构6-11桥墩采用实心薄壁墩,其余桥墩采用双柱式墩、挖孔桩基础;0#台采用U形台配扩大基础,左幅24#台、右幅23#台分别采用承台分离式、桩柱式桥台配桩基础。

桥面铺装采用 8 cm 厚 C50 混凝土+10 cm 厚沥青混凝土铺装,全桥设 7 道伸缩缝,桥台处伸缩缝型号为 D-80 型梳齿板伸缩缝,其余伸缩缝型号为 D-160 型梳齿板伸缩缝。全桥采用盆式橡胶支座。

桥梁结构尺寸图如图 4-9 所示。

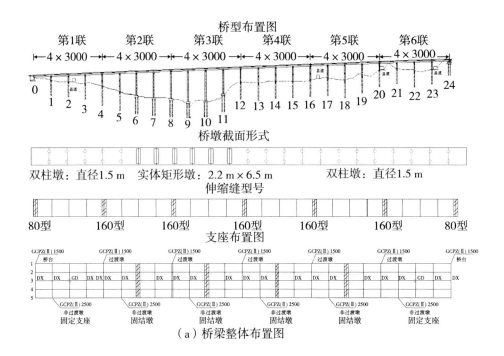

（a）桥梁整体布置图

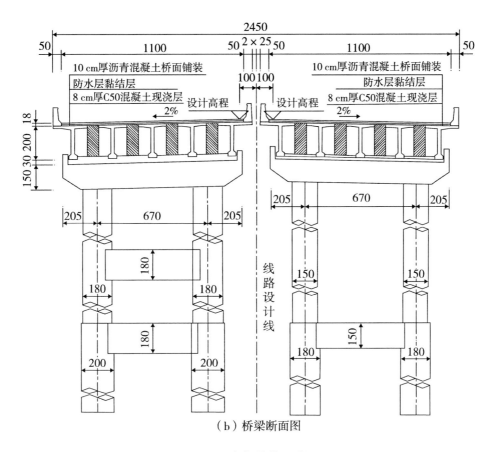

（b）桥梁断面图

图4-9　桥梁结构尺寸图

4.5.2　检测内容及方案

运营巡查中发现,桥下3#墩至7#墩表面土体顶部产生裂缝,左侧地方路(原地方机耕道)产生裂缝,局部沉降,怀疑个别桥墩存在倾斜、偏位现象。为了全面了解桥梁病害现状及产生的原因,需对偏位较大的墩柱进行专项检查,以便了解桥梁当前状态和墩柱偏位对桥梁造成的不利影响的程度,从而为桥梁下一步的病害处治工作提供依据。对该桥进行了全面检测,检测内容包括桥梁病害检查和桥梁几何形态测量。

1）桥梁病害检查

桥梁病害检查按照《公路桥梁技术状况评定标准》(JTG/T H21—2011)中的定期检查内容进行。

（1）资料收集

根据检查需要,重点收集了桥梁设计图纸、运营以来历年的定期检查报告和日常巡检记录。根据图纸资料了解结构特点,从定期检查报告和巡检记录中,确定病害发现、发展的过程。

（2）桥面系构造检查

桥面系的主要检查内容有桥面铺装、防撞护栏、伸缩装置、防排水系统以及标线标志，其中伸缩装置是检查的重点。伸缩装置的缝宽可以反映桥梁是否有异常变形，有无拉开或挤抵现象，因此须对桥梁每条伸缩缝宽度进行测量。

（3）上部结构检查

桥梁上部结构为T梁，重点检查结构的跨中、支点及变截面处混凝土是否开裂、缺损或出现钢筋锈蚀，横隔板是否开裂、脱落，边梁有无横移或向外倾斜。对发现的裂缝，在构件表面做出标示，记录裂缝分布形态、长度、最大宽度等指标，并拍照记录。

（4）下部结构检查

桥梁下部结构为双柱墩和矩形薄壁空心墩，根据前期资料了解到个别桥墩存在倾斜状况，因此桥梁检查的重点是确定桥墩是否倾斜、倾斜方向以及倾斜数据，同时重点检查桥墩底部是否有开裂，基础有无滑动、倾斜、下沉，桥墩周边填土有无沉降或挤压隆起等现象。

（5）支座检查

支座是桥梁上部结构和下部结构的连接构件，支座变形情况能反映主梁和桥墩的相对变形情况，也是判断桥墩是否倾斜的重要依据，因此在按规范要求检查的基础上，对支座的纵向变形、横向变形以及转角进行了测量。

（6）其他检查

采用无人机航拍的方式，对桥梁周边地形、地貌进行检查，重点确定是否存在地表开裂、土体变形等情况。

2）桥梁几何形态测量

（1）桥墩倾斜测量

用超高精度全站仪，采用免棱镜模式，根据实际情况测量墩柱边线坐标。每个桥墩以墩底坐标为原点，将每次测量所得坐标与墩底坐标相减，得到位移增量。桥墩倾斜测量方式如图4-10所示。纵桥向：向大桩号倾斜为正，向小桩号倾斜为负；横桥向：面向大桩号方向为正方向，左手侧倾斜为正，右手侧倾斜为负。

（2）桥面线形测量

为了监测桥面线形的变化情况，在外侧护栏设置变形监测点。纵桥向在各桥墩墩顶、伸缩缝两侧及每跨中位置布设测点。左幅共设置56个测点，采用全站仪测量各监测点的坐标，并以0#桥台处的测点为基准点，计算各测点的相对坐标、高程。

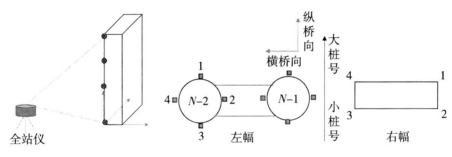

图 4-10　桥墩倾斜测量方式

3）仪器

根据检测内容配备相应的检测仪器,本次检测主要配备的检测仪器见表 4-20。

表 4-20　检测主要仪器配置表

编号	仪器名称	用途
1	钢直尺	长度测量
2	激光测距仪	长度测量
3	裂缝宽度观测仪	裂缝宽度测量
4	高清照相机	拍摄病害图片
5	全站仪	检测墩柱竖直度
6	桥检车	桥梁检查
7	无人机	辅助检查

4.5.3　检测结果

限于篇幅,这里重点介绍左幅桥梁伸缩缝、主梁及桥面线形、支座及桥墩倾斜的检查结果。

1）左幅伸缩缝检查结果

伸缩缝组件基本完好,但 4#墩、8#墩变形异常。如图 4-11 所示,左幅 4#墩伸缩缝处于拉开状态且伸缩缝齿板有横向挤压状况,齿端宽度 12.4 cm,8#墩伸缩缝处于挤压状态,齿端宽度 1 cm,其余伸缩缝正常,伸缩缝宽度测量结果见表 4-21。为了分析伸缩缝变形量的变化情况,将本次测量结果与 2020 年 7 月测量结果进行对比,结果发现:0#桥台减小 0.6 cm,4#桥墩增大 0.4 cm,8#桥墩不变,12#桥墩增大 0.2 cm,16#桥墩增大 0.9 cm,20#桥墩增大 0.3 cm,24#桥台增大 1.2 cm。

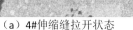
（a）4#伸缩缝拉开状态

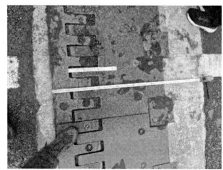
（b）8#伸缩缝挤压状态

图 4-11　伸缩缝变形状态

表 4-21　左幅伸缩缝宽度测量结果

编号	型号	安装墩号	伸缩缝齿宽 /cm	缝宽/cm		差值/cm
				2021 年 5 月	2020 年 7 月	
1	80 型	0#桥台	13.3	3.4	4.0	-0.6
2	160 型	4#桥墩	30.3	12.4	12.0	0.4
3	160 型	8#桥墩	18.8	1.0	1.0	0
4	160 型	12#桥墩	24.7	7.2	7.0	0.2
5	160 型	16#桥墩	23.7	5.9	5.0	0.9
6	160 型	20#桥墩	21.3	5.3	5.0	0.3
7	80 型	24#桥台	14.2	4.2	3.0	1.2

2）主梁及桥面线形检查结果

上部结构是主要承重结构，一般承重结构基本完好。桥面高程测量结果见表 4-22，以 0#桥台测点为基准，计算各测点相对标高和纵坡，并绘制各测点的高程曲线如图 4-12 所示。从左幅护栏高程测量结果来看，实测桥面纵坡 3.4%，与设计一致，相对高程与纵坡一致，变化平顺。

表 4-22　桥面高程测量结果

测点	坐标 X	坐标 Y	坐标 Z	间距/m	高差/m	相对坡度
M1	61755.33	41198.62	143.0883	0	0	—
M2	61755.57	41199.26	143.1221	0.687	0.034	—
M3	61760.52	41213.26	143.6355	15.536	0.547	3.52%

续表 4-22

测点	坐标 X	坐标 Y	坐标 Z	间距/m	高差/m	相对坡度
M4	61765.4	41227.28	144.1276	30.382	1.039	3.42%
M5	61770.38	41241.4	144.6217	45.352	1.533	3.38%
M6	61775.39	41255.58	145.13	60.389	2.042	3.38%
M7	61780.38	41269.69	145.653	75.357	2.565	3.40%
M8	61785.38	41283.82	146.161	90.344	3.073	3.40%
M9	61790.35	41297.94	146.6772	105.311	3.589	3.41%
M10	61795.25	41311.84	147.1809	120.053	4.093	3.41%
M11	61795.46	41312.51	147.1855	120.748	4.097	3.39%
M12	61800.37	41326.55	147.6942	135.631	4.606	3.40%
M13	61805.28	41340.57	148.1888	150.479	5.1	3.39%
M14	61810.35	41354.95	148.7022	165.723	5.614	3.39%
M15	61815.22	41368.87	149.212	180.478	6.124	3.39%
M16	61820.26	41382.99	149.7434	195.464	6.655	3.40%
M17	61825.26	41397.04	150.2406	210.383	7.152	3.40%
M18	61830.32	41411.33	150.7454	225.538	7.657	3.39%
M19	61835.21	41425.12	151.2429	240.168	8.155	3.40%
M20	61835.45	41425.77	151.2652	240.865	8.177	3.39%
M21	61840.37	41439.75	151.7848	255.686	8.696	3.40%
M22	61845.25	41453.6	152.2662	270.371	9.178	3.39%
M23	61850.29	41467.85	152.7949	285.483	9.707	3.40%
M24	61855.23	41481.86	153.2905	300.342	10.202	3.40%
M25	61860.25	41496.09	153.7935	315.431	10.705	3.39%
M26	61865.21	41510.12	154.3077	330.308	11.219	3.40%
M27	61870.2	41524.23	154.8393	345.274	11.751	3.40%
M28	61875.1	41538.16	155.3322	360.042	12.244	3.40%
M29	61875.34	41538.81	155.3589	360.737	12.271	3.40%
M30	61880.28	41552.83	155.8505	375.602	12.762	3.40%
M31	61885.19	41566.81	156.3679	390.42	13.28	3.40%
M32	61890.17	41580.92	156.877	405.379	13.789	3.40%
M33	61895.15	41594.98	157.376	420.3	14.288	3.40%
M34	61900.17	41609.25	157.8997	435.423	14.811	3.40%

续表4-22

测点	坐标 X	坐标 Y	坐标 Z	间距/m	高差/m	相对坡度
M35	61905.12	41623.31	158.378	450.332	15.29	3.40%
M36	61910.14	41637.55	158.9178	465.429	15.83	3.40%
M37	61914.96	41651.31	159.3996	480.009	16.311	3.40%
M38	61915.2	41651.97	159.437	480.716	16.349	3.40%
M39	61920.01	41665.46	159.9324	495.038	16.844	3.40%
M40	61925.26	41680.42	160.4749	510.885	17.387	3.40%
M41	61930.33	41694.62	161.0908	525.971	18.003	3.42%
M42	61935.34	41708.66	161.6448	540.874	18.557	3.43%
M43	61940.47	41722.77	162.2721	555.887	19.184	3.45%
M44	61945.59	41736.71	162.8427	570.738	19.754	3.46%
M45	61950.88	41750.85	163.4297	585.829	20.341	3.47%
M46	61956.21	41764.43	163.9796	600.414	20.891	3.48%
M47	61956.46	41765.09	164.0088	601.118	20.921	3.48%
M48	61962.01	41778.83	164.5132	615.917	21.425	3.48%
M49	61968.17	41793.71	165.0189	632.003	21.931	3.47%
M50	61974.2	41807.59	165.4913	647.112	22.403	3.46%
M51	61980.31	41821.24	165.9392	662.019	22.851	3.45%
M52	61986.68	41834.85	166.3463	676.988	23.258	3.44%
M53	61993.21	41848.31	166.7684	691.869	23.68	3.42%
M54	61999.99	41861.75	167.1822	706.827	24.094	3.41%
M55	62006.74	41874.71	167.5505	721.324	24.462	3.39%
M56	62007.06	41875.34	167.5556	722.027	24.467	3.39%

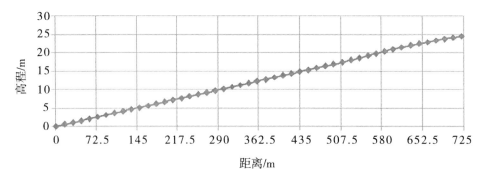

图4-12 桥面相对高程

3）支座检查结果

支座典型病害有纵向滑移、转角超限以及支座钢板锈蚀、渗水杂物堆积等，如图4-13所示。过渡墩处支座病害较多，4#桥墩、8#桥墩支座上钢板向大桩号侧滑移严重，部分支座滑移量超限；12#桥墩、16#桥墩、21#桥墩支座也产生了不同程度的滑移，个别超限；0#桥台、1#桥墩个别支座有横向滑移迹象；其余墩台支座基本完好。

（a）纵行滑移

（b）支座向大桩号倾斜

（c）转角超限

（d）横向偏位

图4-13 桥面相对高程

支座病害产生原因可能有：

（1）支座安装位置与支座中心存在初始偏差，部分支座安装位置靠近盖梁端部，部分支座顶板中心与垫石中心不重合，导致上部构造荷载产生额外偏心，并改变了支座容许滑移量。

（2）支座顶板不水平，梁底预埋钢板未调整楔形块各点高程，导致支座滑动面不水平，直接限制了支座的自由滑动，并容易产生累计位移。

（3）支座安装后，施工垃圾、杂物未及时清理也可能对支座正常变形产生不利影响。

运营过程中汽车制动力、梁体自重及温度效应影响桥梁的变形。在正常情况下梁体可以自由变形，但是当梁体与支座接触处未完全调平，支座处于不均匀受力状态时，升温梁体伸长,墩梁间的支座逐渐楔紧;降温梁体缩短,梁则较易于向下坡方向回缩,由此导致的不平衡水平力使桥墩顶向上坡方向位移。该桥过渡墩处支座均有不同程度的向大桩号的纵向变形,可能与此有关。

4)桥墩倾斜测量结果

根据桥墩倾斜测量数据绘制各桥墩延高度方向的偏差曲线,如图4-14所示。5#桥墩、7#桥墩两侧偏位均在10 cm左右的纵向偏位,均偏向大桩号方向;9#桥墩呈现出底部向小桩号偏、上部向大桩号偏的情况,可能与施工控制有关。从偏位沿墩高的变化来看,墩柱偏位总体上分为整体偏位和局部偏位。桥梁墩柱偏位可分为施工过程引起的初始偏位和使用阶段引起的附加偏位,二者对桥跨结构的影响也不同。基础开挖、堆土、积水、施工误差等不利因素影响均可能导致桥墩偏位。墩柱偏位后将产生附加弯矩和附加剪力,使墩柱的受力状态发生改变,由受压作用转变为压弯剪共同作用。

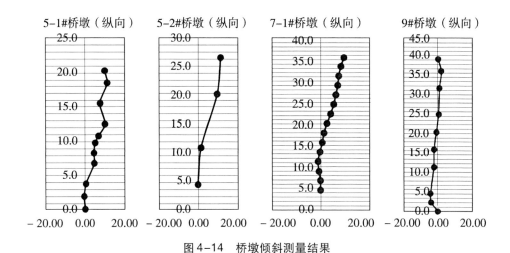

图4-14　桥墩倾斜测量结果

4.5.4　技术状况评定

依据检查数据,按照4.4节所述方法进行技术状况评定,结果见表4-23,桥梁总体得分78.4,技术状况等级为3类。计算过程中,需要对下部结构和桥面系进行权重重分配计算。

表 4-23　桥梁技术状况评定表

序号	结构	评价部件及权重			部件得分	结构得分		全桥得分及评价	
		部件名称	构件数量	权重		合计	权重	得分	等级
1	上部结构	上部承重构件	120	0.70	78.3	75.3	0.4	78.4	3 类
2		上部一般构件	48	0.18	91.8				
3		支座	145	0.12	33.0				
4	下部结构	翼墙、耳墙	2	0.02	100.0	78.5	0.4		
5		锥坡、护坡	0	0.00	—				
6		桥墩	80	0.33	71.2				
7		桥台	2	0.33	85.0				
8		基础	25	0.31	78.0				
9		河床	0	0.00	—				
10		调治构造物	0	0.00	—				
11	桥面系	桥面铺装	24	0.44	81.2	84.5	0.2		
12		伸缩缝	7	0.28	76.4				
13		人行道	0	0.00	—				
14		栏杆、护栏	24	0.11	100.0				
15		防排水	24	0.11	94.9				
16		照明、标志	1	0.06	100.0				
根据《公路桥梁技术状况评定标准》(JTG/T H21—2011)：该桥总体技术状况评分为 78.4 分,属三类桥梁									

4.5.5　维护建议

综上所述,该桥 5#墩、7#墩向大桩号方向发生明显的倾斜,左幅 4#墩伸缩缝处于拉开状态,8#墩伸缩缝处于挤压状态。变形检测结果表明,左幅第 2 幅主梁有明显向大桩号侧爬移的趋势。结合检测结果及原因分析,对该桥提出以下维护建议:

(1)墩柱顶偏移纵向偏位情况下,偏心荷载对墩柱受力产生不利影响。对墩顶偏位在 5 cm 以上的桥墩,建议按照实际偏位状况,按偏压构件,对墩柱承载能力进行验算,以确定维修方案。

(2)根据桥梁现场调查,建议对表 4-24 所列内容进行专项设计,确定该桥维修工程的主要工程内容,并将根据施工过程中发现的问题进行调整。

表4-24　维修工程内容和范围

序号	分项工程	工程部位	工程内容	备注
1	伸缩缝更换	左幅4#、8#桥墩	拆除原160型伸缩缝及锚固区混凝土,更换安装同型号伸缩缝,并调整安装间隙。更换2道共计24 m	
2	梁体复位	左幅第2联桥梁	梁体顶升,解除整联盆式支座,更换为临时滑板支座;以第3联梁体为反力顶推第2联	临时固定12#伸缩缝
3	墩柱纠偏与加固	左幅5#、7#桥墩	梁体复位后,以主梁为反力,顶推桥墩纠偏	纠偏量根据墩底应力控制
4	墩柱加固	偏移5 cm以上墩柱	墩柱倾斜是立柱处于偏心受压状态,对5 cm的墩柱按实际偏心状况进行承载力验算,验算不满足进行加固处理	玻纤套筒
5	支座更换	变位超限的支座	同步顶升后,更换盆式支座,更换支座时调整上下钢板对中、水平。支座更换在梁体复位和墩柱纠偏后进行	
6	梁体破损修补	左右幅全桥主梁	剥落、掉角修补,锈蚀、露筋处理,修补数量约15处	环氧砂浆修补

（3）建议在维修加固施工期间,以及维修加固完成后对墩柱倾斜、支座变形以及伸缩缝变形进行长期监测,以确定桥墩变形是否稳定。

第5章

基于 VBA 的定期检查数据处理系统开发

5.1 定检数据处理存在的问题

随着在役桥梁数量增加与服役时间增长,桥梁结构老化、病害累计增加,桥梁定期检查已成为桥梁养护工作的重要内容。桥梁定期检查工作内容包括现场检测和内业数据处理。现场检测主要是获取桥梁当前的病害信息,并通过文字描述以及图片的形式进行记录。内业工作主要是处理现场检测数据,包括技术状况评定计算、病害数量分类统计以及报告编写等工作。在人工处理的情况下,内业数据处理的工作量占到项目工作量的一半以上。既有的桥梁定期检测系统和工作方式尚存在以下几个问题:

(1)桥梁检查数据和结果的去纸质化问题。桥梁定期检查以构件为检测对象,桥梁检查采集的数据庞杂,工作量非常大,但是如此大量的数据大多采用书写纸质记录的方式进行。此外,虽然《公路桥梁技术状况评定标准》(JTG/T H21—2011)对不同桥型不同部件的病害类型做了规定,但是检测人员的主观性依然会造成桥梁定期检查病害检查记录的不规范。当现场检查与数据处理不是同一检测人员时,可能导致检测数据缺乏针对性与准确性,从而大大降低了桥梁检测结果的质量和检测工作的效率。

(2)桥梁技术状况评定计算流程烦琐,工作量大。公路桥梁技术状况评定按构件→部件→结构→整体逐层计算,以3跨20 m的空心板桥为例,每跨有10片主梁、每片主梁下设置4个支座,将有30个主要承重构件、120个支座需要进行构件评分计算。评分中还可能涉及部件权重重分配计算。如此大量的计算,若采用手动,容易出错、效率低,会给检测报告编写工作增加难度。

(3)数据记录采用书写纸质记录方式,以人工方式编写报告造成大量重复的工作。

利用人力进行资料整理、报告编写,首先需要将纸质报告电子化,增加了录入工作;其次病害描述需要配以图片,报告编写工作烦琐、单调且重复工作多,直接导致撰写检测报告的作业量和作业周期高于现场检查。

(4)定检结果也是以纸质方式进行最终体现,增加了档案管理工作的强度;同时纸质数据不便查询,不便于在桥梁养护中的应用,不符合当今工程时效化、规范化、高效化和便捷化发展的趋势和要求。

桥梁定检数据处理中存在的纸质记录、数据处理烦琐、报告编写工作效率低的问题,许多检测机构都遇到过,也都尝试用信息化手段解决,并开发了不同的数据处理系统。编者利用 Excel VBA 技术,以提高报告编写效率为目的,开发了定期检查数据处理系统,并取得了不错的应用效果。

5.2 基于 Excel 的 VBA 二次开发

5.2.1 VBA 与 Excel 的优势分析

Excel 是常用的办公软件,它可以进行各种数据的处理、统计分析和辅助决策操作,同时也支持 VBA(Visual Basic for Applications)二次开发。VBA 是基于 ActiveX 技术面向对象的应用程序开发工具,相比专业编程语言,VBA 具有以下特点:①Excel 应用广泛,开发的系统不需要安装;②VBA 语言结构简单,易于学习和掌握;③数据读写方便,Excel 的行和列是天然的二维数组,直观易懂,利用 Range 对象可方便地进行数据的读写操作;④利用 VBA 中的控件与事件,可实现交互,为用户提供友好的操作界面。因此,Excel 二次开发在桥梁应变、测量、桩基等检测数据处理中有广泛的应用。

通过 Excel 来二次开发土木工程领域的工程应用,具有以下几个优点:

(1)数据处理和分析:土木工程涉及大量的数据处理和分析工作,Excel 提供了强大的数据处理和计算功能,可以用于处理各种实测数据、监测数据、监理数据等。通过编写自定义的宏和公式,可以实现复杂的数据计算、筛选、排序等操作。

(2)结构设计和计算:土木工程的结构设计需要进行各种计算和分析,Excel 可以作为一个方便的工具来编写结构计算的程序。通过使用 Excel 的函数、公式和逻辑判断,可以实现各种结构荷载计算、变形计算、受力分析等。

(3)成本估算和预算管理:土木工程项目中常常需要进行成本估算和预算管理,Excel 可以用于编写成本估算模型和预算管理表。通过建立自动化的计算模板和数据输入表格,可以快速计算项目的成本,并进行成本控制和预算分析。

(4)工程进度和资源管理:土木工程项目的进度计划和资源管理是关键的工作内容,

Excel 可以用于制订工程进度计划、资源调配表和工期控制表。通过编写自定义的公式和图表,可以实现工期计算、资源分配和进度跟踪等功能。

(5)数据可视化和报告生成:Excel 提供了丰富的图表和报表功能,可以将土木工程相关数据可视化,并生成专业的报告。通过使用 Excel 的图表功能,可以绘制各种统计图表、趋势图和构造图,使得数据分析结果更加直观和易于理解。

总之,Excel 作为一款强大的办公软件,可以通过二次开发满足土木工程领域的各种需求。通过编写自定义的宏、公式和图表,可以实现数据处理、结构计算、成本估算、资源管理等功能,提高土木工程项目的效率和精确度。

5.2.2　Excel 二次开发一般流程

与其他程序开发一样,在进行 Excel 二次开发时,同样可采用成熟的开发方法,以提高开发效率。程序开发一般要经过需求分析,系统、界面及代码的设计,系统测试,发布的过程。

1)需求分析

在进行 Excel 二次开发时,首先要编写系统任务书,主要规定应用程序的开发目标、主要任务、功能、性能指标及开发人员、经费、进度等安排,以作为系统设计开发和检验的基本依据。需求分析的任务不是确定应用程序怎样做的问题,而是确定需要完成哪些工作的问题。需求分析阶段的主要任务包括以下几个方面:

(1)功能需求:给出应用程序必须完成的所有功能。

(2)环境需求:用户的计算机硬件环境、软件环境和 Excel 的版本等。

(3)界面需求:应用程序的用户界面是直接面对用户的,所以界面设计是用户能否方便、快捷地操作应用程序的关键之一。在需求分析阶段,应提出界面需求。

(4)用户技术层次:在需求分析阶段,了解用户的技术层次,可为应用程序的开发提供一些辅助信息。

2)系统、界面及代码的设计

(1)系统设计

系统设计阶段是通过对用户需求进行调查分析,得出应用程序的功能、性能及数据要求,以确定 Excel 应用程序所需的工作表及表中的列数据、窗体等模块。

(2)用户交互界面设计

一个良好的应用程序必须有一个良好的界面。用户通过界面与应用程序进行交互。开发人员在设计界面时,一定要牢牢把握方便用户操作这一理念,并贯穿到设计界面中。在 Excel 中进行界面设计的方式主要有在工作表中添加控件、设计用户窗体、设计自定义功能区 3 种方式。

（3）代码设计

将用户界面设计好以后，接下来就需要编写界面中各部分的事件代码，如用户窗体中的按钮、功能区中的按钮等。在 Excel 利用 VBA 二次开发常用方式有 2 种：一是录制"宏"，就是将一系列操作以 VBA 代码的形式保存，调用代码完成录制的一系列动作，适用于简单的重复操作；二是利用 Excel 自带的 VBA 开发环境进行开发，如图 5-1 所示，它与 VB 编辑器类似，可以进行界面设计、控件设置、代码编写与程序调试等各种开发工作。

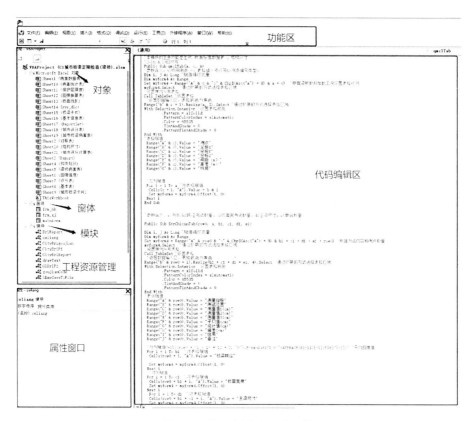

图 5-1　Excel VBA 开发环境

3）系统测试

在创建了应用程序之后，必须对其进行测试，即测试应用程序是否达到要求，这是非常重要的一个步骤。测试和调试应用程序所花费的时间可能与开发系统的时间同样多。

对于一个开发完成的应用程序，在设计测试数据时，应尽可能多地考虑各种情况，不但要使用正常的合乎逻辑的数据测试应用程序的功能性，还应使用一些可能导致应用程序出错的数据测试应用程序的健壮性。

在设计测试数据的同时，应编写出测试数据的结果，并与应用程序进行实测时得到的数据进行对比，如果结果相同，则通过测试；否则，应检查并修改应用程序。

4）发布

通过测试的应用程序就可发布给最终用户使用了。在发布时需要注意以下 3 个问题：

（1）Excel 版本：如果是在 Excel 2013 环境下开发的应用程序，并使用了 Excel 2013 的一些新功能（如自定义功能区），就需要用户的计算机中安装 Excel 2013。如果用户计算机中安装使用的是 Excel 2013 之前的版本，则需要将使用 Excel 2013 新增功能部分的代码进行修改，并发布为以往的版本。

（2）动态链接库：如果应用程序中使用了 ActiveX 控件，则需要考虑是否要将包含该 ActiveX 控件的 DLL 文件（或 OCX 文件）包含在应用程序中予以发布。

（3）辅助文件：在一个大型的应用程序中，不可能只包括一个 Excel 工作簿文件，有时可能还需要使用其他辅助文件（如图片文件、数据库文件、帮助文件等），需要将这些文件也包含在发布文件中。

5.3　开发需求分析及总体设计

5.3.1　定检数据处理需求分析

检测报告是定期检查技术服务主要的成果形式，《公路水运试验检测数据报告编制导则》（JT/T 828—2019）规定了数据报告的基本形式和编制要求。数据报告包括试验检测记录表和试验检测报告。试验检测报告根据检测目的和内容的不同，也可分为检测类报告和综合评价类报告。定期检查报告为综合评价类报告。综合评价类报告一般应由封面、扉页、目录、签字页、正文、附件六部分组成。正文部分应包含项目概况、检测依据、人员和仪器、检测内容与方法、检测数据分析、结论与分析评估、有关建议等内容。报告中涉及的数据形式有表格、文字以及图片，涉及的操作有数据录入、计算、图表绘制以及报告生成等。定检数据处理的整体需求有以下几个方面：

1）表格自动生成

表格是试验检测报告内容展示的主要形式，表格形式随数据内容的不同而变化，如定检报告中桥梁卡片、病害数据表以及评分表。表格形式不同不仅表现为行列数的不同，还有表格数据内容以及格式的不同，这要求定检数据处理模块具备自动生成表格的功能。具体来说：对固定格式的表格，表格行列和格式按规范要求编制，数据自动填入；对变化的表格，能根据设定要求自动生成，并填入数据。

报告中所有动态数据报表均在 Excel 中按格式生成，如结构信息表、病害信息表、评分计算表及结果、病害统计表等。

报表中与数据对应的附件信息也在表格中生成，如病害信息表中的照片，报告中需要自动插入照片,因此在 Excel 表中需要录入病害照片编号及照片存放地址,自动生成照片路径,用于报告照片的插入。

2)数据录入

检测数据来源包括手动记录的、仪器导出的,数据形式有文字描述、数字数据以及图片等。对以纸质记录的定检数据,为了提高数据录入的效率和规范性,需要对数据录入进行检查和控制。具体要求如下:

(1)手动记录数据。数据形式为文字描述,按照点选方式录入,如部件类型、构件编号、病害类型,以按钮或下拉选型方式输入,定量的数值量手动录入,以此保证数据的准确性和一致性。

(2)仪器导出数据,按提示进行复制、粘贴操作或者自动读入方式。

(3)图片数据,一般作为文字描述的附件,保证与文字对应,可以至录入图片编号、导出报告时再实际插入。

3)数据计算

定期检查数据计算包括数字计算、字符串拼接、数据统计。对规律的计算可采用编写公式的方式,对计算步骤烦琐,同时包含循环、判断的计算,可采用 VBA 编程的方式实现。定检数据处理过程中需要数据汇总计算,如按构件、按部件、按病害类型实现病害数量统计。

4)图表绘制

检测报告中需要以图表的方式展示数据,如用折线图展示发展趋势,图片一般与表格数据对应,可以通过编程实现图表自动绘制。

5)排版功能

按照报告格式要求自动进行内容排版,包括①表格形式,行间距、表格框线等;②字体颜色、字体类型、字体大小;③照片的路径、编号、文字描述和图片大小。

6)报告导出

处理好的检测数据需要按既定的格式导出报告,这是检测的主要成果,报告导出功能能有以下要求:

(1)能按不同格式、不同选择内容导出。

(2)导出报告时,能根据录入的照片编号在报告中自动插入所需的图片。

(3)具备一定的排版功能,提高报告编写效率。

7)报告模板定制功能

对于相同的检测内容,不同检测机构的报告可能存在差异,这要求报告模板可定制。这里主要通过以下方式来实现:

(1)报告表格形式和内容在 Excel 中实现。

(2)报告中各表格的前后顺序根据 Word 模板来实现,具体是通过调整报告模板中书签的位置来确定。通过标签定位,包括表格标签、图片标签,将 Excel 中处理好的数据输入到 Word 中形成报告。

5.3.2　系统开发思路

Excel 在数据处理方面优势明显,但检测报告中除了文字描述还包括数据报表、图片、表格,在 Word 中完成报告更为合适。综合两者优势,定检数据处理系统以 Excel 作为数据处理的主体,以 Word 作为报告生成的模板,通过 VBA 编程实现将 Excel 处理完成的数据导入到 Word 模板中生成报告。定期检查数据处理系统开发框架如图 5-2 所示。道路、桥梁及隧道均有定期开展检测的要求,检测数据以人工纸质记录的方式采集,定检数据处理系统的开发包括如下内容。

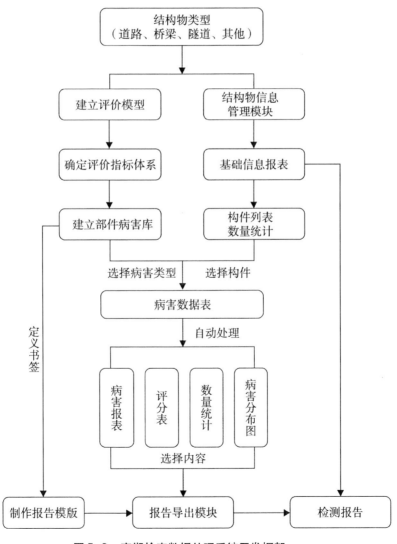

图 5-2　定期检查数据处理系统开发框架

1) 评价模型的建立

定期检查数据处理过程其实也是技术状况评定的过程,评价模型确定了评估的流程和方法。评价模型依据相应的技术规范确定,公路桥梁依据《公路桥梁技术状况评定标准》(JTG/T H21—2011),城市桥梁依据《城市桥梁养护标准》(CJJ 99—2017)。评价模型建立的目标是确定评价模型类型、确定其评价指标、建立指标病害库,同时确定模型、指标、病害库之间的关系,以便后续病害管理、评分模块应用。建立评价模型是数据处理系统的基础,也是开发的重点。

2) 结构物管理模块开发

结构物管理模块实现了结构物的信息管理,包括基础信息和构件信息。基础信息有结构识别信息,如名称、所在地等,有结构类型及尺寸,基础信息决定了采用哪种评价模型,同时也将用于结构物信息卡的生成;构件信息与评价模型的病害库对应,决定了有多少检测评价的对象。它是具体的检测对象。

3) 病害信息录入模块

病害信息录入模块实现将纸质检测数据电子化,该模块在评价模块和结构物管理模块的基础上运行。首先从结构物管理模块中获取结构类型,根据结构类型选择评价模型,确定评价指标。其次从结构物管理模块中的构件信息选择构件,选择病害类型,输入描述信息,实现检测数据电子化记录。病害信息是技术状况评定计算、数据统计和报告生成的数据基础。

4) 病害数据处理模块

病害数据处理包括技术状况评定、病害数据统计、病害图表绘制等功能。技术状况评定按规范要求自动进行评分计算,并以报表形式输出计算结果。病害数据统计按要求进行病害数量汇总,并以报表形式输出结果。

5) 报告模块

报告模块实现了将检测数据、表格及相关图片导入到报告模板中生成检测报告,这通过以下 3 个步骤来实现:

(1)根据选择的模块和报告输出的内容,从病害数据表中获取相应的数据,形成报告报表,这是实现报告格式定制化的一部分。

(2)在 Excel 中进行简单的排版,减少 Word 中的重复性操作。

(3)选择报告模板,将 Excel 中处理完成的数据导入报告中,并将病害照片自动插入到报告中,完成报告生成。

6) 操作界面规划

数据处理在 Excel 中完成,系统功能通过不同的表格实现。定检数据处理模块的表格由系统参数、结构基础信息、病害数据处理以及报告报表 4 类组成,功能规划详见表 5-1。

表 5-1 数据处理系统功能表

功能模块		数据	功能设计
系统参数	首页	1. 项目信息； 2. 程序环境信息	1. 系统信息获取 open； 2. 意见反馈； 3. 在线帮助
	病害库	1. 部件编号、对应书签； 2. 部件病害信息	1. 批量生成病害指标； 2. 联网数据获取
结构 基础信息	结构信息	1. 结构信息； 2. 信息报表	1. 获取数据； 2. 结构卡片导出； 3. 排版
	构件划分	1. 录入的构件参数； 2. 构件详细列表； 3. 构件统计	1. 构件生成； 2. 数量统计
病害 数据处理	病害录入	病害信息表	1. 部件按钮下拉； 2. 病害保存； 3. 数据排序； 4. 病害扣分
	评分表	1. 评分报表； 2. 评分过程数据	1. 评分功能
	病害统计	1. 病害汇总表； 2. 病害成因分析表	1. 读取病害数据统计； 2. 排版
报告报表	Report	1. 报告选择； 2. 病害报表	1. 病害数据读取； 2. 照片选择； 3. 报告导出

5.3.3 系统总体设计

桥梁定期检查工作包括桥梁检查评定计划制订、现场检查、技术状况评定以及报告编写，检查报告一般由桥梁基本信息、病害信息、桥梁技术状况评定、病害统计及分析组成，内容形式包括文字、表格、图片，工作流程如图 5-3 所示。

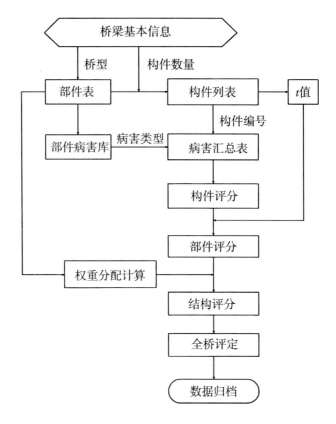

图 5-3　桥梁技术状况评定流程

桥梁技术状况评定和报告自动生成是系统主要需求,系统包含基础信息、构件管理、病害管理、评分模块、病害统计、报告模块、照片管理以及系统管理 8 个模块,如图 5-4 所示。

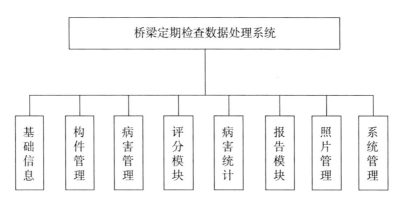

图 5-4　功能模块划分

模块功能概述如下：

（1）基础信息：管理桥梁基本信息，生成桥梁卡片。

（2）构件管理：根据桥型、部件组成、孔数、上部结构、下部结构等基本信息确定桥梁检查模型，作为桥梁检查评定的基础。

（3）病害管理：根据桥梁现场检查资料，采用点选式按构件输入病害信息。

（4）评分模块：按《公路桥梁技术状况评定标准》（JTG/T H21—2011）方法自动评分。

（5）病害统计：病害数据统计按要求进行病害数量汇总，并以报表形式输出结果。

（6）报告模块：按要求自动生成定期检查报告。

（7）照片管理：病害照片管理。

（8）系统管理：按要求自动生成定期检查报告。

5.4　桥梁定检数据处理系统模块功能实现

5.4.1　基础信息模块

定期检查中要现场校核桥梁基本信息，填写或完善"桥梁基本状况卡片"，基础信息的内容按照桥梁卡片的要求整理收集。基础信息模块操作界面如图 5-5 所示，表格界面自上而下分为操作区、文件路径输入区、桥梁描述生成区、数据编辑区以及报表区。基本信息模块功能较为简单，通过 Excel 公式编辑功能即可实现。

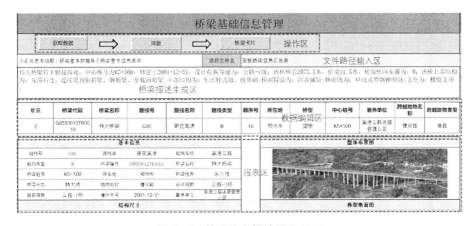

图 5-5　基础信息模块操作界面

操作区通过 3 个按钮实现获取数据、报表排版、导出桥梁卡片的功能。获取数据按钮是从桥梁信息汇总表中读取该桥的基本信息，并按行存储到数据编辑区。编辑区数据通过编辑公式关联到报表区，自动生成报表数据，同时根据编辑区数据字符串组合的方式生成桥梁描述,自动更新到桥梁描述生成区。操作区的排版功能是对报表区字体、表格样式一键进行设定。桥梁卡片将桥梁基础数据导出成"桥梁基本状况卡片"。

5.4.2 构件划分模块

1)构件编号

构件划分是桥梁检查评定工作的开始,此模块要实现桥梁构件划分、编号及数量统计功能,构件划分方法和构件编号规则是重点。不同桥型的组成部件不同,每个部件包含数量不等的构件。构件是桥梁检查和评定的最小单元,因此在一个评定单元中,构件需要有唯一的编号,以便于病害录入、评分等数据处理。为了便于程序实现,构件编号包含两个层次的信息,即采用[部件码]前缀+构件码的形式。

(1)部件码:由5位数字表示,即桥型码(2位)+结构码(1位)+部件码(2位)。桥型码用2位数字表示,如梁桥10、拱桥20、斜拉30、悬索40,对桥型细分时,通过第二位桥型码实现,如11可表示钢梁桥。结构码用1位数字表示,上部结构为1,下部结构为2,桥面系为3。部件码用2位数字表示,按《公路桥梁技术状况评定标准》(JTG/T H21—2011)中部件类别号确定。

(2)构件码:由构件所在桥跨及同一跨中的顺序号组成,如2-2主梁,表示第2跨的第2片主梁。对常见的装配式桥梁,可按图5-6所示方法进行构件划分,具体编号规则参见附录A.2。其他桥型可根据养护需求和工程实践经验确定。

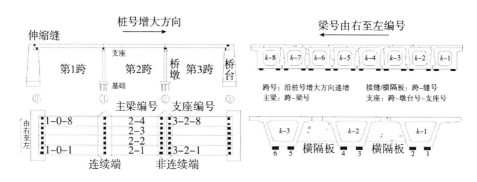

图5-6 装配式桥梁部件及构件编号示意图

为了方便数据处理,构件编号采用[部件码]前缀+构件码的形式,如[10101]01-01表示梁桥上部结构主要承重部件1-1#主梁,目的是通过部件码前缀实现构件病害类型的自动关联,同时在导出报告时又可不用输出部件码前缀,使构件编号更加简洁。

2)程序实现

构件管理模块主要实现构件自动编号和构件数量统计功能。构件自动编号是按照上述编号规则,输入桥型、跨数、梁板数等参数信息后能自动生成桥梁构件编号,作为构件的唯一识别编码。构件统计是自动计算构件数量,用于部件评分时确定 t 值,以及根据构件数量是否为 0,自动判别结构评分是否需要权重重分配计算。构件编号模块操作界面如图 5-7 所示。界面自上而下分别为桥梁基础信息、构件编号参数输入区、操作区、构件数量统计区以及构件编号存储区。

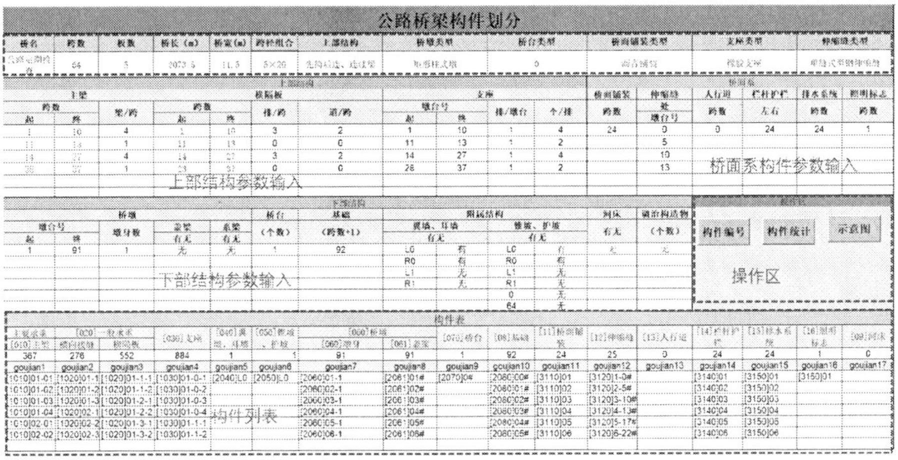

图 5-7　构件编号模块

构件编号生成通过编程实现,每种部件编写一个构件编号函数,实际上一座桥梁的所有构件编号输入后,可一键生成全部构件,并自动计算构件数量。这里以一座 3 跨预制空心板梁桥,每跨横向 10 片梁的主梁编号为例,说明实现方法。需要输入的参数有开始跨、结束跨以及每跨的梁板,本例中开始跨为 1、结束跨为 3 以及每跨的梁为 10,在操作区点击"构件编号"按钮,程序调用上部结构编号函数 BeamNum( ),运行完成主梁构件编号。

```
Sub BeamNum( )'上部结构,主梁及接缝编号
Dim i,j,k,m,n,a,b,c As Integer
Dim rownum,i_rownum,rownum1 As Integer
rownum = ReadColData( "a7" )'获取跨数数据表
m = 37'构件编号输出区起始行号
    For i_rownum = 8 To rownum
    a = Sheets( "构件划分" ).Cells( i_rownum,1 )'开始跨
    b = Sheets( "构件划分" ).Cells( i_rownum,2 )'结束跨
    c = Sheets( "构件划分" ).Cells( i_rownum,3 )'每跨梁数量
        For i = a To b '跨循环
            For j = 1 To c '梁循环
```

```
        Sheets("构件划分").Cells(m,1) = "[10101]" & num_weishu(i)
& "-" & num_weishu(j)'主梁编号,部件码+构件码
        m = m + 1
        Next j
      Next i
    Next i_rownum
  End Sub
```

5.4.3　病害管理模块

1)病害信息构成及录入方法

病害管理模块要实现的功能有数据录入、数据排序统计、扣分值计算以及简单的数据检查,通过该模块,现场检测的数据形成结构化的病害数据,并以此为基础数据进行桥梁技术状况评定、生成报告和病害数量统计。数据录入是该模块的基础功能,该功能要实现信息输入的规范性、全面性和便捷性。规范性要求按《公路桥梁技术状况评定标准》(JTG/T H21—2011)中的要求描述病害,避免出现口语化的描述;全面性要求数据信息录入要全面,病害数据要满足评分、报告生成以及病害统计的要求;便捷性要求病害录入操作方便、效率高。

桥梁病害信息包含桥梁名称、检查时间、部件类型、构件编号、病害类型、标度、位置描述、病害描述、病害数量以及照片等,为此录入时可将病害拆分为多个关键字段,使数据的颗粒度更细;生成报告时按要求进行关键字段组合,这样可以满足不同报告格式的个性化需求。按照数据的规范性要求,录入部件类型、病害类型以及构件编号时,可采用点选的方式,对具体的数值采用直接输入的方式。

2)单元格下拉选择的实现

在 Excel 表中,为了保证录入数据与规范的一致性,采用数据有效性验证的方式进行控制。数据有效性不仅能够对单元格的输入数据进行条件限制,还可以在单元格中创建下拉列表菜单,以方便用户选择输入。病害信息构件编号、病害类型和病害标度可以用下拉选择的方式录入。Excel 中单元格下拉选项通过以下 2 个步骤即可实现:

(1)定义名称

如图 5-8 所示,依次单击"公式"、"定义名称",弹出"编辑名称"对话框,输入"名称"、"引用位置"后点击"确定",通过"名称管理器"可以批量管理名称。定义名称首先要整理词典内容,然后设计数据表的形式,将整理好的内容填入表格,以方便名称的定义。当有当量名称需要定义时,合理的设计数据表至关重要。以构件病害输入为例,构件编号、病害类型、标度、病害位置均可通过下拉选择的方式输入,构件编号与桥梁有关,

病害类型等信息与桥型有关,因此数据表的设计应该分为两张表。构件编号下拉选项"词典数据"来源于构件管理模块生成的构件表及病害类型词典库,根据《公路桥梁技术状况评定标准》(JTG/T H21—2011)中部件病害类型整理数据表。此外,当同一类词典下拉选项的数量不定时,可预留指标数量,以方便后期扩展。如主梁病害位置有 5 个选项,桥墩病害位置有 3 个选项,此时将两者都设定为 10 个选型,既能保留扩展空间,又便于编程。

图 5-8　下拉选项词典库定义

(2)单元格数据验证

下拉选项是通过单元格数据验证的方式实现的。如图 5-9 所示,首先选择需要设置数据有效性的单元格区域,依次单击"数据"、"数据验证",弹出"数据验证"对话框,单击"设置"选项卡"允许"输入框右侧的按钮,在下拉列表中选择"序列",在数据来源中输入定义好的下拉选项词典名称,即可实现下拉选择输入的效果。

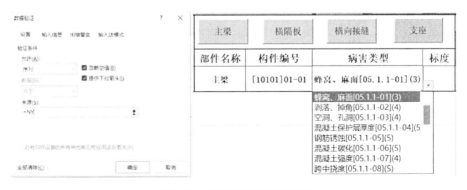

图 5-9　单元格下拉选项效果

当单元格输入内容固定不变时,采用手动定义名称、配置单元格数据验证内容的方式是合适的。但是当单元格输入的内容不断变化时,如输入桥梁病害时,病害类型随部件的改变而变化,则需要利用 VBA 编程实现批量定义词典名称、动态进行单元格数据验证。病害录入时,通过点击部件按钮,可同时实现构件编号、病害类型、病害纵向位置、横向位置等多个单元格数据验证内容的设定,实现代码如下:

```
Sub CB_Click(sname,button,goujian,binghai,Z_Position,BM_Position)
    Range("b8:e8").Select
Selection.ClearContents
    Sheets(sname).Cells(8,2) = button
    Sheets(sname).Cells(8,3).Select '构件下拉选项
        Call link(goujian)
    Sheets(sname).Cells(8,4).Select '病害下拉选项
        Call link(binghai)
    Sheets(sname).Cells(7,6).Select '纵向位置描述
    Call link(Z_Position)
        Sheets(sname).Cells(7,7).Select '横向位置描述
    Call link(BM_Position)
End Sub
```

3)病害录入操作

病害管理模块操作界面如图 5-10 所示,自上而下分别为部件选择区、操作区、数据录入区和病害数据保存区。模块功能包括病害录入、重复数据检查和病害扣分计算。病害录入的操作步骤为:

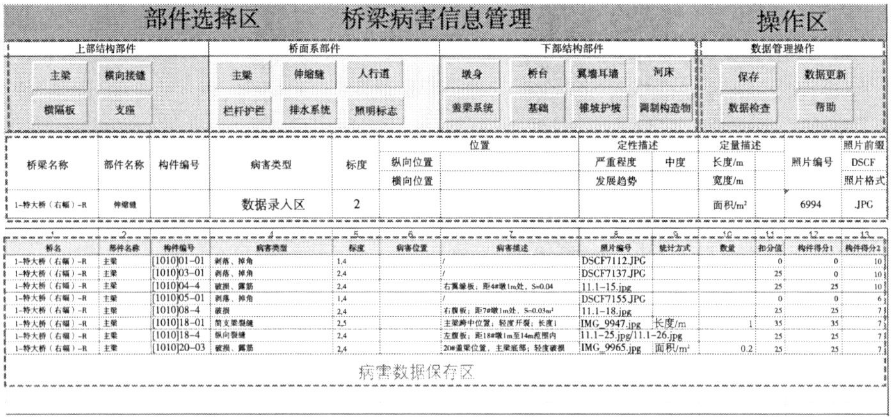

图5-10 桥梁病害管理模块

（1）桥梁病害信息由 13 项内容组成，其中，下拉选择输入的 4 项，手动输入的 4 项，其余 5 项为自动录入，详见表 5-2。首先点击"部件按钮"，自动填入部件名称，将构件编号、病害类型生成单元格的下拉选项；然后选择构件编号、病害类型、评定标度，再输入病害描述、病害位置、病害数量及照片编号，即完成 1 条病害信息的数据录入。病害描述有定性描述和定量描述：定性描述可选择病害程度；定量描述输入具体的指标，填入数字，如裂缝描述，可选择长度、宽度以及深度并填入数据，保存时合并为 1 条数据。病害位置数据由纵桥向信息和横桥向信息 2 项组成；照片编号是病害照片完整的文件名称，包括文件后缀，照片编号用于生成照片路径，自动插入到报告中。

（2）病害数据录入完成后，点击"保存"，病害数据保存区将增加 1 条病害数据。数据保存操作中，病害扣分值会根据标度自动计算，保存到"扣分值"一列。

表 5-2　桥梁病害信息字段组成及录入方式

序号	字段	录入方式	序号	字段	录入方式
1	桥名	桥梁基础信息表自动录入	8	照片编号	手动填入
2	部件名称	点击部件按钮时填入	9	统计方式	下拉选择
3	构件编号	下拉选择	10	病害数量	手动填入
4	病害类型	下拉选择	11	扣分值	根据评定标度自动计算
5	评定标度	下拉选择	12	构件得分1	构件评分自动计算
6	病害位置	手动填入	13	构件得分2	构件评分自动计算
7	病害描述	手动填入			

4）病害数据处理

数据管理操作区还有数据更新和数据检查两个功能按钮。数据更新实现修改标度后重新计算扣分值。数据检查实现两个功能，一是检查是否有数据重复，若两条病害数据重复则删除一个；二是病害排序功能，即按构件编号、扣分值进行排序，为评分计算做准备。

5.4.4　评分模块

桥梁技术状况评分采用"构件-部件-结构-桥梁"的分层综合评定方法。构件是评定的基础单元，所有构件依次计算得分，得到部件得分，计算流程如图 5-11 所示，循环计算所有部件得分，根据桥梁部件设置情况重新计算部件权重，最后逐级进行加权计算，得到最终得分。程序中病害扣分、构件数量统计、构件评分、部件评分、全桥评分计算方法详见 4.4 节。这里将评分过程编写成相应的函数，在评定过程中循环调用。

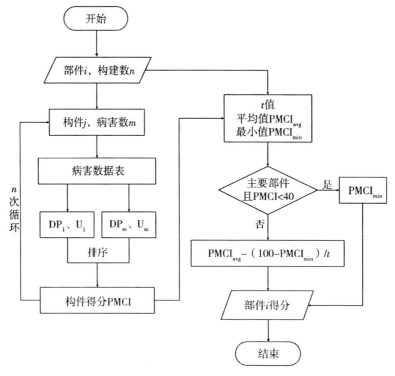

图5-11　部件评分计算流程

评分模块的数据来源于构件表和病害数据表,评分过程中无须新的数据输入。评分模块操作界面如图5-12所示,操作界面总体上分为操作区和结果输出区。操作区有6个功能按钮,实现评分计算和评分报表的生成,各按钮具体功能如下:

(1)构件数量:从构件数据表读取构件数量,并计算t值。

(2)构件得分:按构件循环读取病害数据表中的扣分值,计算构件得分,并将构件得分保存至病害数据表中。

(3)部件得分:按构件编号的构件码统计构件数量、有病害的构件数量、构件得分最小值、计算平均值,并将过程数据保存至计算参数区,部件得分保存至技术状况评分表中。

(4)全桥评定:该功能将结构评分、权重重分配计算以及整体评分合并为1个过程。首先根据构件数量判断是否进行权重重分配计算;然后将分配后的部件权重与部件得分相乘并求和得出结构评分,结构评分与对应权重相乘求和得出整桥评分;最后按等级限制表确定技术状况等级。

(5)一键评分:一键实现评分过程。

(6)排版:评分计算过程的关键数据形成技术状况评定表,这个表格需要输出到报告中。在导入报告前,可通过排版按钮,对表格字体类型、大小,表格列宽、行高以及边框形式进行设定,以减小排版工作量。

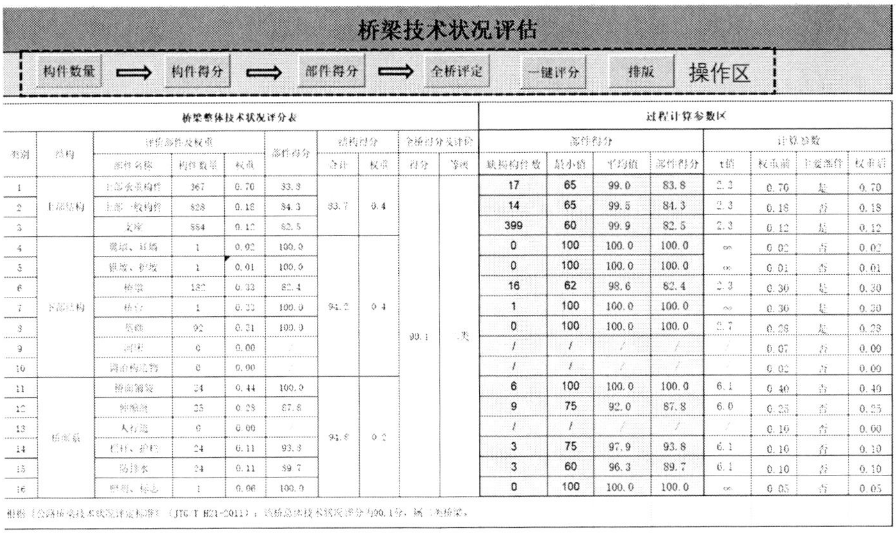

桥梁技术状况评估

构件数量 ⟹ 构件得分 ⟹ 部件得分 ⟹ 全桥评定　｜一键评分｜排版｜**操作区**

检测	结构	部件名称	构件数量	权重	部件得分	结构得分合计	结构得分权重	全桥得分	等级	限值构件数	最小值	平均值	部件得分	t值	权重前	主要部件	权重后
1	上部结构	上部承重构件	367	0.70	93.3					17	65	99.0	83.8	2.3	0.70	是	0.70
2		上部一般构件	828	0.18	84.3	83.7	0.4			14	65	99.6	84.3	2.3	0.18	否	0.18
3		支座	664	0.12	82.5					399	60	99.9	82.5	2.3	0.12	是	0.12
4	下部结构	翼墙、耳墙	1	0.02	100.0					0	100	100.0	100.0	∞	0.02	否	0.02
5		锥坡、护坡	1	0.01	100.0					0	100	100.0	100.0	∞	0.01	否	0.01
6		桥墩	182	0.33	82.4			90.1	一类	16	62	98.6	82.4	2.3	0.30	是	0.30
7		桥台	1	0.22	100.0	94.2	0.4			1	100	100.0	100.0	∞	0.30	是	0.30
8		基础	92	0.21	100.0					0	100	100.0	100.0	2.7	0.28	是	0.28
9		河床	0	0.00						/	/	/	/		0.07	否	0.00
10		调治构造物	0	0.00						/	/	/	/		0.02	否	0.00
11	桥面系	桥面铺装	24	0.44	100.0					6	100	100.0	100.0	6.1	0.40	是	0.40
12		伸缩缝	25	0.25	87.8					9	75	92.0	87.8	6.0	0.25	是	0.25
13		人行道	0	0.00		94.8	0.2			/	/	/	/		0.16	否	0.00
14		栏杆、护栏	24	0.11	93.3					3	75	97.9	93.8	6.1	0.16	否	0.16
15		排水系统	24	0.11	59.7					3	60	96.3	89.7	6.1	0.10	否	0.10
16		照明、标志	1	0.00	100.0					0	100	100.0	100.0	∞	0.05	否	0.05

根据《公路桥梁技术状况评定标准》(JTG/T H21-2011)，该桥总体技术状况评分为90.1分，属一类桥梁。

图 5-12　桥梁技术状况评定界面

5.4.5　报告模块

1)桥梁定期检查报告要求

桥梁定期检查报告属于综合评价类报告,由封面、扉页、目录、签字页、正文、附件六部分组成,其中正文部分是编制的重点。正文部分包含项目概况、检测依据、人员和仪器、检测内容与方法、检测数据分析、结论与分析评估、有关建议等内容,部分内容的形式及数据获取方式详见表5-3。报告数据组织形式有文字描述、表格和图片等;构件病害描述尽量以表格形式组织,配以相应的图片;检测结论及建议以文字描述为主。

表 5-3　综合评价类报告正文组成形式

章节	报告内容	报告内容形式	数据来源
1	项目概况	文字描述、表格、图片	在 Excel 表中生成数据
2	检测依据	文字描述	较为固定,在报告模板中修改
3	人员和仪器	文字描述、表格	在 Excel 表中生成数据
4	检测内容与方法	文字描述、图片	较为固定,在报告模板中修改
5	检测数据分析	文字描述、表格、图片	在 Excel 表中生成数据
6	结论与分析评估	文字描述	在 Excel 表中生成数据
7	有关建议	文字描述	在 Excel 表中生成数据

检测报告在尽量保持内容和格式统一的前提下，还要考虑不同检测单位的报告风格的差异，如字体类型、表格形式、图片大小、页眉、页脚等方面，这要求报告模块具备按不同模板导出报告的功能。

2）报告导出功能的实现

报告导出方案是基于 Word 模板制作报告模板，用 VBA 编程和 OLE 自动化的技术直接将 Excel 数据导入报告模板生成检测报告的方法，实现报告自动化生成。这一方案中，Excel 主要负责数据处理、报告报表的生成，Word 模板实现报告内容和格式的差异化定制。报告导出总体上分 3 步实现：首先在 Excel 中生成病害报表，并根据病害照片编号及照片存放地址，自动生成照片路径，用于报告照片的插入。其次按照报告格式要求自动进行内容排版，包括表格形式、照片尺寸。最后通过标签定位，包括表格标签、图片标签，将 Excel 中处理好的数据输入到 Word 中形成报告。该方案中，报告模板的制作是工作的关键。

Word 模板是一种预先设计好的文件格式，用于创建新文档时提供样式、格式和布局的基础，定检报告模板的重点是通过书签确定病害报表的位置。Word 书签用于标记文档中的某一处位置或文字，使用书签可以帮助我们快速定位到目标处。如图 5-13 所示，Word 中插图书签的方式如下：首先选择文本、图片或文档中要插入书签的位置，然后单击"插入">"书签"，在"书签名称"下，键入名称，单击"添加"完成书签添加。

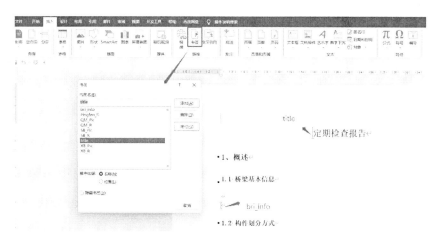

图 5-13　报告模板添加书签

书签名称需要以字母开头。它们可以包括数字和字母，但不能包含空格。如果需要分隔字词，可以使用下划线"_"，例如 Bridge_info。报告模块开发中，为了便于区分，标签采用结构类型_标签后缀的方式进行命名，不同的后缀对应不同的内容，详见表 5-4。

表5-4　综合评价类报告正文组成形式

书签后缀	书签含义	书签后缀	书签含义
_des	文字描述类标签	_result	检测结论类
_tab	表格类标签	_info	结构物信息
_pic	图片类标签	_title	报告名称

3）报告导出操作流程

报告导出界面如图5-14所示，操作界面总体上分为操作区、报告参数设置区、病害数据报表区和过程参数输出区。操作区放置报告导出的交互操作按钮，分步实现报告导出。报告参数设置区包括两个部分：一是选择哪些数据报表存入到报告中，数据报表有基本信息表、病害信息表、评分表、病害统计表和病害分析表，通过设置有无进行选择；二是报告模板选择，以适应不同检测单位的要求。病害数据报表区用于生成病害报表，而生成的报表用于导入到报告中。病害数据报表从病害管理模块中读取病害数据，可按结构、按部件形成单独表格，报表字段可按要求组合，基于此实现病害报表的差异化生成。过程参数输出区用于存放病害照片的信息，包括照片路径、照片描述等，以便实现 Word 报告中自动插入病害照片。

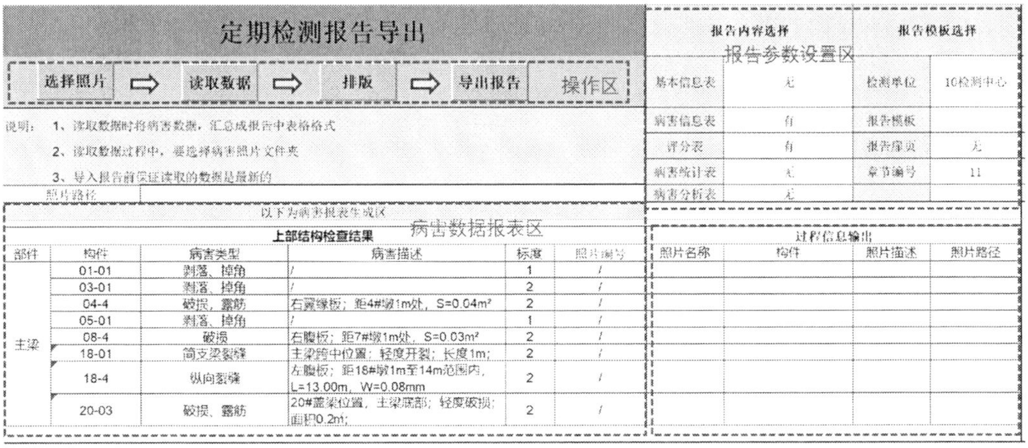

图5-14　报告导出界面

报告导出通过4个功能按钮分步实现，具体如下：

（1）照片选择：该操作是获取病害照片存储路径，点击该按钮，程序弹出文件夹选择框，选定病害照片文件夹，路径选择存储到照片路径单元格内。

（2）读取数据：该操作实现 2 个功能：一是读取病害信息形成病害报表，二是形成病害照片的存储路径信息和照片描述信息。这是生成报告时自动插入病害照片的基础。

（3）排版：在导入报告前，对病害数据报告的字体类型、大小，表格列宽、行高以及边框形式进行设定，以减小排版工作量。

（4）导出报告：将选择的内容导入到选定的 Word 模板中，并自动插入对应的病害照片，完成报告生成。

5.5 应用说明

利用 VBA 开发的桥梁定期检查数据处理系统，成果形式是一套 Excel 表格及报告模板，系统不需要安装，通过简单的复制即可让不同的用户使用。系统文件构成如图 5-15 所示，包括桥梁定期检查项目汇总表、定检数据评定表（分梁桥、拱桥、斜拉桥、悬索桥）、系统使用说明及项目文件夹和报告模板文件夹。项目文件夹用于新建项目时存档，报告模板用于存放相关文件。

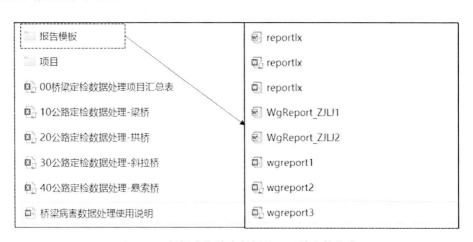

图 5-15 桥梁定期检查数据处理系统文件构成

1）桥梁定期检查项目汇总表

对一条高速公路的桥梁进行定期检查，会有多座桥梁的数据进行处理，除了进行单座桥梁数据处理外，还要对全部检测数据进行统计汇总，为此开发了桥梁定期检查项目汇总表，界面如图 5-16 所示。它是针对多座桥梁进行数据管理，主要实现桥梁基本信息的整理、批量生成单座桥梁评定表以及读取单座桥梁评定信息功能。

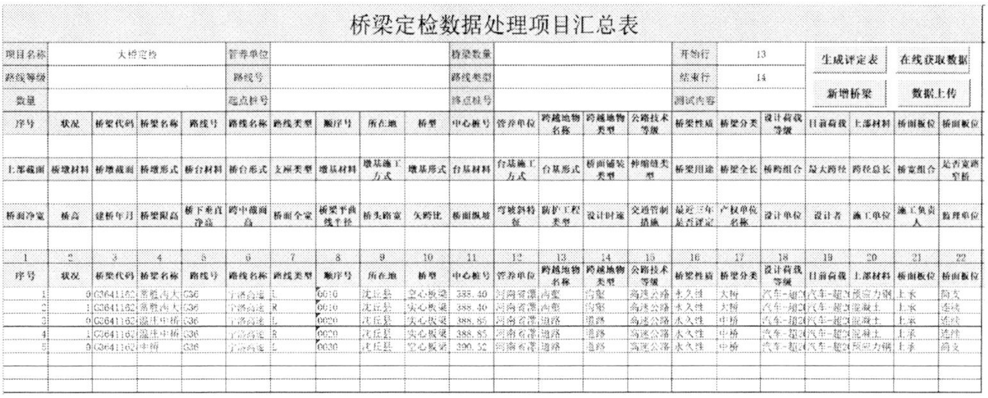

图 5-16　桥梁定期检查项目汇总表

2）定检数据评定表

如图 5-17 所示是桥梁定检数据处理-梁桥界面,桥梁定检数据处理的主要功能由该表格完成。针对不同桥型在组成部件、部件病害类型方面的差异,开发了梁桥、拱桥、斜拉桥和悬索桥 4 种桥型的评价表格。

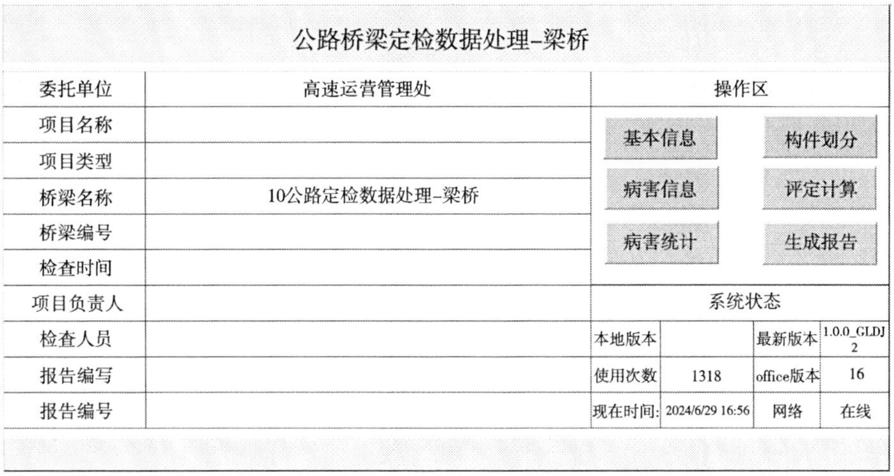

图 5-17　桥梁定检数据处理-梁桥界面

对一条高速公路的桥梁定期检查数据进行处理时,项目实施流程如下:

（1）获取项目待检桥梁基础信息,并将信息录入到桥梁定期检查项目汇总表中,数据核对无误后,根据桥型为每座桥梁生成一个数据处理表格。

（2）开展现场检查工作。当现场检查分组进行时,各检查小组负责本组桥梁的病害现场调查、构件编号生成和病害录入工作。

（3）现场检查完成后,各检查小组以桥为单位,整理病害资料,进行数据录入、技术状况评定。

（4）在桥梁定期检查项目汇总表中汇总各分表数据,核对检测数据、评定结果无误后,在每个分表中导出报告。

（5）报告格式调整、定稿。汇总桥梁评定结果,编写项目总报告,提交项目成果。

第6章

桥梁静载试验

6.1 概述

6.1.1 静载试验的应用范围

静载试验是通过在桥梁结构上施加与控制荷载等效的静态外加荷载,利用检测仪器测试桥梁结构控制部位与控制截面力学效应的现场试验。静载试验是评价既有桥梁承载能力的重要方式,也是验证桥梁结构新理论的重要手段。在工程实践方面,静载试验的任务可以概括为以下几个方面:

1)评估既有桥梁的使用性能与承载能力

静载试验属于特殊检查,它是桥梁结构承载能力评估的重要手段。对在用桥梁,除按《公路桥梁承载能力检测评定规程》(JTG/T J21—2011)第3.2.4条规定进行荷载试验外,存在下列情况之一时,可进行荷载试验:

(1)技术状况等级为四、五类。

(2)拟通过加固手段提高荷载等级。

(3)需要通过特殊重型车辆荷载。

(4)遭受重大自然灾害或意外事件。

(5)采用其他方法难以准确判断其能否承受预定的荷载。

2)确定新建桥梁的承载能力和使用性能

对于重要桥梁,在交工阶段可通过成桥荷载试验验证桥梁的设计与施工质量,为交工验收提供依据,同时检测数据作为桥梁的基础数据用于运营期桥梁状况评估。《公路桥涵养护规范》(JTG 5120—2021)要求:在桥梁初始检查中,养护检查等级为Ⅰ级的桥梁(单孔跨径大于150 m的特大桥、特别重要桥梁),通过静载试验测试桥梁结构控制截面的应力、应变、挠度等静力参数,计算结构校验系数;通过动载试验测定桥梁结构的自振频率、冲击系数、振型、阻尼比等动力参数。

一些地方标准,对交工荷载试验做了更为明确的规定。《贵州省公路桥梁荷载试验实施细则(试行)》,明确建设项目桥梁荷载试验抽检频率为:特大桥抽检频率100%,大桥抽检频率大于50%且不少于1座,中小桥抽检频率大于20%且不少于1座。对结构复杂连续刚构桥、钢筋混凝土拱桥、钢管混凝土拱桥、斜拉桥、悬索桥、钢结构桥梁也应进行荷载试验。同一座桥梁存在分幅的,左右两幅均应进行荷载试验;每幅桥梁存在不同结构型式、跨径的,应对每种结构型式、跨径进行荷载试验;同一结构型式相同跨径的桥跨,按不低于该种结构型式桥跨数量20%的频率且不少于2跨进行荷载试验,若该种结构型式桥梁跨总数不大于2跨,应全数进行荷载试验。荷载试验所选桥跨应包含此桥受力最不利桥跨。

3)预制构件检验桥梁质量

公路中小跨径桥梁中有大量预制构件,对于成批生产的预制构件,则在出厂或安装之前,需要按照试验规程抽样试验,以推断成批产品的质量。

4)对采用新结构、新工艺的桥梁,可通过成桥荷载试验,掌握结构在荷载作用下的实际受力状态,为完善桥梁设计理论积累资料,为规范的修改完善提供依据。

6.1.2 静载试验的程序

桥梁静载试验测试内容多,测试难度大,现场影响因素多,需要精心组织、详细规划。一般情况下,桥梁荷载试验应按三个阶段进行,即计划准备阶段、加载试验阶段、分析评估阶段,如图6-1所示。

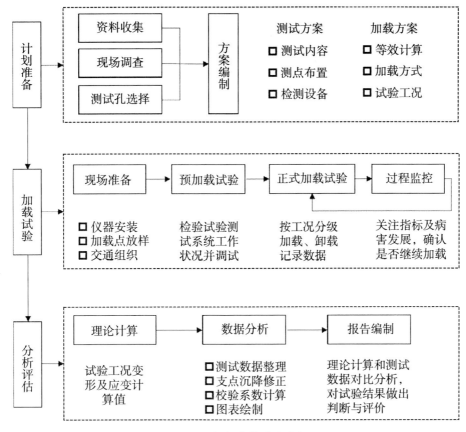

图6-1 桥梁荷载试验流程

1)计划准备阶段

计划准备阶段工作内容应包括资料收集、现场调查、测试孔选择和方案编制。

(1)资料收集。桥梁资料收集内容如表6-1所示。

表6-1 桥梁资料收集内容

资料类别	资料范围及内容
设计资料	设计图纸、变更设计图纸和作为设计依据的其他原始资料
施工和监理资料	材料性能试验报告、各分项或分部工程验收报告等
施工监控资料	施工监控报告、成桥线形、内力(应力)、索力(杆力)等
交、竣工资料	竣工图纸、工程验收报告等

(2)现场调查。主要调查桥梁结构的总体尺寸,主要构件截面尺寸,主要部位的高程,桥面平整度,支座工作状况,材料的物理力学性能,结构物的裂缝、缺陷、损伤和钢筋

锈蚀状况等。

（3）测试孔选择。对拟试验桥联（座）进行现场踏勘和外观检查，选择代表性桥孔作为测试孔，同时宜考虑便于支架搭设或检测车操作，加载方便，仪器连接容易实现等。

（4）方案编制。根据试验控制荷载作用下的结构内力、变位及结构基频等的理论计算结果，结合测试内容，按等效原则拟定试验荷载大小、试验工况、加载位置及方法，制订试验加载、测点布设及测试方案等。

2）加载试验阶段

（1）现场准备。工作内容包括试验测点放样、布置，荷载组织，现场交通组织及试验测试系统安装调试等。

（2）预加载试验。在正式实施加载试验前，应先进行预加载试验，检验整个试验测试系统工作状况，并进行调试。

（3）正式加载试验。按照预定的荷载试验方案进行加载试验，并记录各测点测值和相关信息。

（4）过程监控。监控主要控制截面最大效应实测值，并与相应的理论计算值进行分析比较，关注结构薄弱部位的力学指标变化、既有病害的发展变化情况，判断桥梁结构受力是否正常，再加载是否安全，确定可否进行下一级加载。

3）分析评估阶段

（1）理论计算。按照实际施加荷载情况对桥梁结构内力、应力（应变）和变形进行理论计算。必要时还应对裂缝宽度、动力响应等进行分析。

（2）数据分析。对原始测试记录进行分析处理，提取有价值的信息。

（3）报告编制。根据理论计算和测试数据对比分析，对试验结果做出判断与评价，形成荷载试验报告。

6.1.3 静载试验环境要求

静载试验属于现场试验，不利影响因素多，为了保证试验数据的质量和试验过程的顺利进行，需要创造有利的试验条件。首先，静载试验应在封闭交通的情况下实施，封闭交通是荷载试验中首要解决的问题，这需要与交通管理部门协调，并且制订出切实可行的封道保通方案。其次，从试验设备要求的温湿度环境来讲，在冲击、振动、强磁场等干扰测试效果的时段内不宜进行荷载试验，也要避开极端天气，选择天气条件较平稳、气温平稳的时段进行试验。

6.2 静载试验方案编制

试验方案编制是桥梁静载试验的重要环节,是对试验的全过程进行全面规划和系统安排。静载方案的制订应根据试验目的,在充分考察和研究试验对象的基础上,分析与掌握各种有利条件与不利因素,进行理论分析计算后,对试验的方式、方法、具体操作等方面做出全面的规划。静载方案设计包括试验对象的选择、理论分析计算、加载方案设计、观测内容确定、测点布置及测试仪器选择、试验过程控制和试验数据分析等内容。桥梁荷载试验一般依据现行规范的相关法规和资料来进行。静载试验主要依据《公路桥梁荷载试验规程》(JTG/T J21-01—2015)、《公路桥梁承载能力检测评定规程》(JTG/T J21—2011)及桥梁设计图纸等资料。

6.2.1 试验对象、截面及内容

桥梁静载试验既要能够客观全面地评定结构的承载能力与使用性能,又要兼顾试验费用、试验时间的制约,因此需要科学合理地从全桥中选择具体的试验对象。

1)试验跨的选取

首先分析桥梁设计图纸,了解桥梁结构受力特点;然后通过现场踏勘和外观检查,了解病害严重程度及测试条件,选择代表性桥孔作为测试孔。测试孔的选择应反映结构的受力特点、结构受力最不利情况,同时宜考虑便于搭设支架或检测车操作、加载方便、仪器连接容易实现等因素。一般说来:

(1)对于结构形式与跨度相同的多孔桥跨结构,可选择具有代表性的一孔或几孔进行加载试验量测。

(2)对于结构形式不相同的多孔桥跨结构,应按不同的结构形式分别选取具有代表性的一孔或几孔进行试验。

(3)对于结构形式相同但跨度不同的多孔桥跨结构,应选取跨度最大的一孔或几孔进行试验。

(4)对于预制梁,应根据不同跨度及制梁工艺,按照一定的比例进行随机抽查试验。

2)测试截面及工况

桥梁静载试验应按桥梁结构的最不利受力原则和代表性原则确定试验工况及测试截面。选择测试截面时,通常根据桥梁结构的内力包络图,并考虑应力分布,按最不利受力原则选定截面,然后拟定相应的试验工况。

(1)常见桥梁静载试验测试内容参照附录C确定。其中,主要工况应为必做工况,附加工况可视具体情况由试验检测者确定是否进行。测试最大正弯矩产生的应变时,宜同

时测试该截面的位移。

（2）对异型桥梁和其他组合体系桥梁试验工况时,应根据荷载情况和结构主要力学特征,经计算确定试验工况及相应的测试截面。

（3）加固或改建后的桥梁应根据其最终结构体系受力特点,按最不利受力的原则,结合加固或改建的具体内容、范围及改造前病害严重程度选择测试截面确定相应的试验工况。采用增大边梁截面法改造后的多梁式梁（板）桥,宜根据结构对称性增加横桥向的偏载工况;采用置换混凝土改造的桥梁,宜在混凝土置换区域内增加测试截面,并确定相应的试验工况;受力裂缝宽度超过设计规范限值且经过修补的结构构件,宜在典型裂缝位置增加测试截面,并确定相应的试验工况;加宽后的桥梁,还应针对新旧结构分别设置试验工况和测试截面,并增设横向联系试验工况。

3）测试内容

静载试验的测试内容应反映桥梁结构内力、应变、位移及裂缝最不利控制截面的力学特征。应变观测主要是针对测试截面的受拉和受压区,通常沿截面高度或横向位置分布测点,以测试结构的应力分布特征;位移测试包括主梁控制截面的挠度、纵向或横向位移的测试,同时为了求得结构的真实位移,还应开展测支点沉降测试,测试结果能反映桥梁结构整体或局部的刚度特性。观测结构裂缝变化也是一项重要的工作。

6.2.2 试验仪器选择及测点布置

1）试验仪器选择

试验仪器选择应遵循以下原则:

（1）所用仪器、仪表数据采集设备应是经过计量检定的。

（2）选择仪器仪表应从试验的实际需要出发,选用的仪器仪表应满足测试精度的要求,一般要求不大于预计测量值的5%;仪器应当有足够的量程,以满足测试的需要。在同一试验中尽可能选用同一类型或规格的仪器。

（3）在选用仪器仪表时,既要注意环境条件,又要避免盲目地追求精度,应根据实际情况,慎重选择和比较,采用符合要求又简易的量测装置。

（4）现场测点布设应事先准备详细的测点布置方案,条件允许的情况下,尽量采用可靠的无线传输组网方式。当采用有线传输多点应变信号时,应采用电阻值相同的数据线,测点布设前对测点及数据线进行编号。

2）测点布置

（1）应变测点

应变测点的布置应遵循下列原则:

①应变测点应根据测试截面及测试内容合理布置,并应能反映桥梁结构的受力特点。

②单向应变测点布置应体现左右对称、上下兼顾、重点突出的原则,并能反映截面高度方向应变分布情况。

(2)位移测点

位移测点布置应遵循下列原则:

①位移测点的测值应能反映结构的最大变位及其变化规律。

②主梁竖向位移的纵桥向测点宜布置在各工况荷载作用下挠度曲线的峰值位置。同时在支点处设置测点,满足进行支点沉降修正的需要。

③竖向位移测点的横向布置应充分反映桥梁横向挠度分布特征,整体式截面不宜少于3个,多梁式(分离式)截面宜逐片梁布置。

采用接触式仪器进行变形测量时,测试仪表基座应与结构完全脱离并使仪表行程满足结构的变形要求;采用非接触式仪器进行变形测量时,应在试验前设置好基准点并对测点进行编号标记。

(3)其他测点

①裂缝测点应布置在开裂明显、宽度较大的部位。

②倾角测点宜根据需要布置在转动明显、角度较大的部位。

6.2.3 等效加载计算

1)试验控制荷载

控制荷载是为进行荷载试验所确定的荷载,可用来确定荷载试验效率和初步分级加载等级,可以是设计荷载或目标荷载。控制荷载根据试验目的确定,交(竣)工验收荷载试验,以设计荷载作为控制荷载;其他试验以目标荷载作为控制荷载。目标荷载是事先设定的期望桥梁能够承受的荷载,需要通过荷载试验进一步确定,如旧桥加固以满足新的荷载标准时,提高后的荷载标准即目标荷载。

2)静载试验荷载效率

静载试验中实际采用的试验荷载与控制荷载往往不同,为保证试验效率,通常采用控制截面的静载试验荷载效率进行控制。静载试验荷载效率 η_q 是试验荷载所产生的效应与控制荷载效应的比值,按式(6-1)计算。

$$\eta_q = \frac{S_s}{S \cdot (1 + \mu)} \tag{6-1}$$

式中:S_s——静载试验荷载作用下,某一加载试验项目对应的加载控制截面内力或位移的最大计算效应值;

S——控制荷载产生的同一加载控制截面内力或位移的最不利效应计算值;

μ——按规范采用的冲击系数。

试验目的不同,静载试验荷载效率 η_q 取值范围也不同。对交(竣)工验收荷载试验, η_q 取值宜介于 $0.85 \sim 1.05$;对其他荷载试验, η_q 取值宜介于 $0.95 \sim 1.05$ 。进行桥梁的交(竣)工验收荷载试验时,应依据竣工图文件建立计算模型,并根据试验对象的设计荷载等级确定试验控制荷载,按照相应设计规范的规定对结构的动力参数、控制截面内力、应力(应变)、变位等效应进行计算。对加固或改建后桥梁的交(竣)工验收荷载试验,计算时应考虑新旧结构的相互作用及二次受力的影响。异型桥梁结构计算时应考虑空间效应。

3)加载方案计算

加载方案根据等效原则确定,计算内容包括试验桥跨的控制效应计算和试验荷载效应计算。控制效应根据试验控制荷载并考虑冲击效应计算,试验荷载效应计算与加载方式有关,当采用车辆作为加载方式时,不考虑冲击效应计算。加载方案按工况进行计算,计算时在测试指标的影响线进行布载,通过调整车型、车辆轴重、布置间距的方式,使之满足静载试验荷载效率要求。静载试验工况应包括中载试验工况和偏载试验工况。通过加载方案计算,可以获得如表6-2所示的试验工况加载分级表,用于现场测试。

表6-2　试验工况加载分级表

工况	加载分级	车辆布置形式
跨中最大弯矩正载	第1级:GK1-1	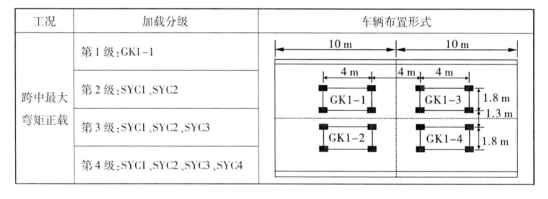
	第2级:SYC1、SYC2	
	第3级:SYC1、SYC2、SYC3	
	第4级:SYC1、SYC2、SYC3、SYC4	

加载方式在满足加载效率的前提下,还要方便现场实施,如尽可能将车辆重轴加到影响线数值最大处,达到最大的试验荷载效率;同时在满足加载效率的前提下适当合并加载工况,缩短试验时间。

6.2.4　现场加载控制

1)现场加载基本要求

(1)静载试验应在交通完全封闭的情况下进行。在交通刚封闭的时段,还可能有部分车辆通行,此时很容易造成交通事故,桥面试验准备工作必须在确认无车辆通行后开展。荷载试验完成后,确保桥面的人员和设备全部撤离桥面后,再有序指挥开放交通。

(2)试验时应保持现场人员的通信畅通,现场统一指挥,密切合作。

(3)加载试验前应对测点与测量仪器予以防护,避免日照、风雨、振动和周围其他干扰。

(4)加载试验过程中和试验结束后,应对加载影响较大的部位(受力较大部位、薄弱部位、原有缺陷部位等)进行详细检查。

(5)正式加载之前可进行预加载,一般采用分级加载的第一级荷载或一辆试验车作为预加载,对测试系统、试验组织进行检验。

2)测试支架和作业平台

应保证测试支架牢固、可靠,并具有足够的刚度,在测试期间不应发生影响测试准确度的变形。现场风速较大,测试支架发生可能影响测试准确度的变形时,应停止该条件下的试验加载与测试。初读数至加载或卸载读数期间,严禁机械和人员碰触测试支架。

测试支架是指专供机械式桥梁变形测试仪表安装,并提供基准点的支撑物。

操作平台应与测试支架分开设置,受力应完全独立。操作平台必须牢固可靠,能承受相应的荷载并满足其功能需要。桥检车在桥上布置或者行驶位置应考虑桥梁及其局部的受力安全。操作平台是指供人员进行仪表或元件现场安装、测试读数或者行走的工作平台。操作平台通常采用桥检车、脚手架等。桥检车向外伸臂距离较短,具有边吊杆或斜拉索的桥梁通常不采用桥检车进行仪表、元件安装、接线等工作。

3)试验工况及加载车辆

(1)加载位置标记

试验前,应对所有加载工况及位置进行标记。标记内容应包括工况编号及其荷载位置等关键信息。必要时,标记点应具有防雨(水)、雪的能力。在夜间实施加载时,还应准备必要的照明设施或采用具有反光功能的标记材料。

(2)加载车辆称重

静载试验可采用车辆加载或重物直接加载,为了尽量减少交通中断时间,实际试验时大多采用车辆加载,宜采用三轴载重车辆,装载的重物应稳妥置放。采用加载车辆加载时,应详细记录各车编号、车重、轴重、轴距等参数。加载车辆单轴重量不应超过相关标准、规范的规定。必要时,应验算桥面板等局部构件的承载能力和裂缝宽度。

(3)加载车辆组织

荷载试验期间,应组织好车辆的加载、卸载流程,确定车辆停靠的位置,在测试数据稳定的前提下,尽量提高加载效率。在未进行桥梁试验的桥联上停放加载车辆时,注意保持车辆间距,以确保临时停放车辆桥联结构的安全。

4) 工况加载与数据记录

为保证试验过程安全,试验过程中试验荷载按分级加载,加载级数应根据试验荷载总量和荷载分级增量确定,可分成 3~5 级。当桥梁的技术资料不全时,应增加分级。重点测试桥梁在荷载作用下的响应规律时,可加密加载分级。加载时间间隔应满足结构反应稳定的时间要求,应在前级荷载阶段内结构反应相对稳定,进行了有效测试及记录后方可进行下一级荷载试验。当进行主要控制截面最大内力(变形)加载试验时,分级加载的稳定时间不应少于 5 min;对尚未投入运营的新桥,首个工况的分级加载稳定时间不宜少于 15 min。加卸载稳定时间取决于结构变形达到稳定所需的时间。同一级荷载内,结构最大变形测点在最后 5 min 内的变形增量小于第一个 5 min 内变形增量的 15%,或小于测量仪器的最小分辨值时,通常认为结构变形达到相对稳定。

5) 试验过程安全保证

加卸载过程中,应保证非控制截面内力或位移不超过控制荷载作用下的最不利值。试验加载过程中,应记录结构出现的异常响动、失稳、扭曲、晃动等异常现象,并采取相应处理措施。根据各工况的加载分级,对各加卸载过程结构控制点的应变(或变形)、薄弱部位的破损情况等进行观测与分析,并与理论计算值对比。当试验过程中发生下列情况之一时,应停止加载,查清原因,采取措施后再确定是否进行试验。

(1)控制测点应变值已达到或超过计算值。

(2)控制测点变形(或挠度)超过计算值。

(3)结构裂缝的长度、宽度或数量明显增加。

(4)实测变形分布规律异常。

(5)桥体发出异常响声或其他异常情况。

除了保证试验结构安全,也应保证试验过程中人员、仪器的安全,防止意外事故的发生,重点关注下一环节。

(1)检测平台或支架的安全性。检测人员需要通过桥检车或临时支架安装与拆卸试验仪器,保证检测平台具有足够的安全性。

(2)交通封闭或开通的时候最容易发生交通事故,要求检测人员,必须在确认无车辆通行后再在桥面加载点位施划;荷载试验完成后,确保人员和设备全部撤离桥面后,再有序指挥开放交通。

(3)检测人员在指挥车辆加载过程中,应在远离车辆行驶的侧方指挥,避免加载车辆碰撞检测人员及其他加载车辆。

(4)对仪器,详细检查接电、接地、防雨(水)、防尘、防风、防雷等措施是否正确、完备;所有设备都应轻拿轻放、安置稳固;运输过程中应按设备本身的防振、防尘要求进行包装防护。

6.2.5 数据处理

试验数据分析时,应根据温度变化、支点沉降及仪表标定结果的影响对测试数据进行修正。当影响小于1%时,可不修正。

1)温度修正

测点温度影响修正量按式(6-2)计算。

$$\Delta S_t = \Delta S - \Delta t K_t \qquad (6-2)$$

式中:ΔS_t——温度修正后的测点加载测值变化量;

ΔS——温度修正前的测点加载测值变化量;

Δt——相应于ΔS观测时间段内的温度变化量($^\circ C$);应变宜采用构件表面温度,挠度宜采用气温;

K_t——空载时温度上升1$^\circ C$时测点测值变化量;如测值变化与温度变化关系较明显时,可采用多次观测的平均值;$K_t = \dfrac{\Delta S_1}{\Delta t_1}$;

ΔS_1——空载时某一时间段内测点测值变化量;

Δt_1——与ΔS_1相同的时间段内温度变化值。

温度对荷载试验的影响是复杂的,通常采取缩短加载时间,选择温度变化比较稳定的时段进行试验的方式,尽量减小温度对测试精度的影响。

2)支点沉降修正

当支点有沉降发生时,支点沉降修正量按式(6-3)计算。

$$C = \frac{L - x}{L}a + \frac{x}{L}b \qquad (6-3)$$

式中:C——测点的支点沉降修正量;

L——A支点到B支点的距离;

x——挠度测点到A支点的距离;

a——A支点沉降量;

b——B支点沉降量。

3)测点位移、应变计算

$$S_t = S_1 - S_i \qquad (6\text{-}4a)$$

$$S_e = S_1 - S_u \qquad (6\text{-}4b)$$

$$S_p = S_t - S_e = S_u - S_i \qquad (6\text{-}4c)$$

式中:S_t——试验荷载作用下测量的结构总位移(或总应变)值;

S_e——试验荷载作用下测量的结构弹性位移(或应变)值;

S_p——试验荷载作用下测量的结构残余位移(或应变)值;

S_i——加载前的测值;

S_l——加载达到稳定时的测值;

S_u——卸载后达到稳定时的测值。

4)相对残余计算

测点相对残余按式(6-5)计算。

$$\Delta S_p = \frac{S_p}{S_t} \times 100\% \tag{6-5}$$

式中:ΔS_p——相对残余(或应变);

S_p、S_t——意义同前。

5)校验系数计算

(1)测点检验系数按式(6-6)计算。

$$\eta = \frac{S_e}{S_s} \tag{6-6}$$

式中:η——检验系数;

S_e、S_s——意义同前。

(2)当结构处于线弹性工作状态时,根据测到的测点应变,利用应力应变关系计算测点应力。

(3)应采用实测位移(或应变)最大值与横向各测点实测位移(或应变)平均值,按式(6-7)计算实测横向增大系数。

$$\xi = \frac{S_{emax}}{S_e} \tag{6-7}$$

式中:ξ——横向增大系数。

6)试验曲线绘制

试验曲线能直观地反映试验结果。一般通过试验曲线来表示实测应变和理论计算值的比较情况、主要控制点的变形(应变)与荷载的历程曲线、挠度及应变分布情况。通过这些曲线能够对试验结果进行评价,判断异常点、结构工作状态、应变(变形)分布是否符合一般规律等。

(1)实测值与计算值的关系曲线。列举各加载工况下主要测点实测位移(或应变)与相应的理论计算值的对照表,并绘制出其关系曲线。

(2)绘制各加载工况下主要控制点的位移(或应变等)与荷载或荷载效率的关系曲线。

178

（3）绘制各加载工况下控制截面位移（或应变）分布图、沿纵（横）桥向挠度图、截面应变沿高度（宽度）分布图等。

7）试验结果分析

试验结果的分析可从校验系数、相对残余变形、裂缝以及结构受力规律等方面进行。

（1）校验系数。校验系数是试验荷载作用下结构应变（应力）或变形实测值与相应的理论计算值的比值，校验系数越小，结构的安全储备越大，主要测点静力荷载试验校验系数一般不大于1。当校验系数过大或过小时，应从多方面分析原因。过大可能是因为组成结构的材料强度或弹性模量较低，结构各部分连接性能较差，刚度较低等；过小可能是因为材料的强度或弹性模量较高，桥面铺装及人行道等与主梁（肋）共同受力，拱上建筑与拱圈共同作用，计算理论或简化图式的影响等。加载车辆称量误差、仪表的观测误差等也对校验系数有一定影响。一般来说，新建桥梁的校验系数较小，旧桥的校验系数较大。校验系数超出常值范围时，通常结合动载试验成果进行综合分析判断。

（2）相对残余变形。主要控制测点的相对残余变形（或应变）越小，说明结构越接近弹性工作状况。一般情况下，主要测点相对残余变形不超过20%。

（3）处于线弹性工作状态的结构，测点实测位移（或应变）与其理论值呈线性关系。

（4）常规结构，实测的结构或构件主要控制截面应变沿高度分布符合平截面假定。

（5）试验荷载作用下，新桥裂缝宽度不应超过设计规定的容许值，卸载后其扩展宽度应闭合到容许值的1/3。在用桥梁的裂缝宽度不宜超过《公路桥梁承载能力检测评定规程》（JTG/T J21—2011）的规定。

6.2.6　报告编制

荷载试验报告正文应包括工程概况、试验目的与依据、试验方案、试验仪器、静载试验报告、动载试验报告、试验结论、技术建议以及附件的内容。

1）工程概况

工程概况包括试验桥梁的所属工程、名称、建设或服役龄期、起止点或中心桩号、结构形式、跨径组合、桥跨结构横断面形式、下部结构形式、控制荷载、运营车道数、支座构造布置、施工概况等技术指标，同时给出至少一张结构整体外貌照片，以及包括主要尺寸的试验桥联（孔）结构的立面图、平面图及横断面图。

2）试验目的与依据

根据试验桥梁的特点，要有针对性地说明结构静载试验所要达到的目的与要求，说明试验的依据，列出试验所依据的标准规范、规程、设计图纸、竣工图纸及其他相关资料。

3）试验方案

试验方案包括理论分析计算结果、加载方案及加载程序、观测项目、测点布置、测试人员的组织安排及测试仪器选择等方面。

4）试验仪器

试验仪器应包括试验仪器的名称（型号）、设备编号、主要技术参数等，可列表给出。

5）静载试验报告

静载试验报告内容应包括支座、墩台、防护工程、桥面结构和行车条件检查及评述，结构内力分析结果，测试截面选择，应变及挠度等测点布置，试验加载车辆或加载物选择，试验工况及加载位置说明，试验测试过程，试验结果及分析和静载试验结论。

6）动载试验报告

动载试验报告内容应包括结构动力分析、测试截面的选择及传感器测点布置、试验荷载选择、试验工况、试验结果及分析、动载试验结论。

7）试验结论

依据桥梁静载试验的观测项目，将理论计算值、实测值及有关的参考限值进行比较，说明理论值与实测值的符合程度以及规范限值的符合性，从而说明试验对象的承载能力与使用性能，以及试验中所发现的新问题。综合实测数据、外观检查等方面的资料，说明试验对象的施工质量及使用性能。

8）技术建议

对于技术建议，应根据荷载试验的结论对结构提出有针对性的建议，如限速、限载、封闭交通、养护、维修加固或改扩建。

9）附件

包括典型的原始测试数据和工作照片、必要的加载试验照片以及正文中需要辅助说明的其他相关支持资料。

6.3　静载试验计算方法探讨

结构计算在静载试验中至关重要，它不但体现在加载方案的制订上，还直接影响评估结果。加载方案制订时，需要计算试验桥跨的控制效应和试验荷载效应，确定加载车辆的轴重和位置。校验系数反映了桥梁实际受力性能与理论受力性能的差别，它是分析荷载试验结果的主要指标。校验系数是测点实测值与计算值的比值，在测试误差可控的情况下，计算值的准确性对评估结构的影响更为显著。因此我们有必要探讨计算方法对荷载试验的影响。

6.3.1　静载试验计算特点

目前,桥梁结构计算多数采用有限元建模分析的方法,通俗地讲,桥梁有限元建模在结构分析的基础上,确定桥梁哪些部分参与结构受力,以何种模式参与受力。利用有限元软件,如 Midas/Civil、桥梁博士,进行桥梁结构建模。一般步骤是:设置桥梁尺寸、材料→建立几何体→结构离散、划分单元→设定边界条件→添加荷载→设定计算工况→运行→提取结果。有限元建模计算在桥梁设计和桥梁检测中均有大量的应用,计算目的不同,同一个桥梁结构,设计计算和检测计算存在不小的差异。

以中小跨径常用的预制装配式梁桥为例,在设计计算时,主梁作为主要的受力部件进行承载能力计算,而桥面铺装等部件可以不参与结构受力计算,作为桥梁安全储备的一部分,这对于保障运营安全是有利的。但对该桥进行检测评估计算时,如计算静载试验的位移(或应变)值,若采用和设计计算相同的简化方法,也不考虑桥面铺装等部件参与受力,此时计算值偏大,在试验值误差可控的情况下,位于分母上的计算值将很大程度导致校验系数偏小,造成结构承载力富裕度大的假象。从这点来看,检测计算应按桥梁结构实际工作状态进行结构简化,根据不同情况考虑桥面铺装、截面钢筋、桥梁既有病害情况。

6.3.2　静载试验计算影响因素分析

1)桥面铺装的影响

桥面铺装参与桥梁结构受力的前提是两者之间的良好黏结,《公路钢筋混凝土及预应力混凝土桥涵设计规范》(JTG 3362—2018)对组合结构有如下规定:组合梁中,在与预制梁结合处的现浇混凝土层厚度不宜小于 150 mm。预制梁顶面应做成凹凸不小于 6 mm的粗糙面。组合梁中预制梁箍筋应深入现浇桥面板,其深入长度应不小于 10 倍箍筋直径。因此《公路桥梁承载能力检测评定规程》(JTG/T J21—2011)中规定:"混凝土桥面铺装与梁体结合较好,且缺损状况评定标度小于 3 时,可考虑桥面铺装参与受力,但应扣除表面 2 cm 的磨耗层"。桥面铺装对桥梁整体受力的影响包括以下两个方面:一是对纵向受力的影响,相当于增加了主梁截面高度;二是对横向受力的影响,增强了结构横向联系。对中小跨径桥梁来说,桥面铺装对主梁纵向受力的影响更为明显。

为了分析桥面铺装对纵向受力的影响程度,以图 6-2 所示空心板结构为例,分别计算原空心板截面参数及考虑不同铺装厚度的截面参数,对比截面面积和截面抗弯惯性矩的变化,结果见表 6-3。

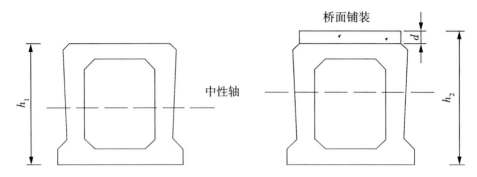

图 6-2 桥面铺装对空心板截面性质影响的示意图

表 6-3 考虑桥面铺装空心板截面性质的计算结果

跨径/梁高	板宽/m	铺装厚度 d/m	截面面积 A/m²		抗弯惯性矩 I/m⁴	
			计算值	增加比例	计算值	增加比例
10 m/0.6m	1	0	0.3494		0.014626	
		0.05	0.3889	11.3%	0.018656	27.6%
		0.08	0.4126	18.1%	0.021278	45.5%
		0.10	0.4284	22.6%	0.023119	58.1%
	1.25	0	0.4182		0.018379	
		0.05	0.4702	12.4%	0.023544	28.1%
		0.08	0.5014	19.9%	0.026868	46.2%
		0.10	0.5222	24.9%	0.029191	58.8%
13 m/0.7 m	1	0	0.3804		0.022138	
		0.05	0.4199	10.4%	0.027516	24.3%
		0.08	0.4436	16.6%	0.030946	39.8%
		0.10	0.4594	20.8%	0.033327	50.5%
	1.25	0	0.4492		0.027642	
		0.05	0.5012	11.6%	0.034538	25.0%
		0.08	0.5324	18.5%	0.038883	40.7%
		0.10	0.553183	23.1%	0.041879	51.5%
16 m/0.8 m	1	0	0.4114		0.031570	
		0.05	0.4509	9.6%	0.038483	21.9%
		0.08	0.4746	15.4%	0.042832	35.7%
		0.10	0.4904	19.2%	0.045825	45.2%
	1.25	0	0.4802		0.039168	
		0.05	0.5322	10.8%	0.048042	22.7%
		0.08	0.5634	17.3%	0.053548	36.7%
		0.10	0.5842	21.7%	0.057314	46.3%

续表6-3

跨径/梁高	板宽/m	铺装厚度 d/m	截面面积 A/m²		抗弯惯性矩 I/m⁴	
			计算值	增加比例	计算值	增加比例
20 m/0.95 m	1	0	0.4579		0.049655	
		0.05	0.4974	8.6%	0.059224	19.3%
		0.08	0.5211	13.8%	0.065157	31.2%
		0.10	0.5369	17.3%	0.069205	39.4%
	1.25	0	0.5267		0.061038	
		0.05	0.5787	9.9%	0.073340	20.2%
		0.08	0.6099	15.8%	0.080856	32.5%
		0.10	0.6307	19.7%	0.085946	40.8%

从表6-3可以看出：①考虑桥面铺装后,截面参数均有不同程度的增加,在考虑5 cm铺装的情况下,面积最大增幅为12.4%,抗弯惯性矩最大增幅为28.1%,说明桥面铺装对抗弯刚度的影响更为显著;②跨径越小的桥梁,桥梁铺装参与受力的影响越大。

2)钢筋对截面参数的影响

桥梁主梁均是配筋混凝土结构或预应力混凝土结构,配筋会截面参数,目前考虑混凝土中钢筋作用的有限元计算模型有3种：

(1)分离式模型：即把钢筋和混凝土各自划分为足够小的单元,两者之间的黏结和滑移则用联结单元来模拟。

(2)组合式模型：把钢筋和混凝土包含在一个单元中,分别计算钢筋和混凝土对单元刚度矩阵的贡献。

(3)整体式模型：把钢筋和混凝土包含在一个单元中,考虑钢筋和混凝土的作用。

在荷载试验时,一般采用整体式模型,即截面刚度 $B=EI$,可按两种方法进行修正：一是按配筋率计算钢筋混凝土的整体弹性模量,二是考虑钢筋作用计算截面惯性矩。考虑钢筋和混凝土的情况下,混凝土材料弹性模量可按式(6-8)计算,其中配筋率是关键的指标。

$$\overline{E_c} = E_c \left(1 + \rho \cdot \frac{E_s - E_c}{E_c} \right) \tag{6-8}$$

式中：$\overline{E_c}$——钢筋混凝土换算模量；

E_c——混凝土弹性模量；

E_s——钢筋弹性模量；

ρ——纵向配筋率。

为了分析配筋的影响,以桥梁上常用的 C50 混凝土为例,在最小配筋率和最大配筋率范围内,计算不同配筋率下弹性模量的修正系数,结果见表6-4。从中可以看出,在正常配筋情况下,钢筋对截面刚度约有 5% ~ 10% 的影响。

表6-4　配筋率对混凝土弹性模量的影响

配筋率	$E_s(\times 10^4\ MPa)$	$E_c(\times 10^4\ MPa)$	修正系数
0.005	21	3.45	1.025
0.01	21	3.45	1.051
0.015	21	3.45	1.076
0.02	21	3.45	1.102
0.025	21	3.45	1.127

考虑钢筋作用的另一种方法是按换算截面计算截面刚度。对未开裂的全预应力构件、预应力 A 类构件,截面刚度可按全截面换算截面计算;对开裂的构件可按开裂截面进行换算。以板宽 1 m 的预制空心板梁为例,如图 6-3 所示,按全截面换算截面分别计算 13 m、16 m、20 m 跨径空心板考虑钢筋的截面参数,计算结果见表6-5。

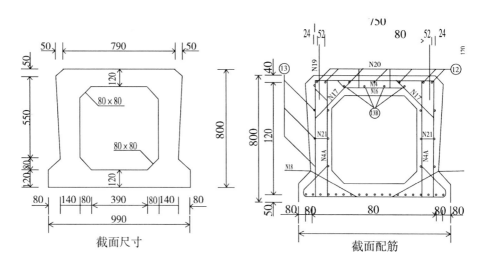

图6-3　空心板梁(16 m)截面尺寸及配筋图(单位:mm)

表 6-5　换算截面参数计算结果

跨径/梁高		换算面积/m²	抗弯惯性矩/m⁴	中性轴高度/m
13 m/0.7 m	无钢筋	0.378	2.2×10^{-2}	0.336
	有钢筋	0.399	2.37×10^{-2}	0.332
	差别	增大 5.6%	增大 6.2%	降低
16 m/0.8 m	无钢筋	0.411	3.16×10^{-2}	0.387
	有钢筋	0.441	3.51×10^{-2}	0.375
	差别	增大 7.2%	增大 11%	降低
20 m/0.95 m	无钢筋	0.457	4.96×10^{-2}	0.462
	有钢筋	0.486	5.42×10^{-2}	0.450
	差别	增大 6.3%	增大 9.3%	降低

从表 6-5 中可以看出，13 m、16 m、20 m 跨径的空心板截面抗弯惯性矩分别增大 6.2%、11%、9.3%，与按换算模量计算的结果基本一致。

3）既有结构病害

横向受力构件是保证装配式桥梁整体受力的重要部件，其性能的好坏直接影响主梁所承受荷载的大小。对铰缝损坏严重的空心板桥，只有荷载作用位置附近的空心板梁参与受力，空心板桥铰缝损坏形成单板受力时，其实际的横向分布系数可接近 0.5，而按理论计算时一般为 0.2~0.3，导致空心板在试验状态下受力是理论计算的 2 倍左右，从而造成校验系数大于 1，主梁承载力不满足要求。

6.4　新建空心板桥梁静载试验案例

6.4.1　工程概况

某公路桥梁，总长 445.64 m，跨径布置为 22~20 m 空心板；桥宽 9.5 m，横桥向布置为 0.5 m 护栏+净 8.5 m+0.5 m 护栏，该桥设计荷载为公路-Ⅰ级。桥面简易连续，中间 4 孔 1 联，其余 3 孔 1 联，全桥共 7 联，桥台及每联连接处设 D60 伸缩缝，上部结构布置如图 6-4 所示。下部采用双柱式墩台，钻孔灌注桩基础，桥墩立柱直径 1.2 m，桩基础直径 1.5 m。空心板混凝土强度等级为 C50，墩台、立柱、盖梁混凝土强度等级为 C30。

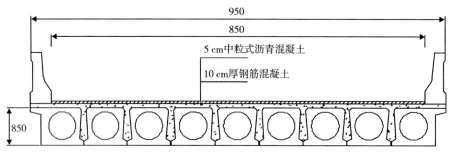

图6-4 某空心板桥横断面布置图

受建设单位委托,在交工检测时对该桥进行荷载试验,验证桥梁的设计与施工质量,为交工验收提供依据,同时将检测数据作为桥梁的基础数据用于运营期桥梁状况评估。

6.4.2 试验方案

1)测试内容

该桥为简支结构,结合现场条件,选取该桥第一跨作为试验跨。试验工况为主梁最大正弯矩,对跨中截面进行测试,测试内容包括:

(1)空心预制板梁控制截面(跨中截面)的应变。

(2)空心预制板梁控制截面(跨中截面)的挠度。

(3)梁体裂缝开展情况。

2)测点布置

测试内容包括应变位移,对有多片主梁的桥梁,在每片梁下布置一个位移测点和一个应变测点,如图6-5所示。同时在支点位置布置1个位移计,测试支点沉降。全桥共布置9个应变测点和11个位移测点。

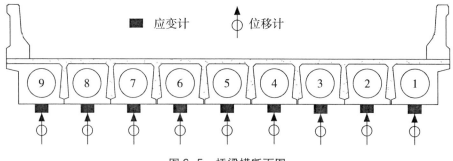

图6-5 桥梁横断面图

3）仪器

本次试验应变和位移数据采集,分别采用无线数码应变计和无线非接触式激光位移计进行测试,如图6-6所示。数码应变传感器量程-4000～+4000 $\mu\varepsilon$,测量精度 0.1 $\mu\varepsilon$,在梁底安装底座,通过底座固定应变计;无线非接触式激光位移计测距量程40 m,测量精度 0.001 mm,该位移计可在不搭设测试支架的情况下实现高精度位移测量。该系统通过无线传输模块进行供电和通信,所有测点通过采集电脑进行控制,同步记录数据。

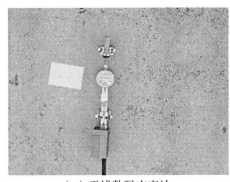

（a）无线数码应变计　　　　　（b）无线非接触式激光位移计

图6-6　静载试验测试仪器

4）结构计算及加载车辆

采用 Midas/Civil 建立整桥计算模型,如图6-7所示。采用空间梁格法进行结构离散,纵向梁格按空心板实际高度建立,虚拟横梁模拟铰缝结构,1 m 设置 1 道,截面尺寸及材料参数根据设计图纸确定。

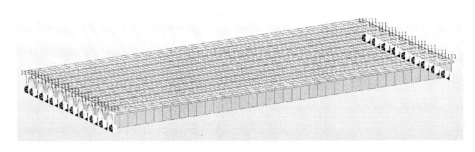

图6-7　整桥有限元模型

本次试验选用双轴载重汽车,根据计算,本次静载试验共需要 4 辆车重28 t 的载重车辆。车辆横向布置分为正载和偏载两种方式,加载车辆纵向布置根据测试截面影响线确定,车辆布置如图6-8所示,分 4 级进行加载,每级增加 1 辆加载车,达到最大加载等级后,一次卸载。各工况静载试验荷载效率计算结果见表6-6,静载试验荷载效率满足0.95～1.05 的规定。

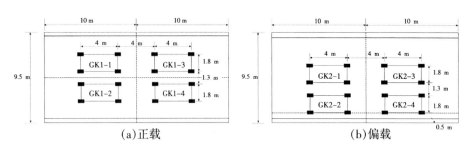

图 6-8　试验工况及分级加载示意图

表 6-6　静载试验荷载效率

试验工况		试验荷载效应/(kN·m)	控制荷载效应/(kN·m)	静载试验荷载效率 η
工况 1	跨中弯矩(正载)	442.1	451.1	0.98
工况 2	跨中弯矩(偏载)	447.9	461.8	0.97

6.4.3　静载试验结果

静载试验结果包括位移测试结果、应变测试结果和裂缝检查结果等,如下所述。

1)位移测试结果

位移测试原始数据需要进行温度和支点沉降的修正。本次试验工况 1、工况 2 修正后的位移测点测试值见表 6-7、表 6-8。表中位移值符号定义:下挠为负(−),上拱为正(+),测点由东至西分别为 1 号板至 9 号板。为了便于分析,表中计算了测点的校验系数和相对残余变形,同时绘制了工况 1、工况 2 的测点位移曲线,如图 6-9、图 6-10 所示,以便分析各测点位移的横向分布情况。

表 6-7　工况 1 位移测试结果

测点	位移值/mm						校验系数	相对残余变形/%
	第 1 级	第 2 级	第 3 级	第 4 级	卸载	计算值		
1	−1.72	−2.53	−4.21	−5.17	−0.08	−11.26	0.46	1.60
2	−1.69	−2.65	−4.48	−5.54	−0.20	−11.82	0.40	4.11
3	−1.74	−2.82	−4.51	−5.78	−0.07	−12.45	0.46	1.18
4	−1.64	−2.88	−4.74	−6.15	−0.08	−12.89	0.48	1.35

续表6-7

测点	位移值/mm						校验系数	相对残余变形/%
	第1级	第2级	第3级	第4级	卸载	计算值		
5	-1.56	-3.06	-4.72	-6.34	-0.07	-13.07	0.48	1.15
6	-1.30	-2.93	-4.40	-6.11	-0.04	-12.92	0.47	0.57
7	-1.12	-2.87	-4.05	-5.69	-0.07	-12.48	0.46	1.25
8	-1.01	-2.66	-3.80	-5.47	-0.07	-11.85	0.46	1.28
9	-0.87	-2.50	-3.43	-5.04	-0.06	-11.3	0.45	1.25

表6-8 工况2位移测试结果

测点	位移值/mm						校验系数	相对残余变形/%
	第1级	第2级	第3级	第4级	卸载	计算值		
1	-2.02	-3.20	-5.23	-6.61	-0.07	-14.21	0.46	1.09
2	-2.00	-3.26	-5.13	-6.59	-0.18	-14.06	0.47	2.70
3	-1.82	-3.25	-4.88	-6.51	-0.02	-13.97	0.47	0.26
4	-1.51	-3.14	-4.66	-6.51	-0.12	-13.51	0.48	1.78
5	-1.33	-2.95	-4.31	-6.00	-0.07	-12.75	0.47	1.17
6	-1.14	-2.71	-3.90	-5.47	-0.05	-11.86	0.46	0.95
7	-0.94	-2.32	-3.31	-4.67	-0.07	-10.72	0.44	1.56
8	-0.82	-2.04	-2.88	-4.20	-0.08	-9.71	0.43	1.93
9	-0.70	-1.79	-2.46	-3.60	-0.06	-9.17	0.39	1.58

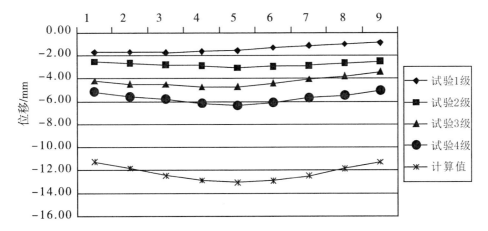

图6-9 工况1测点位移曲线

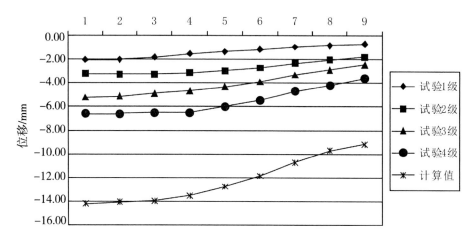

图 6-10 工况 2 测点位移曲线

工况 1 为正载加载工况,横桥向 5#梁测点位移最大,两边梁位移较小,横向变形规律与理论计算一致;位移测点的校验系数在 0.45 ~ 0.48 之间分布,均小于 1,说明结构实际刚度大于理论计算;工况 1 最大相对残余变形 3.52%,说明结构处于弹性工作状态;工况 2 为偏载加载工况,横桥向 1#梁测点位移最大,9#梁测点位移最小,横向变形呈现出偏压的状况,与理论计算一致;位移测点的校验系数在 0.39 ~ 0.48 之间分布,均小于 1,说明结构实际刚度大于理论计算;工况 2 最大残余变形 2.70%,不大于 20%,说明结构处于弹性工作状态。通过以上分析可知,试验跨结构在试验荷载作用下处于弹性工作状态,桥整体受力性能满足设计要求,结构整体受力性能良好,该桥刚度满足设计荷载下正常使用要求。

2)应变测试结果

本次试验工况 1、工况 2 应变测点测试值见表 6-9、表 6-10。表中应变值:"+"表示拉应变,"-"表示压应变,测点由东至西分别为自 1 号板至 9 号板。为了便于分析,表中计算了测点的校验系数和相对残余变形,同时绘制了工况 1、工况 2 的测点应变曲线,如图 6-11、图 6-12 所示,以便分析各测点应变的横向分布情况。

表 6-9 工况 1 应变测试结果

测点	应变值/$\mu\varepsilon$						校验系数	相对残余变形/%
	第 1 级	第 2 级	第 3 级	第 4 级	卸载	计算值		
1	15.9	27.0	39.8	51.2	2.3	108.1	0.47	4.50
2	17.0	29.3	48.6	58.2	0.6	113.5	0.51	1.03
3	19.4	33.8	56.9	71.9	1.1	119.5	0.60	1.53

续表6-9

测点	应变值/με						校验系数	相对残余变形/%
	第1级	第2级	第3级	第4级	卸载	计算值		
4	25.2	39.3	59.1	78.5	2.6	123.8	0.63	3.31
5	28.7	42.3	71.9	80.7	0.5	125.5	0.64	0.62
6	20.7	35.3	64.1	76.2	2.4	124.1	0.61	3.15
7	13.7	28.7	55.1	66.5	2.4	119.8	0.55	3.61
8	9.5	25.5	49.8	60.5	2.2	113.8	0.53	3.64
9	8.0	23.6	47.4	53.0	1.4	108.5	0.49	2.64

表6-10 工况2应变测试结果

测点	应变值/με						校验系数	相对残余变形/%
	第1级	第2级	第3级	第4级	卸载	计算值		
1	27.2	58.8	84.8	96.6	2.9	153.0	0.63	3.00
2	23.6	48.0	77.9	90.6	0.6	151.3	0.60	0.66
3	21.6	46.1	69.9	88.5	1.9	150.4	0.59	2.15
4	18.3	42.5	60.5	78.6	2.6	145.4	0.54	3.31
5	16.1	30.2	42.5	72.9	5.2	137.2	0.53	7.13
6	7.1	26.4	38.7	65.1	3.4	127.7	0.51	5.22
7	8.6	19.5	31.1	54.9	2.4	115.4	0.48	4.37
8	8.0	18.9	33.6	44.6	2.4	104.5	0.43	5.39
9	5.9	19.8	26.1	40.4	1.6	98.7	0.41	3.97

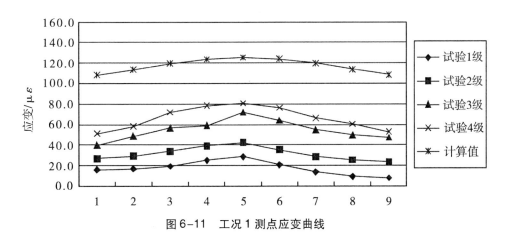

图6-11 工况1测点应变曲线

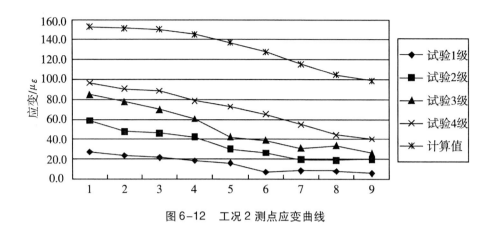

图6-12 工况2测点应变曲线

工况1应变测点校验系数值在0.47~0.64之间分布,小于1,工况1最大残余变形为4.5%,小于20%;工况2应变测点校验系数值在0.41~0.63之间分布,小于1,工况2最大残余变形为7.13%,小于20%。工况1、工况2应变测试结果说明,结构在试验荷载作用下仍处于弹性工作状态,该桥承载力满足设计荷载下正常使用要求。

3)裂缝检查结果

在正式荷载试验前、加载过程中和试验停止后对测试跨进行了裂缝检查,经检查,试验过程中未发现有新裂缝产生,试验停止后也未发现新裂缝。裂缝观测结果表明:荷载试验对结构是安全的,未产生不利影响。

6.4.4 静载试验结论

该桥测试跨静力荷载试验的试验结果及分析表明:

(1)本次荷载试验各工况的荷载效率 η_q 值满足 $0.95 \leqslant \eta \leqslant 1.05$,满足基本静荷载试验要求;裂缝观测结果表明:荷载试验对结构是安全的,未产生不利影响。

(2)位移测试结果表明:试验跨结构在试验荷载作用下处于弹性工作状态,桥整体受力性能满足设计要求,结构整体受力性能良好,该桥刚度满足设计荷载下正常使用要求。

(3)应变测试结果表明:试验跨结构在试验荷载作用下处于弹性工作状态,该桥承载力满足设计荷载下正常使用要求。

综上所述:该桥整体受力性能符合设计要求,桥梁承载能力满足正常使用要求。

6.5 静载试验校验系数探讨

6.5.1 校验系数常值范围

结构校验系数是静载试验的主要成果,也是承载能力评估的关键指标。《公路桥梁荷载试验规程》(JTG/T J21-01—2015)规定:常见桥梁结构试验的应变(或应力)、挠度校验系数应符合表 6-11 所示的常值范围。在静载试验实践中常遇到校验系数不符合这一要求的情况。如本书 6.4 节的静载试验案例,位移检验系数在 0.39 ~ 0.48 之间,应变校验系数 0.41 ~ 0.64 之间,于表 6-11 所列,预应力混凝土桥挠度校验系数为 0.70 ~ 1.00,与应变(或应力)校验系数 0.60 ~ 0.90 的常值范围差别较大。此外,承载能力评定时,当校验系数不大于 1,即无法通过荷载试验直接判别承载能力时,需要通过校验系数确定结构检算系数 Z_2,重新进行结构检算。校验系数每增大 0.1,结构检算系数减小 0.05,校验系数过大或者过小,均会造成结构检算系数的不准确,从而影响到承载能力评估的结果。

表6-11 常见桥梁结构试验校验系数常值表

桥梁类型	应变(或应力)校验系数	挠度校验系数
钢筋混凝土板桥	0.20 ~ 0.40	0.20 ~ 0.50
钢筋混凝土梁桥	0.40 ~ 0.80	0.50 ~ 0.90
预应力混凝土桥	0.60 ~ 0.90	0.70 ~ 1.00
圬工拱桥	0.70 ~ 1.00	0.80 ~ 1.00
钢筋混凝土拱桥	0.50 ~ 0.90	0.50 ~ 1.00
钢桥	0.75 ~ 1.00	0.75 ~ 1.00

造成校验系数过大或过小的原因是多方面的。过大可能是因为组成结构的材料强度或弹性模量较低,结构各部分连接性能较差,刚度较低等;过小可能是因为材料的强度或弹性模量较高,桥面铺装及人行道等参与结构受力,计算理论或简化图式的影响等。为了分析上述因素的影响,这里以 6.4 节所列静载试验为例,对比不同计算方法对校验系数的影响。

6.5.2　计算方法对校验系数的影响

以 6.4 节静载试验模型为基准,考虑桥面铺装、支座刚度、桥面连续等影响因素,分别按梁单元、梁板组合单元建立 8 种对比模型,分析建模方法对计算结果的影响,模型参数详见表 6-12。

表 6-12　计算模型简化情况表

编号	简化说明	验证目标
模型 1	不考虑铺装,梁格模型	基准模型
模型 2	考虑 10 cm 铺装,梁格+板	铺装影响、模拟方式
模型 3	考虑 10 cm 铺装,梁截面增加	铺装影响、模拟方式
模型 4	考虑 10 cm 铺装,梁格+板(调整型心)	铺装影响、模拟方式
模型 5	不考虑铺装,梁格模型+弹性支撑	支座刚度影响
模型 6	不考虑铺装,梁格模型+桥面连续(刚接)	支座、桥面连续
模型 7	不考虑铺装,梁格模型+桥面连续(铰接)	支座、桥面连续
模型 8	10 cm 铺装+梁格+板+弹性支撑+桥面连续(刚接)	——

正载、偏载工况下,模型 1～模型 8 跨中截面位移计算结果见表 6-13。从各计算模型中取出位移最小值(即变形最大值),分析模型 2～模型 8 的位移值相对于模型 1 位移值的变化比例可知:考虑 10 cm 桥面铺装参与受力(模型 2～模型 4),位移计算值减小范围在-33.4% ～-28.4% 之间;考虑支座弹性支撑(模型 5),位移计算值增大了 0.8%;考虑桥面简易连续(模型 6～模型 7),位移计算值减小范围在-3.2% ～-1.5% 之间。各影响因素中桥面铺装影响最大,其次是桥面连续,支座弹性支撑会增大挠度值,但影响较小。

表6-13 不同模型跨中位移计算结果

工况	梁号	跨中位移计算结果/mm							
		基准模型	考虑10 cm 桥面铺装			不考虑桥面铺装			全因素
		模型1	模型2	模型3	模型4	模型5	模型6	模型7	模型8
正载	1#	−11.26	−8.38	−7.75	−7.98	−11.21	−10.75	−10.97	−7.79
	2#	−11.82	−8.68	−8.11	−8.20	−11.80	−11.31	−11.53	−8.00
	3#	−12.45	−9.01	−8.53	−8.44	−12.49	−11.98	−12.20	−8.25
	4#	−12.89	−9.26	−8.83	−8.63	−12.99	−12.46	−12.68	−8.43
	5#	−13.07	−9.36	−8.95	−8.70	−13.18	−12.65	−12.87	−8.51
	6#	−12.92	−9.28	−8.85	−8.64	−13.01	−12.48	−12.71	−8.44
	7#	−12.48	−9.03	−8.55	−8.46	−12.53	−12.01	−12.23	−8.26
	8#	−11.85	−8.71	−8.13	−8.22	−11.83	−11.35	−11.57	−8.03
	9#	−11.30	−8.41	−7.77	−8.01	−11.25	−10.79	−11.01	−7.81
	最小值	−13.07	−9.36	−8.95	−8.70	−13.18	−12.65	−12.87	−8.51
	变化比例	0.0%	−28.4%	−31.5%	−33.4%	0.8%	−3.2%	−1.5%	−34.9%
偏载	1#	−14.21	−10.75	−9.72	−10.21	−14.46	−13.96	−14.20	−10.21
	2#	−14.06	−10.44	−9.63	−9.84	−14.33	−13.82	−14.06	−9.81
	3#	−13.97	−10.14	−9.56	−9.49	−14.21	−13.68	−13.92	−9.41
	4#	−13.51	−9.72	−9.25	−9.07	−13.70	−13.16	−13.39	−8.93
	5#	−12.75	−9.17	−8.74	−8.54	−12.83	−12.32	−12.54	−8.35
	6#	−11.86	−8.51	−8.12	−7.96	−11.82	−11.32	−11.54	−7.71
	7#	−10.72	−7.79	−7.37	−7.33	−10.55	−10.06	−10.27	−7.02
	8#	−9.71	−7.14	−6.70	−6.75	−9.42	−8.95	−9.16	−6.40
	9#	−9.17	−6.66	−6.32	−6.30	−8.83	−8.39	−8.59	−5.91
	最小值	−14.21	−10.75	−9.72	−10.21	−14.46	−13.96	−14.20	−10.21
	变化比例	0.0%	−24.3%	−31.6%	−28.1%	1.8%	−1.7%	0.0%	−28.1%

　　模型8是考虑了桥面铺装、桥面简易连续以及支座弹性支撑后的模型,以模型8计算值重新计算位移校验系数,结果见表6-14。考虑桥面铺装等因素后,正载工况位移检验系数在0.64～0.75之间,偏载校验系数在0.61～0.73之间,校验系数总体上增大了56%左右。这说明计算值对校验系数的影响十分明显,在特殊情况下,甚至可能超过各

种测试误差,因此在进行荷载试验计算时,计算参数取值应尽可能地与实际结构一致。

表 6-14　考虑桥面铺装等因素位移校验系数

测点	正载			偏载		
	测试值	模型 8 计算值	校验系数	测试值	模型 8 计算值	校验系数
1#	−5.17	−7.79	0.66	−6.61	−10.21	0.65
2#	−5.54	−8.00	0.69	−6.59	−9.81	0.67
3#	−5.78	−8.25	0.70	−6.51	−9.41	0.69
4#	−6.15	−8.43	0.73	−6.51	−8.93	0.73
5#	−6.34	−8.51	0.75	−6	−8.35	0.72
6#	−6.11	−8.44	0.72	−5.47	−7.71	0.71
7#	−5.69	−8.26	0.69	−4.67	−7.02	0.67
8#	−5.47	−8.03	0.68	−4.2	−6.40	0.66
9#	−5.04	−7.81	0.64	−3.6	−5.91	0.61

6.5.3　预制梁校验系数统计分析

空心板桥、T 形梁桥、预制箱梁桥等梁桥一般采用预制安装的施工方式,在施工过程中,梁预制完成后一般会进行静载试验,以检验其是否满足设计要求。试验时首先计算预制梁正常使用状态下的控制截面的控制弯矩,然后按照简支梁单点加载或均布加载的方式计算试验所需最大荷载。根据试验观测的需要及加载条件,试验荷载分等级进行加载及卸载。测试内容包括:①控制截面($L/4$ 截面、$L/2$ 截面、$3L/4$ 截面、支点)的位移;②控制截面($L/4$ 截面、$L/2$ 截面)的应变。

为了进一步分析加载效率与校验系数的关系,以预制梁试验数据为样本,计算不同荷载试验效率下的校验系数。相比成桥静载试验,预制梁单个构件的静载试验受力更为明确,加载分级更细,无论是测试数据还是计算数据,相对较为准确,分析出的荷载试验效率与校验系数的关系也更为可靠。样本数据统计见表 6-15,样本中包含不同跨径的空心板梁 12 片、预制箱梁 20 片,共计 32 片预制梁;测试内容中包含位移测点 543 个,应变测点 543 个,共计测点 1086 个。

表6-15 预制梁试验数据统计表

截面形式	跨径/m	试验梁数量	位移测点数	应变测点数
空心板	13	3	54	54
	16	4	72	72
	20	5	81	81
箱梁	20	2	36	36
	25	7	126	126
	30	7	120	120
	40	4	54	54
合计		32	543	543

在对样本数据进行处理,剔除明显有问题的数据后,得到有效数据1080个,其中应变测点537个、位移测点543个。以校验系数作为统计指标,采用区间统计法,按照0.1的间隔对不同区间内的数据数量进行统计,并进一步计算出各区间数据的分布概率。具体统计结果列于表6-16中。同时,为了更直观地展示数据分布特征,绘制了图6-13所示的应变和位移校验系数频率分布直方图。

表6-16 预制梁校验系数分布统计表

校验系数范围	位移测点校验系数个数	应变测点校验系数个数	位移频率	应变频率
[0,0.1]	0	0	0.00	0.00
[0.1,0.2]	0	1	0.00	0.00
[0.2,0.3]	0	4	0.00	0.01
[0.3,0.4]	3	35	0.01	0.07
[0.4,0.5]	22	69	0.04	0.13
[0.5,0.6]	99	161	0.18	0.30
[0.6,0.7]	210	136	0.39	0.25
[0.7,0.8]	124	94	0.23	0.18
[0.8,0.9]	77	36	0.14	0.07
[0.9,1.0]	8	1	0.01	0.00
合计	543	537	1	1

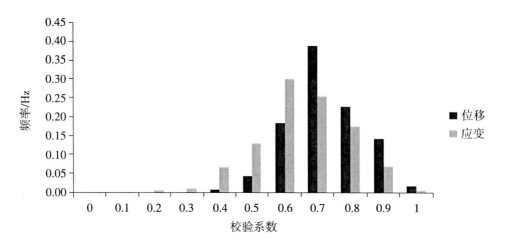

图6-13　预制梁校验系数分布

通过对表6-16及图6-13的深入分析可知,本次统计的预制梁静载试验校验系数分布区间集中在0.4~0.9之间,经计算可知,校验系数的中位数处于0.7附近。该结果与《公路桥梁荷载试验规程》(JTG/T J21-01—2015)的统计资料基本一致。

为了分析荷载试验效率与校验系数的关系,这里以加载效率为统计指标,统计相同加载效率下的测点校验系数,并计算其平均值。以荷载试验效率1.0的校验系数 $\zeta_{1.0}$ 为基准,计算其余各级荷载试验效率 ζ 与其比值,结果见表6-17。同时,绘制了校验系数随荷载试验效率的变化曲线,如图6-14所示。

表6-17　加载效率与校验系数的统计数据表

加载效率	测点数量	位移校验系数	$\zeta/\zeta_{1.0}$	应变校验系数	$\zeta/\zeta_{1.0}$
0.35	15	0.66	0.94	0.61	0.95
0.4	81	0.63	0.90	0.54	0.84
0.5	15	0.67	0.96	0.60	0.94
0.6	81	0.67	0.96	0.59	0.92
0.65	6	0.75	1.07	0.60	0.94
0.7	9	0.64	0.91	0.60	0.94
0.8	81	0.69	0.99	0.61	0.95
0.85	6	0.67	0.96	0.66	1.03
0.9	33	0.66	0.94	0.59	0.92
0.95	6	0.70	1.00	0.69	1.08

续表6-17

加载效率	测点数量	位移校验系数	$\zeta/\zeta_{1.0}$	应变校验系数	$\zeta/\zeta_{1.0}$
1	96	0.70	1.00	0.64	1.00
1.05	48	0.70	1.00	0.60	0.94
1.1	33	0.68	0.97	0.65	1.02
1.2	33	0.70	1.00	0.65	1.02

通过对表6-17及图6-14的深入分析可知:校验系数的平均值基本相同,和荷载试验效率基本呈线性相关。出现这一现象的原因,一是试验梁在简支结构状态进行试验,受力明确,测试影响因素少;二是试验过程中结构处于线弹性状态,荷载与位移应变呈线形关系,使得不同荷载试验效率下的校验系数基本保持一致。同时,其余各级荷载试验效率的偏差在5%左右,因此对线弹性结构来说,采用小荷载试验效率的静载试验是适用的。

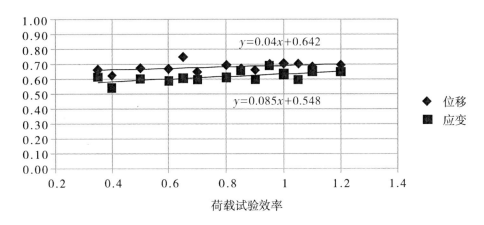

图6-14 预制梁校验系数与荷载试验效率变化图

第7章

桥梁影响线测试技术开发及应用

7.1 概述

　　静载试验通过在桥梁结构上施加荷载获取桥梁结构的力学响应,它具有直观、准确、可靠的特点,因此是评价桥梁承载能力的优选方案。但静载试验需要在封闭交通的情况下进行,增加了其实施难度。对封闭交通难度大的桥梁,静载试验甚至无法实施。静载试验方法在时效性、安全性、经济性等方面存在的不足,也促使桥梁影响线测试技术得到了更多的关注。

　　1)影响线的概念

　　影响线表示结构内某一指定截面的某一定量(内力或变形)变化规律的函数图形,它是结构力学特性的重要参数之一。在桥梁工程上,影响线是研究车辆荷载作用桥梁结构受力的有力工具,在桥梁设计时,常通过影响线加载的方式确定移动荷载的最不利效应。影响线反映了结构的力学性能,与静载试验一样,可以通过结构影响线实现对桥梁承载能力的评估。桥梁结构影响线测试一般包括影响线现场测试、影响线数据提取以及基于影响线的桥梁结构评价3个阶段,如图7-1所示。

　　2)桥梁结构影响线测试的阶段

　　(1)影响线现场测试

　　影响线现场测试一般通过慢速跑车的方法来实现,测试时同步采集车辆作用位置数据和结构响应数据。不同桥型结合测试设备可采用不同的测试方法,对梁桥,可采用递推迭代法通过逐次加载实测桥梁影响线,也可以通过匀速跑车的方式获取结构中相应截面的准静态广义影响线;对空腹式拱桥的结构特点,可采用逐次加载的方式获取拱圈位移影响线。随着非接触式测试设备的应用,利用机器视觉技术获取多工况的桥梁测点动态位移响应和通过高精度的毫米波雷达测试桥梁控制截面的动挠度并提取桥梁的挠度影响线在实际工程中得到应用。

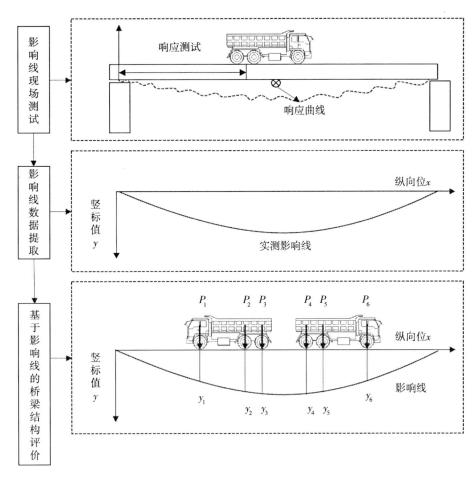

图 7-1　影响线测试流程

(2)影响线数据提取

桥梁影响线由桥梁的边界约束、几何尺寸和物理参数决定,其包含的信息量丰富,能充分反映桥梁的结构性能。获得准确的桥梁影响线是评价桥梁承载能力的基础。影响线数据处理是将测试的结构响应数据和车辆位置数据进行融合匹配,并从中识别提取影响线。根据数据获取手段,影响线数据提取方法有直接提取、多项式分段拟合、基于自适应拟合的影响线提取等方法。

(3)基于影响线的桥梁结构评价

基于影响线的桥梁结构评价方法总体上可分为直接评定法和模型修正法两类。直接评定法和结构检算法类似,如美国《桥梁评定手册》中规定的桥梁诊断试验法,其通过车辆加载获取桥梁实际状况,并通过计算调整系数以修正桥梁承载能力。基于该方法,美国桥梁诊断公司开发了 BDI 桥梁结构测试系统,实现了测点应变影响线的高精度自动采集,并应用在美国 150 多座桥上。模型修正法利用实测影响线数据对结构有限元计算模型进行校准,以修正后的模型代表桥梁真实状况,并通过计算荷载作用下的桥梁内力与变形直接评定承载能力。相比直接评定法,有限元模型修正法能全面利用影响线数据,可实现承载能力的更精细评估。

3)实测影响线数据处理

通过慢速行车获取响应数据和车辆位置数据,按时间同步的方式进行匹配,并将随时间变化的数据转化为随桥梁位置变化的数据。通过数据预处理、时间点数据处理、车辆位置数据处理、响应数据处理、车重单位化影响线结果验证等步骤,实现影响线识别获取。

(1)数据预处理:首先对数据进行奇异值判别处理,剔除明显异常的数据;其次与静载试验一样,进行支座沉降、温度影响处理。

(2)时间点数据处理:整理车辆前轴(或后轴)上桥、通过各记录点、下桥的时间点,作为车辆位置和响应数据匹配的依据。

(3)车辆位置数据处理:将测得的测试加载车的实时位置转化以测试加载车前轴位于基准支点时位置为零点,沿顺桥向朝桥梁的另一端为正,随时间变化的车辆位置函数。

(4)响应数据处理:确定车辆前轴上桥时间 t_1 和后轴下桥时间 t_2,从各测点的位移或应变的时程数据中截取该段数据。

(5)车重单位化:将多轴加载车等效为 1 个荷载,将响应数据除以车重获取影响线数据。

(6)影响线结果验证:根据桥梁影响线力学特点可知,影响线识别结果应符合以下规律。①桥梁结构以外位置影响系数应为 0,即加载车前轴上桥与后轴下桥时刻时响应应归 0;②识别影响线的某些关键点与结构特征应呈对应关系。例如,主梁应变影响线峰值位置一般应与测试该影响线的传感器位置一致,挠度与应变影响线零点的位置一般应与桥梁支座的位置一致。

4)影响线测试的优点

影响线测试是采用轻荷载代替传统的重荷载进行试验,加载效率不满足《公路桥梁承载能力检测评定规程》(JTG/T J21—2011)规定的 0.9 ~ 1.05 的要求,需要建立准静态荷载试验结果与我国规范所认可的传统静载试验的对应关系,使其适用我国现行的桥梁评价体系。相关研究也表明,利用影响线轻荷载对新桥或仍处于线弹性范围内的旧桥承载力进行评估,评估结果和传统荷载试验评估结果相比误差较小,和传统荷载试验相比,应变校验系数和挠度校验系数的平均值误差均不大于 10%。此外,影响线测试一般采用跑车的方式进行,影响线测试数据中包含荷载冲击效应,实践中通过控制车速,一般不超过 5 km/h,来降低动力效应的影响。

5)影响线测试的相关标准、规范

影响线测试的相关标准、规范有:中国市政工程协会 2019 年发布的《准静力影响线法桥梁荷载试验技术指南》(T/CMEA 3—2019);中国土木工程学会 2023 年发布的《公路桥梁承载能力快速测试与评定技术规程》(T/CCES 43—2023);2023 年,厦门市交通运输局发布的《桥梁状态快速评定技术规程影响线法》(DB 3502/T 115—2023);2024 年,中国公路学会发布的《公路梁桥快速荷载试验与评估技术指南(征求意见稿)》。

7.2 准静态广义影响线测试方法

1)准静态广义影响线的定义

在力学概念上,影响线表示结构在单位移动荷载($P=1$)作用下,某一截面内力或变形的变化规律。根据影响线定义,通过慢速跑车试验可以获取实际桥梁结构在移动荷载下连续采集结构的响应,并对响应数据进行单位化处理,可以获得结构测试截面应变或变形的变化规律,将这一规律称为结构的准静态广义影响线。根据测试指标可分为准静态位移影响线、准静态应变影响线和准静态转角影响线。

2)准静态广义影响线的测试方法

(1)跑车车辆的选择

准静态广义影响线的测试加载车可选用载重卡车,测试之前应通过测量和称重确定其轴距与各轴轴重。车重在满足限载要求的情况下,尽可能大,以产生更强的结构效应。影响线是在单位荷载作用下求解的,实际测试时加载车辆具有多个轴,静力响应结果是多个力作用的结果,可采用逐次加载的方法,但测试时间较长。在满足结构承载力评估要求的前提下,将车辆简化为等效集中力进行处理。以三轴车为例,试验前对加载车称重,得出车辆总重(P)及轴重,包括前轴重 P_1、中轴重 P_2、后轴重 P_3,同时测量出前-中轴距 d_1、中-后轴距 d_2。轴力合力等于车辆总重,合力作用点可通过力的平衡方程求得。

为了降低测试过程中车辆的动力效应影响,测试加载车在测试过程中应尽量保持低速匀速行驶,一般不超过 5 km/h,来降低动力效应的影响。

(2)慢速跑车加载方式

在保证测试精度的前提下,尽可能地减小对交通的影响,因此加载时可采用单车逐车道加载的方式,如图 7-2 所示。为得到多车道影响线,测试加载车在试验过程中可采用行车测试与倒车测试结合的方式,使其尽量覆盖待测试桥梁的各个车道。为保证试验过程中测试加载车覆盖待测桥梁顺桥向各个位置,测试加载车应在前轴距待测试桥梁起始支点以外前开始测试,在后轴距待测桥梁结束支点以外后结束测试。

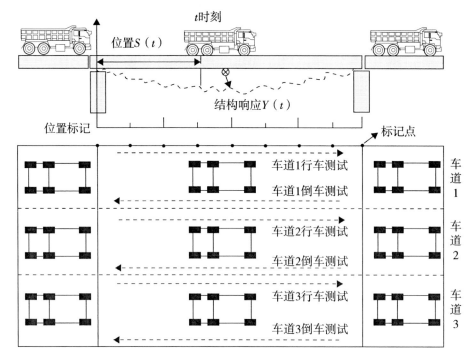

图 7-2　单车逐车道加载示意图

(3)数据采集方式

影响线测试时,数据采集包括响应数据采集和车辆位置采集。响应数据通过常用的静载试验系统可方便地实现连续自动采集,获取响应时程曲线。采样频率结合影响线处理方式确定,以车速 5 km/h(1.38 m/s)、采集频率 10 Hz 计算,间隔 0.138 m 记录一个数据。车辆位置采集宜采用专用的测量装置,如在车轮上安装旋转编码器记录里程。当没有专门设备时,也可按一定间距在桥面设置位置标记点,如墩顶、八分点等位置;匀速跑车过程中,记录车辆前轴(或后轴)上桥、依次通过各记录点、下桥的时间。

7.3　影响线测试设备

7.3.1　影响线测试设备系统

为了获取结构实测影响线,需要同时测试荷载作用位置和结构响应两类参数。如图 7-3 所示,桥梁结构实测影响线测试,可利用已知重量的车辆在桥梁结构上施加荷载,同步记录车辆在结构上的作用位置和结构响应(应变或位移),然后根据测试的数据反演结构实际影响线。

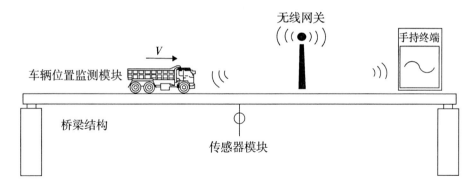

图 7-3　桥梁结构实测影响线示意图

影响线测试系统由车辆位置监测模块、结构响应测试模块、无线网络模块以及数据采集终端组成。车辆位置监测模块、结构响应测试模块通过无线网络模块连接数据采集终端。车辆位置监测模块安装于车辆上，用于获取车辆位置数据并同步传输到数据采集终端；结构响应测试模块安装于待测试的桥梁结构上，用于获取桥梁结构响应数据；无线网络模块用于为系统各组成部分之间建立通信与数据传输；数据采集终端用于整个系统的控制与数据处理。

7.3.2　硬件设备

准静态影响线测试设备相比常用静载试验设备，在测试精度、连续自动采集及多测点同步性方面有更高的要求。影响线测试采用以轻代重的方式进行，结构相对较小，这要求设备具有更高的分辨率和稳定性。影响线测试的关键是建立结构响应与荷载位置对应关系，在同步性和自动化程度上也对现场测试提出了更高的要求。

1）结构响应设备

桥梁静力响应有位移、应变和转角，测试设备详见第 3.4 节。设备精度满足以下要求：当采用挠度计、光电挠度仪等直接位移量测设备进行量测时，测量精度应不低于 0.1 mm；当采用倾角仪等量测设备进行换算时，测量精度应不低于 0.0005°；应变（应力）试验装置的测量精度应不低于 1 $\mu\varepsilon$。

2）车辆位置标定装置

车辆在桥梁上的位置包括横向位置和纵向位置，横向位置通过车道区分，纵向位置是监测的重点。车辆位置可定义为车轴与桥梁测试起点的相对距离，可通过车辆的行驶距离来实现。如图 7-4 所示，通过在车轮上安装旋转编码器里程计，通过无线传输模块并与现有静载测试系统集成，统一控制采集，实现加载位置与结构响应的同步测试。里程计距离测量精度不低于 0.5 m,采样频率不低于 10 Hz,无线传输距离 500 m。

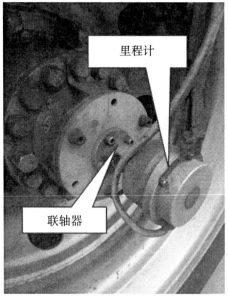

图 7-4　车辆位置标定装置

3)旋转编码器

旋转编码器的测距原理基于将旋转角度转换为脉冲数或绝对位置编码。对于增量编码器,通过计算从起始位置开始的脉冲总数来确定旋转角度或移动距离。对于绝对编码器,每个位置都有唯一的编码,因此可以直接读取当前位置。在实际应用中,旋转编码器的分辨率(即每个脉冲对应的角度)决定了测量的精度。此外,还需要考虑编码器的精度、工作温度范围、机械寿命和电气特性等因素。通过适当的机械接口和电气连接,旋转编码器可以集成到各种机械和电子系统中,用于精确的位置和速度控制。

4)数据采集装置

试验车辆行驶距离应采用自动化装置进行同步记录,采样频率不低于 10 Hz,车辆行驶距离测量精度不低于 2 cm。准静态快速荷载试验的测量装置应能满足多测点同步实时采集,数据采集时钟同步误差小于 1 ms,宜具备无线采集和自动存储的功能。

7.3.3　软件设备

在软件层面上,影响线测试分析系统由项目管理、现场测试、结构响应传感器管理、车辆位置传感器管理以及数据处理模块组成,系统框图如图 7-5 所示。

(1)项目管理实现对影响线测试项目信息、数据的管理,具体功能包括新建项目,录入项目信息;打开以往项目文件,查询项目数据;导出采集到的数据,便于后期处理。

（2）现场测试模块控制系统的运营，实现数据的采集。

（3）结构响应传感器管理实现应变测点、挠度测点以及转角测点的布置，对测点传感器的采集频率、存盘要求、数据清零等参数进行配置。

（4）车辆位置传感器主要用来测量车辆位置传感器，实现荷载位置与响应数据的对应。首先配置车轴、轮径、车重以及轴距等车辆参数。其次，由于车辆轮径误差和胎压的影响，现场需要对加载车距离进行标定。

（5）数据处理模块实现两个功能：一是将车辆位置数据和结构响应数据（挠度、应变和转角）在时间轴上进行匹配对应；二是根据车重信息、车辆位置数据和结构响应数据，采用拟合方式获取各测点的影响线。

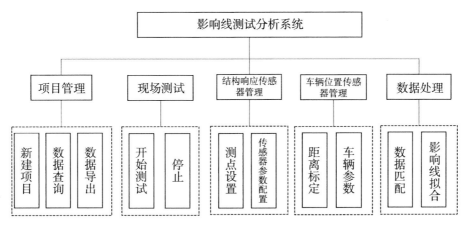

图 7-5 影响线测试分析系统软件设备

7.4 基于准静态广义影响线的桥梁承载能力评估

基于准静态广义影响线的桥梁承载能力评估，本质上属于桥梁结构检算，评估流程仍可以参照《公路桥梁承载能力检测评定规程》(JTG/T J21—2011)的基本规定执行，具体流程如图7-6所示。不同的是，这里通过一次或多次单车跑车加载过程，测得准静态广义影响线数据，用实测影响线数据代替静载试验数据，确定检算系数，在此基础上进行验算和评定。对由多片主梁组成的桥梁，承载能力评估包括主梁受力性能评估和横向连接受力性能评估。

1）主梁受力性能评估

影响线测试时一般按车道进行慢速跑车试验，每组试验均会得到一组影响线，而传统荷载试验一般采取两列或多列车进行加载，因此按检算方法评价桥梁承载力时，需要考虑影响线测试工况的组合。其主要方法思路如下：

（1）开展准静态广义影响线测试，识别获取各测点准静态广义影响线。

（2）如图7-7所示，在实测影响线上分别施加传统静载试验的试验荷载，并按式（7-1）求出静载试验荷载的计算值。

$$w_{\text{实测}} = \sum P_i \cdot y_i \qquad (7\text{-}1)$$

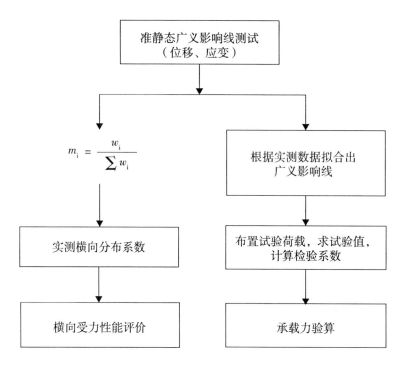

图7-6　基于准静态广义影响线的评价方法流程

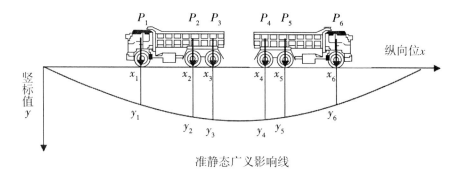

图7-7　实测准静态广义影响线虚拟加载

（3）根据多次影响线测试组合出荷载试验时的加载工况，叠加计算各梁的实测值，并用它与理论计算值的比值来表征结构校验系数 η；换算得到检算系数 Z_2。

（4）采用与传统静载试验相同的方法对桥梁承载能力做出评价。

2）横向连接受力性能评估

多片主梁依靠横梁或桥面板联成空间整体结构。当桥上作用荷载时，各片主梁共同参与工作，形成了其间的内力分布，位移分布如图 7-8 所示。同一截面，可通过各梁的位移关系评估该类桥梁的横向受力性能，其主要方法思路如下：

（1）针对梁桥梁开展准静态荷载试验，实测得到各测点应力影响线。

（2）分别按式（7-2）计算各梁的位移分布系数。

$$m_i = \frac{w_i}{\sum w_i} \tag{7-2}$$

（3）将实测横向分布与计算横向分布进行比较，评判横向受力性能。

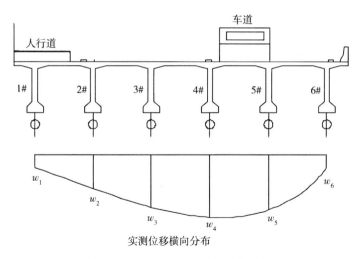

图 7-8 装配桥梁挠度横向分布示意图

7.5 梁桥位移影响线测试及验证实例

7.5.1 工程概况

某桥梁上部结构采用 30 m 装配式预应力混凝土简支 T 形梁，桥宽 12 m，设计荷载等级为公路-Ⅰ级。主梁采用 C50 混凝土，单幅每孔 6 片 T 形梁，典型断面布置如图 7-9 所示，采用桩柱式桥墩和桩柱式桥台。

为了对准静态广义影响线进行验证,在桥梁荷载试验的同时进行了跑车试验。通过静载试验测定结构的应变和位移,一方面用于评定该桥的承载能力,另一方面以静载试验测定的应变和位移数据为基准,验证基于准静态广义影响线进行虚拟荷载试验的精度。

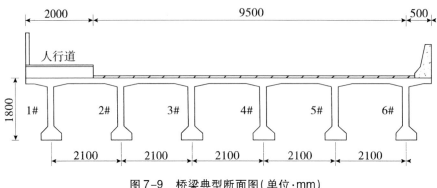

图 7-9　桥梁典型断面图(单位:mm)

7.5.2　静载及影响线测试方案

1)测试内容与测点布置

该桥为简支结构,结合现场实际情况,选择第 1 跨作为试验跨,试验工况为主梁最大正弯矩工况。如图 7-10 所示,测试内容包括:①跨中截面应变测量,每片梁布设一个应变传感器;②跨中截面位移测量,每片梁布设一个位移传感器。全桥共布置 6 个应变测点、6 个位移计。

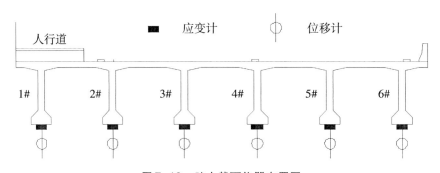

图 7-10　跨中截面仪器布置图

2)结构计算及测试工况

采用 Midas/Civil 建立该桥的空间梁格计算模型,如图 7-11 所示。模型中结构尺寸及材料参数根据设计图纸确定,考虑桥面铺装参与结构受力,橡胶支座采用弹性支撑模拟。

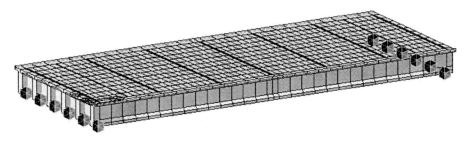

图 7-11 有限元计算模型

本次荷载试验选取汽车作为试验荷载。该桥加载的控制荷载等级按照公路-Ⅰ级的效应确定;经过计算,试验采用 40 t 载重汽车 4 辆,前轴重 8 t,两后轴分别重 16 t,前轴和中轴间距 4 m,中轴和后轴间距 1.4 m。本次试验包括 2 个静载试验和 2 个跑车试验工况。

静载试验工况车辆加载位置如图 7-12 所示,每个工况分 4 级加载。

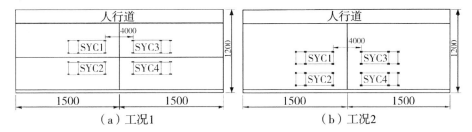

图 7-12 静载试验车辆平面布置图(单位:mm)

工况 1:跨中截面正弯距最不利位置布载,正载。

工况 2:跨中截面正弯距最不利位置布载,偏载。

跑车试验工况如图 7-13 所示,两车道分别进行跑车试验。测试时,数据采集频率为 1 Hz,连续采集;车辆位置通过在标记点计时的方式确定,首先在试验跨桥面按 8 等分,即间距 3.75 m,画出计时标记,当加载车前轮行驶到标志点时记录时间,直至加载车后轮驶出桥梁。为评估测试数据的一致性,工况 2 重复测试 3 次。

工况 3:位移影响线测试,车道 1 中心距离人行道外侧 3.8 m;单辆加载车以 5 km/h 的速度匀速通过桥梁,连续记录数据。

工况 4:位移影响线测试,车道 2 中心距离人行道外侧 8.3 m;单辆加载车以 5 km/h 的速度匀速通过桥梁,连续记录数据,重复测试 3 次。

3)现场测试过程

现场荷载试验完成后开展跑车试验。首先让 4 辆加载车在待测桥梁 1 侧排成 1 列,数据采集清零后,设置 1 Hz 采集频率,开始记录数据。然后,指挥人员让 1 辆车以不大于

5 km/h 的速度沿车道 1 行驶,指挥人员跟随车辆记录前轴通过标记点的时间,直至车辆驶出第一跨,完成该工况跑车试验。按此方法分别完成车道 2 的 3 次跑车试验。

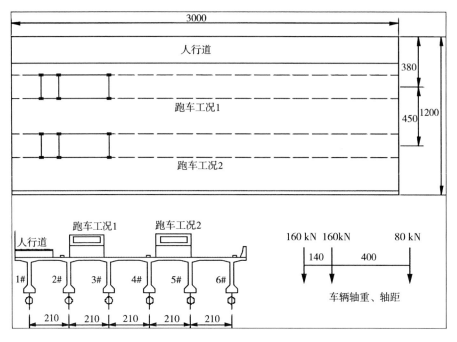

图 7-13 跑车试验工况(单位:cm)

7.5.3 实测影响线求解

1)跑车试验数据测试

跑车试验的测试工况起止时间如表 7-1 所示,从开始采集到数据采集结束,每个工况用时不超过 2 min,其相比静载试验分级加载,效率显著提高。

表 7-1 跑车试验起止时间测试结果

工况	测试次数	开始时间	结束时间	时长/s
车道 1	第一次	14:14:54	14:15:54	60
车道 2	第二次	14:18:37	14:20:16	99
	第三次	14:22:26	14:24:12	106
	第四次	14:25:38	14:27:14	106

图 7-14、图 7-15 分别是车道 1、车道 2 跑车试验的位移时程数据。相比静载试验按

工况采集的有限数据,跑车试验数据更为丰富。对于纵桥向,连续数据直观显示了测点位移的变化过程;对于横桥向,不同测点位移数据直观体现了桥梁受力特性。跑车试验数据可以更好地分析空间受力性能。车道2进行3次跑车试验数据具有很好的一致性,我们可以通过多次重复测试以提高精度。

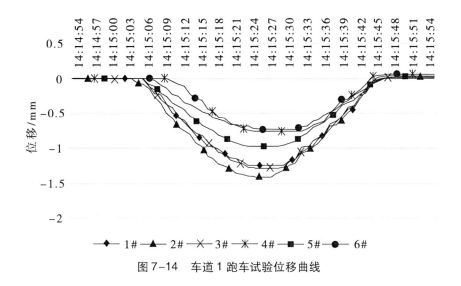

图 7-14　车道 1 跑车试验位移曲线

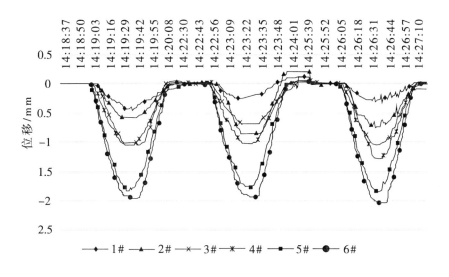

图 7-15　车道 2 跑车试验位移曲线

2)跑车数据处理

按 7.2 节所述的方法对跑车数据进行处理。首先从跑车数据中截取车辆前轴上桥到后轴离开桥梁的这段数据并对起点数据和终点数据进行归零处理,以保证桥梁结构以外位置影响系数为零,符合力学规律。然后根据位移测试数据及测试车辆的重量,计算位移影响线竖标值,实现单位化处理,处理后的数据详见表 7-2。

表 7-2   位移影响线测试结果

车道	纵向位置 /m	跑车试验位移值/mm						合计 /mm
		1#	2#	3#	4#	5#	6#	
车道 1	0.00	0.000	0.000	0.000	0.000	0.000	0.000	0.000
	3.75	−0.349	−0.231	−0.283	−0.003	−0.207	−0.094	−1.168
	7.50	−0.908	−0.788	−0.766	−0.287	−0.576	−0.391	−3.715
	11.25	−1.199	−0.984	−1.027	−0.557	−0.795	−0.568	−5.130
	15.00	−1.370	−1.195	−1.232	−0.746	−0.940	−0.661	−6.142
	18.75	−1.314	−1.191	−1.235	−0.769	−0.938	−0.682	−6.129
	22.50	−0.933	−0.899	−0.840	−0.686	−0.657	−0.571	−4.585
	26.25	−0.496	−0.503	−0.466	−0.317	−0.339	−0.297	−2.417
	30.00	0.000	0.000	0.000	0.000	0.000	0.000	0.000
车道 2	0.00	0.000	0.000	0.000	0.000	0.000	0.000	0.000
	3.75	−0.121	−0.225	−0.036	−0.476	−0.539	−0.060	−1.456
	7.50	−0.429	−0.648	−0.496	−1.119	−1.215	−0.195	−4.102
	11.25	−0.559	−0.906	−0.881	−1.544	−1.690	−0.287	−5.866
	15.00	−0.635	−1.035	−1.082	−1.786	−1.934	−0.323	−6.795
	18.75	−0.596	−0.993	−1.089	−1.688	−1.970	−0.276	−6.611
	22.50	−0.467	−0.762	−0.922	−1.255	−1.520	−0.212	−5.139
	26.25	−0.228	−0.384	−0.440	−0.606	−0.746	−0.089	−2.494
	30.00	0.000	0.000	0.000	0.000	0.000	0.000	0.000

3)准静态广义影响线拟合

由于简支结构桥梁影响线有多项式解析解的特点,根据表 7-2 的位移数据,采用最小二乘法拟合的方式获取影响线。考虑到实际测试中各种误差因素的影响,采用 4 次多项式进行影响线拟合;考虑到在支座处位移影响线为零的特点,按式(7-3)进行拟合,其中 Y 为位移影响线竖标值,X 为到梁端起点的距离。拟合结果见表 7-3,拟合公式的相关系数在 0.99 以上,具有较高的相似度。

$$Y = AX + BX^2 + CX^3 + DX^4 \tag{7-3}$$

表 7-3　影响线拟合结果

工况	梁号	A	B	C	D	Y
工况 3	1#	−0.17752	−0.02768	0.00214	−0.00003	0.99830
	2#	−0.11989	−0.02622	0.00180	−0.00003	0.99463
	3#	−0.10928	−0.03102	0.00215	−0.00003	0.99669
	4#	−0.01527	−0.03818	0.00238	−0.00004	0.99635
	5#	−0.07030	−0.02598	0.00176	−0.00003	0.99800
	6#	−0.02812	−0.01944	0.00117	−0.00002	0.99596
工况 4	1#	−0.01636	−0.01047	0.00072	−0.00001	0.99478
	2#	−0.06130	−0.01521	0.00108	−0.00002	0.99875
	3#	−0.09475	−0.02477	0.00173	−0.00003	0.99683
	4#	−0.02651	−0.03178	0.00185	−0.00003	0.99963
	5#	−0.20751	−0.03687	0.00277	−0.00004	0.99858
	6#	−0.24694	−0.03426	0.00254	−0.00004	0.99698

7.5.4　结果验证

从实测准静态广义应变影响线中提取出静载加载方案中各个试验车加载位置处所对应的位移响应值,然后进行线性组合,通过影响线布置试验荷载计算位移值,进行虚拟加载。

1)基于广义影响线的挠度计算

在实测广义影响线上布置荷载试验的等效荷载,求解相应的结构响应。在此以位移计算为例进行说明,采用前述方法,分别计算影响线测试工况 1 和工况 2 下的各梁跨中位移值,结果见表 7-4、表 7-5。

表 7-4　影响线测试工况 1 跨中挠度计算值

荷载 /kN	距离 /m	工况 1 位移计算值/mm					
		1#	2#	3#	4#	5#	6#
80	4.2	−0.106	−0.082	−0.087	−0.024	−0.066	−0.039
160	8.2	−0.380	−0.310	−0.321	−0.134	−0.249	−0.160
160	9.6	−0.423	−0.352	−0.359	−0.164	−0.282	−0.185
160	13.6	−0.501	−0.435	−0.427	−0.232	−0.349	−0.237
160	15	−0.511	−0.450	−0.433	−0.247	−0.362	−0.247

续表7-4

荷载	距离	工况1位移计算值/mm					
/kN	/m	1#	2#	3#	4#	5#	6#
80	19	−0.244	−0.223	−0.200	−0.127	−0.184	−0.123
合计/mm		−2.165	−1.852	−1.827	−0.928	−1.492	−0.991

表7-5 影响线测试工况2跨中挠度计算值

荷载	距离	工况2位移计算值/mm					
/kN	/m	1#	2#	3#	4#	5#	6#
80	4.2	−0.023	−0.047	−0.074	−0.047	−0.135	−0.143
160	8.2	−0.086	−0.172	−0.278	−0.227	−0.481	−0.525
160	9.6	−0.096	−0.193	−0.314	−0.270	−0.535	−0.591
160	13.6	−0.113	−0.232	−0.387	−0.370	−0.625	−0.723
160	15	−0.115	−0.238	−0.402	−0.394	−0.632	−0.746
80	19	−0.054	−0.115	−0.204	−0.209	−0.289	−0.369
合计/mm		−0.487	−0.997	−1.659	−1.517	−2.697	−3.097

2）挠度计算值与荷载试验数据对比

为验证方法的可行性，将实测影响线虚拟加载获得的计算值与荷载试验相应工况的测试值进行对比。荷载试验偏载采用工况2列车进行加载，因此将影响线测试中的跑车工况1和跑车工况2进行叠加，结果见表7-6。

表7-6 位移计算值与荷载试验数据对比表

梁号	位移值/mm				校验系数	
	影响线计算值	荷载试验实测值	与实测值偏差	模型计算值	影响线计算值	荷载试验
1#	−2.69	−2.87	−6.27%	−8.39	0.32	0.34
2#	−2.87	−3.17	−9.46%	−8.87	0.32	0.36
3#	−3.52	−3.97	−11.34%	−9.21	0.38	0.43
4#	−3.69	−4.06	−9.11%	−9.21	0.35	0.44
5#	−4.24	−4.05	4.69%	−8.87	0.48	0.46
6#	−4.06	−3.78	7.41%	−8.39	0.48	0.45

对图 7-16 进行对比分析可以看出:虚拟加载和静载试验时位移变化规律基本一致,各测点位移的相对误差在-11.34% ~7.41% 之间,虚拟加载校验系数在 0.32 ~0.48 之间,静载试验校验系数在 0.34 ~0.46 之间。采用影响线测试结合虚拟加载的方法获取的校验系数,与静载试验测试的校验系数比较接近。

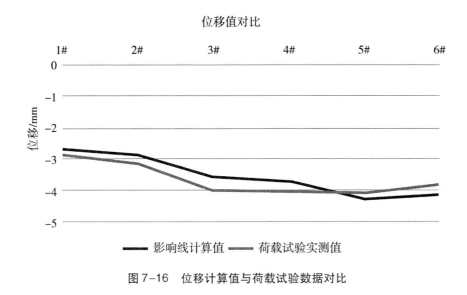

图 7-16　位移计算值与荷载试验数据对比

7.6　空腹式拱桥影响线测试及验证实例

7.6.1　工程概况

如图 7-17 所示,某跨径为 70 m 的悬链线箱形拱桥,矢跨比为 1/5,拱轴系数 1.167,拱圈厚度为 1.5 m,采用等截面悬链线箱形无铰拱,拱圈为 C40 混凝土,单箱六室,顶板厚 30 cm,底板厚 20 cm,中侧箱壁厚 40 cm,总宽 8.8 m。拱上建筑采用全空腹式结构,拱上立柱为圆形截面,直径为 120 cm,每排设 2 根,立柱与柱座均采用现浇混凝土结构,上部结构为 6 孔 13 m 预应力混凝土空心板。

根据委托要求,桥梁荷载试验时,需要对拱圈影响线进行测试,为此以主拱圈为试验对象,测试截面如图 7-18(a)所示,包括拱顶截面 A、拱脚截面 D_1 以及拱圈立柱下 B_1、B_2 截面;D_1 截面为应变测试截面,该截面布置 2 个应变计,如图 7-18(b)所示;A、B_1、B_2 截面为位移测试截面,每个截面布置 2 个位移计,如图 7-18(c)所示。

图 7-17 某空腹式拱桥现场图片

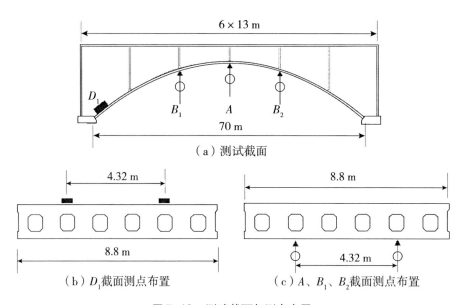

图 7-18 测试截面与测点布置

7.6.2 空腹式拱桥位移影响线测试方法

如前所述,准静态广义影响线可以通过跑车试验测试,空腹式拱桥拱圈是主要受力构件,当车辆在桥面上行驶时,荷载传递途径为:桥面板→拱上立柱→主拱圈→基础,分别在立柱截面处加载,测试每一加载工况下各测点的竖向位移,将实测的位移值除以车辆荷载即可求得相应的位移影响线。

拱顶逐次加载法求解拱圈广义影响线示意图如图7-19所示,这里假定:①拱上建筑为简支结构,荷载作用在某一跨,只对作用跨的两端立柱产生力的作用;②结构处于弹性工作状态,即对于一定的桥梁结构,在荷载作用点不变的前提下,荷载对任一截面处产生的应变、位移值与荷载大小成正比。

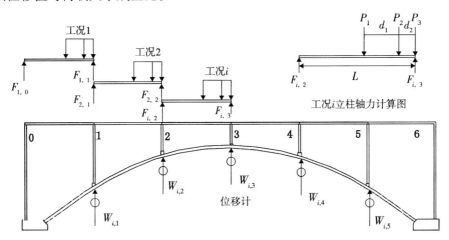

图7-19 空腹式拱桥位移影响线求解示意图

工况1作用下,车辆荷载通过拱上空心板传递至0#、1#桥墩,0#桥墩荷载直接传递至基础,只有1#立柱对拱圈产生作用力,在单个力作用时,可以直接用测得的位移值除以力值得到结构在这一段的广义影响线。在工况2~工况i作用下,每个工况有两个立柱对拱圈产生作用力,在两个力作用下,利用已求得的影响线,扣除其中一个作用力的影响,从而得到两个力作用下结构的位移影响线。

下面以位移影响线为例说明计算过程。已知加载车辆轴重为P_1、P_2、P_3,轴距为d_1、d_2以及各测点位移$w_{i,j}$,立柱作用力$F_{i,j}$影响线$\eta_{i,j}$,其中i表示加载工况,立柱编号j表示。具体求解步骤如下:

(1)立柱作用力求解。根据假定①,工况i作用下受力图如图7-19所示,根据力的平衡关系可求得立柱轴力$F_{i,2}$、$F_{i,3}$。

(2)根据式(7-4)求得1个力作用下的影响线数值。

$$\eta_{i,1} = \frac{w_{i,1}}{F_{i,2}} \tag{7-4}$$

(3)利用步骤(2)求得的影响线竖标值,根据式(7-5)求得2个力作用下的影响线数值。以此类推求得各立柱截面处的影响线竖标。

$$\eta_{i,j} = (w_{i,j} - \eta_{i,1} \times F_{i,1}) / F_{i,2} \quad (i \geq 2) \tag{7-5}$$

(4)根据关键点影响线竖标值绘制影响线。各立柱截面处是力的传递节点,也是影响线的控制节点,在立柱之间认为影响线是线性变化的。

7.6.3 静载及影响线测试方案

采用 Midas/Civil 建立了该桥的有限元计算模型,如图 7-20 所示。采用空间梁单元进行结构离散,用梁格法将箱形拱肋等效成纵横梁格体系,考虑拱上建筑共同受力,支座用弹性连接模拟,拱脚边界为固定端。模型中拱肋、立柱、盖梁、空心板等构件截面尺寸、材料特性按设计取值,全桥共 1216 个节点,1553 个单元。设计荷载公路-Ⅱ级,人群荷载按 3.0 kN/m² 计。

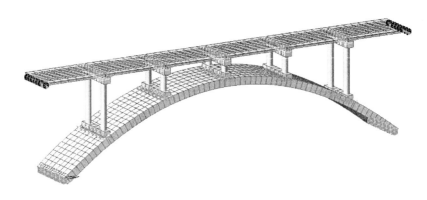

图 7-20   有限元计算模型

首先按设计布置车道位置,然后进行移动荷载分析即可得出影响线。计算影响线一方面用于计算结构内力包络图,根据包络图确定最不利受力截面位置,从而确定测试截面;另一方面可以验证实测影响线规律是否符合力学特征。根据等效计算,本次试验共需要 4 辆 27 t 双后轴载重汽车。试验前对每辆车都过磅,记录下各辆车的实际轴重、总重、轮距和轴距,各车有关参数见表 7-7。

表 7-7   加载车辆参数表

编号	重量/t				轴距/m	
	前轴重	中轴重	后轴重	总重	前—中	中—后
SYC01	5.18	11.01	11.01	27.2	3.85	1.30
SYC02	5.18	11.03	11.03	27.24	3.85	1.30
SYC03	5.64	10.98	10.98	27.60	3.85	1.30
SYC04	5.54	10.85	10.85	27.24	3.85	1.30

本次试验包括 8 个静载试验和 1 个影响线测试工况,静载试验工况车辆加载位置如图 7-21 所示,每个工况分 4 级加载。影响线跑车试验以两辆 27 t 的加载车沿桥面中心

线以 5 km/h 的速度同步行驶。

（1）工况 1、2：截面 A 加载工况，正载和偏载。

（2）工况 3、4：截面 B_1 加载工况，正载和偏载。

（3）工况 5、6：截面 B_1 加载工况，正载和偏载。

（4）工况 7、8：截面 D_1 加载工况，正载和偏载。

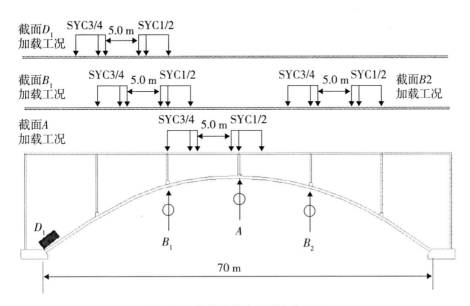

图 7-21　静载试验车辆纵向布置图

7.6.4　影响线求解及验证

空腹式拱桥位移影响线测试采用在拱顶逐次加载的方法。在静载试验开始前，以两辆 27 t 重的加载车，分别在拱圈立柱墩顶处，即 13 m、26 m、39 m、52 m 和 65 m 处加载，测试 1#～5#立柱截面处的位移值。将实测位移值除以车辆重量，计算得到拱圈竖向位移影响线竖标值，结果见表 7-8。为了便于对比实测和计算位移影响线，绘制了 1#～3#立柱截面位移影响线，如图 7-22 所示。

表 7-8　实测及计算位移影响线竖标值

截面		位移影响线竖标值（$\times 10^{-3}$）（kN/mm）				
		13 m	26 m	39 m	52 m	65 m
1#	实测值	−1.484	−0.983	0.635	1.111	0.509
	计算值	−1.901	−1.498	0.656	1.527	0.626

221

续表 7-8

截面		位移影响线竖标值（×10⁻³）（kN/mm）				
		13 m	26 m	39 m	52 m	65 m
2#	实测值	−0.878	−2.638	0.060	2.221	1.452
	计算值	−1.489	−4.076	−0.201	2.969	1.516
3#	实测值	0.490	−0.244	−1.889	−0.275	0.391
	计算值	0.655	−0.214	−2.460	−0.192	0.652
4#	实测值	1.134	2.115	−0.182	−2.658	−1.658
	计算值	1.519	2.969	−0.233	−4.078	−1.486
5#	实测值	0.469	1.398	0.600	−0.990	−1.483
	计算值	0.634	1.524	0.653	−1.496	−1.894

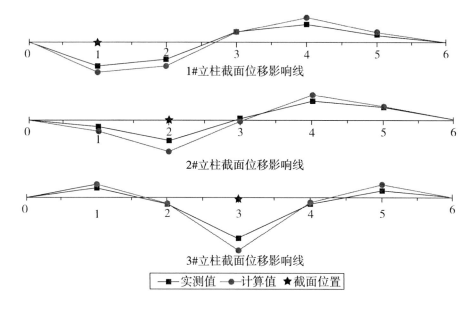

1#立柱截面位移影响线

2#立柱截面位移影响线

3#立柱截面位移影响线

■ 实测值　● 计算值　★ 截面位置

图 7-22　1#~3#立柱截面位移影响线

从图 7-22 可以看出：1#、2#、3#立柱截面的位移影响线实测值与计算值变形规律基本一致，这说明对空腹式拱桥来说，采用拱顶逐次加载的方法可以较为准确地获得位移影响线。同时也可以发现：位移影响线的竖标实测值小于计算值，考虑到实测影响线是桥梁结构实际刚度的整体反映，这一差值反映了实际桥梁和计算模型的偏差，计算模型的简化以及材料取值的偏差造成了影响线竖标计算值偏大。

通过在实测影响线上布置车辆荷载推算相应位移值，与相应工况下直接测试的位移结果进行比较，以检验实测影响线的准确性。以拱顶位移测试工况为例进行验证：荷载试验时共用 4 辆 27 t 的三轴加载车,横向沿桥面中心线对称布置,纵向布置如图 7-21 所示,对比结果见表 7-9。

表 7-9 位移结果对比

工况	荷载试验实测值 w_1/mm	利用实测影响线计算值 w_2/mm	相对误差/% $(w_2-w_1)/w_1$
工况 1	1.478	1.469	-0.6
工况 2	2.353	2.322	-1.3
工况 3	1.402	1.424	1.6

由表 7-9 可知:不同工况下,荷载试验实测位移值和利用实测影响线计算得到的位移值,相对误差在 5% 以内,具有很高的精度,这也验证了基于准静态位移影响线的桥梁承载能力评估方法的可行性。

第8章

桥梁动载试验

8.1 桥梁动力性能指标

桥梁结构的动力特性如自振频率、阻尼系数和振型等,只与结构本身的固有性质如结构的组成形式、刚度、质量分布、支承情况和材料性质等有关,而与荷载等其他条件无关。结构的动力特性是结构振动系统的基本特征,是进行结构动力分析所必需的。桥梁结构在实际的动荷载作用下,结构各部位的动力响应如振幅、应力、位移、加速度等,不仅反映了桥梁结构在动荷载作用下的受力状态,也反映了动力响应对驾驶人、乘客舒适性的影响。桥梁结构的动载试验就是要从大量的实测数据信号中揭示桥梁结构振动的内在规律,综合评价桥梁结构的动力性能。

8.1.1 自振频率

桥梁的自振频率,是指桥梁结构在无外力作用下,由于初始位移或扰动而自由振动时的频率。它是桥梁动力特性的基本参数之一,反映了桥梁的刚度特性。桥梁的自振频率越高,表明其整体刚度越大。桥梁自振频率可通过计算或者现场实测获取。计算通常基于结构动力学的原理,对于简单的桥梁结构,可以通过解析方法得到自振频率的公式,简支梁桥和连续梁桥频率估算公式见表8-1。对于复杂的桥梁结构,可以通过有限元软件建立模型,进行特征值分析,从而计算出桥梁的自振频率。

表 8-1　常规桥梁频率估算公式

结构形式	频率计算
简支桥梁	$f_1 = \dfrac{\pi}{2l^2}\sqrt{\dfrac{EI_c}{m_c}}$ $m_c = G/g$ 式中: l ——结构的计算跨径,m; 　　　E ——结构材料弹性模量,Pa; 　　　I_c ——结构跨中截面的截面惯矩,m^4; 　　　m_c ——结构跨中截面处的单位长度质 　　　　　　 量,kg/m; 　　　G ——结构跨中处延米结构重力,N/m; 　　　g ——重力加速度,$g=9.81$ m/s^2
连续桥梁	$f_1 = \dfrac{13.616}{2\pi l^2}\sqrt{\dfrac{EI_c}{m_c}}$ $f_2 = \dfrac{23.651}{2\pi l^2}\sqrt{\dfrac{EI_c}{m_c}}$ 计算连续梁的冲击力引起的正弯矩效应和剪力效应时,采用基频f_1;计算连续梁的冲击力引起的负弯矩效应时,采用基频f_2

有限元法是目前工程中最常用的计算方法,其利用有限元软件的特征值分析功能实现动力特性求解。特征值分析是通过计算由质量和刚度组成的特征方程求解结构动力特性的分析方法。以 Midas/Civil 为例,分析方法有子空间迭代、Lanczos、多重 Ritz 向量等方法。对于大规模(大规模矩阵)有限元系统,子空间迭代可以用来计算特征值,因此广泛地被工程师所使用。Lanczos 是使用三重对角矩阵计算结构固有振形的方法,对于振形数量少的模型,计算非常适用。多重 Ritz 向量法根据施加的荷载,使用相对较少的振形能够得到更加准确的结果,Ritz 向量法可以反映动力荷载的空间分布特性。结构动力分析一般分 4 步进行:有限元建模→结构质量转换→设定特征值分析控制参数→运行分析。

8.1.2 冲击系数

冲击系数是汽车过桥时对桥梁结构产生的竖向动力效应的增大系数。冲击作用有车体的振动和桥跨结构自身的变形和振动。当车辆的振动频率与桥跨结构的自振频率一致时,即形成共振,其振幅(即挠度)比一般的振动大许多。振幅的大小与桥梁结构的阻尼大小及共振时间的长短有关。为了方便应用,冲击影响一般都是用静力学的方法,即将车辆荷载作用的动力影响用车辆的重力乘以冲击系数来表达。

《公路桥涵设计通用规范》(JTG D60—2015)中,冲击系数是与频率 f 相关的函数,计算如下:

(1)当 $f < 1.5$ Hz 时,$\mu = 0.05$。

(2)当 1.5 Hz $\leqslant f \leqslant 14$ Hz 时,$\mu = 0.1767\ln f - 0.0157$。

(3)当 $f > 14$ Hz 时,$\mu = 0.45$。

图 8-1 反映了桥梁冲击系数与频率之间的关系。桥梁结构的基频反映了结构的尺寸、类型、建筑材料等公路特性,它直接反映了冲击系数与桥梁结构之间的关系。不管桥梁的建筑材料、结构类型是否有差别,也不管结构尺寸与跨径是否有差别,只要桥梁结构的基频相同,在同样条件的汽车荷载下,就能得到基本相同的冲击系数。

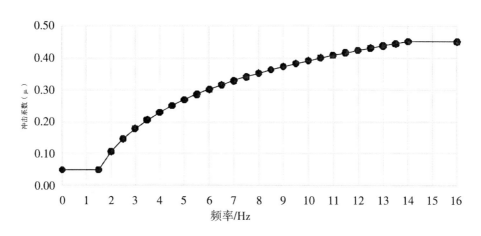

图 8-1 桥梁冲击系数与频率关系曲线

8.2 动载试验方法

8.2.1 概述

动载试验是测试桥梁结构或构件在动荷载激振和环境荷载作用下的受迫振动特性

和自振特性的现场试验。动载试验的目的是研究桥梁结构的自振特性和车辆动力荷载
与桥梁结构的联合振动特性,动载试验测试结果数据是判断桥梁结构运营状况和承载特
性的重要指标。因此新建的桥梁、运营一定年限后的桥梁以及对其结构承载能力有疑问
的桥梁,需要进行动载试验,通过桥梁振动试验测定桥梁动力学性能,从而为桥梁能承受
何种实际荷载及运营状况进行评价。

桥梁结构动载试验测试内容包括自振特性测试和冲击效应测试,测试参数有振动频
率、阻尼比和冲击系数。自振特性测试多采用环境随机激振法,首先采集桥梁振动信号,
然后通过频谱分析得到桥梁结构的固有振动特性,比如自振频率、振型、阻尼比等。采集
桥梁振动信号,通过频谱分析得到桥梁结构的固有振动特性,比如自振频率、振型、阻尼
比。自振频率与结构质量分布和刚度有关,既有桥梁的质量较为稳定,因此自振频率主
要反映了桥梁的刚度特性。桥梁的自振频率越高,其整体刚度越大。阻尼比反映了桥梁
结构耗散外部能量输入的能力,阻尼比大,说明桥梁结构耗散外部能量输入的能力强,振
动衰减得快;阻尼比小,说明桥梁结构耗散外部能量输入的能力差,振动衰减得慢。

冲击效应一般采用行车试验,即通过测量移动车辆荷载作用下桥梁指定断面上的动
应变或指定点的动挠度,分析车辆的冲击效应。试验时将单辆或多辆载重车辆以不同的
车速通过桥梁,有时为了模拟路面的不良情况,还在桥面上设置人工障碍,使行驶车辆产
生跳动以对桥梁产生冲击作用,以便测出指定断面上的动应变或动挠度。将动态情况下
的峰值与相应的静态数值相比,就可以求出车辆振动引起的动态增量。

8.2.2 桥梁动载试验方法

桥梁动载试验方法有脉动试验、跑车试验、刹车试验和跳车试验,各种方法的测试参
数和用到的检测仪器详见表 8-2。动载试验方法可根据桥梁结构特点、测试内容、测试精
度、现场实施方便性等因素综合确定。

表 8-2 各种动载试验方法的测试指标和测试设备

试验方法	测试参数	检测仪器
脉动试验	固有频率、振型、阻尼比	振动传感器
跑车试验	阻尼比、冲击效应	振动传感器、动挠度计、动应变计
刹车试验	阻尼比、冲击效应	振动传感器、动挠度计、动应变计
跳车试验	阻尼比、冲击效应	振动传感器、动挠度计、动应变计

1）脉动试验

脉动试验是环境随机激振法的通俗叫法,它是指在桥面无任何交通荷载以及桥址附近无规则振源的情况下,通过测定桥梁由风荷载、地脉动、水流等随机激励引起的微幅振动来识别结构自振特性参数的方法。

脉动试验的主要检测仪器是振动传感器(如加速度传感器和速度传感器)。如图 8-2 所示,振动传感器布置在桥面上,采集振动信号,然后通过频谱分析得到桥梁结构的自振频率、振型、阻尼比等参数。脉动试验需对采集的长样本信号进行能量平均,以消除随机因素的影响。对悬索桥、斜拉桥等自振频率较低的桥型,为保证频率、分辨率和提高信噪比,采集时间一般不少于 30 min;对中小跨径桥梁,采集时间可以酌情减少。

振动传感器

图 8-2　脉动试验

2）跑车试验

跑车试验属于无障碍行车试验,它是利用车辆按一定的速度行驶过桥梁引起桥梁振动,通过测定桥梁振动、动应变或动挠度等数据来分析桥梁阻尼比、冲击系数等指标,如图 8-3 所示。跑车试验的车速可根据桥梁设计车速、路幅宽度、桥面线形、路况等因素综合确定。跑车试验车速宜在 5 ~ 80 km/h 范围内选取,为提高信噪比,获取尽可能强的余振信号,一般采用 10 km/h、20 km/h、30 km/h、40 km/h 等不同的车速进行多次试验。试验时车速在桥联(孔)上宜保持恒定。每个车速工况应进行 2 ~ 3 次重复试验。

跑车试验主要用来获取阻尼比和冲击效应参数。阻尼比可利用车辆驶离桥面后引起的桥梁结构余振信号来识别结构自振特性参数,对小阻尼桥梁效果较好。冲击效应利用动应变或动挠度时程曲线进行计算分析,跑车法获取的冲击系数更加真实地反映了桥梁的冲击效应。

3）刹车试验

刹车试验是让车辆以一定的速度从桥面驶过,在测试截面(一般为跨中截面)突然刹车制动,激起桥梁的振动,通过测定桥梁振动、动应变或动挠度等数据来分析桥梁阻尼比、冲击系数等指标,如图 8-3 所示。相比行车试验,刹车试验能引起桥梁更大的振动,获取更强的振动信号。车速宜取 30 ~ 50 km/h,制动部位应为动态效应较强的位置。对漂浮体系桥梁,应测试主梁纵向位移等项目。

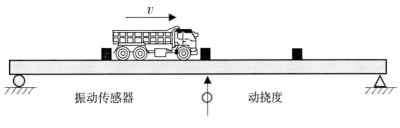

图8-3 跑车、刹车试验

4）跳车试验

跳车试验属于有障碍行车试验,它是通过让载重汽车在测试截面从障碍物(如减速带)上驶过,车轮突然下落对桥梁产生冲击作用,以激起桥梁的振动,如图8-4所示。跳车试验的车速宜取5~20 km/h,障碍物宜布置在结构冲击效应显著的部位,如跨中截面。该方法更适用于其他方法不易激振的、刚度较大的桥梁,如石拱桥、小跨径梁式桥等,同时跳车试验也可以模拟桥面不良情况下车辆冲击效应的变化。

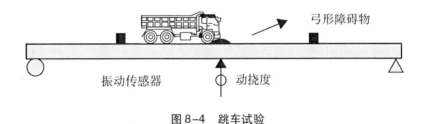

图8-4 跳车试验

8.2.3 现场试验要求

1）试验要求

对大跨复杂结构桥梁,如单跨跨径超过80 m的梁桥、T形刚构桥、连续刚构桥和单跨跨径超过60 m的拱桥、斜拉桥、悬索桥及其他组合结构桥梁,必要时还要测试桥跨结构的振型、动挠度、动应变等。进行多联(多孔)桥梁动载试验时,选择的联(孔)在结构形式上体现代表性原则,在结构技术状况和结构受力上体现最不利原则。多孔桥梁同时开展静、动载试验时,一般选择相同的桥孔开展静动载试验;其他情况下应根据结构评价需要,选择具有代表性的桥孔。

2）自振特性测点布置

桥梁自振特性试验应包括竖平面内弯曲自振特性、横向弯曲自振特性以及扭转自振特性的测试。根据试验目的和需要,确定测试纵桥向竖平面内弯曲的自振特性。桥梁的测试阶次应不少于表8-3的规定。

表8-3 模态测试分批测点布置

桥型	简支梁桥	非简支梁桥、拱桥	斜拉桥、悬索桥
测试阶次	1阶	3阶	9阶

桥梁自振特性测点布置应根据桥梁结构振型特征确定。一般可根据桥梁结构规模，按跨径8等分或16等分简化布置。对常见的简支梁桥及连续梁桥，根据具体情况可参照表8-4选择测试截面。

表8-4 梁桥自振特性测点布置方案

结构形式	模态阶数	至少需要传感器数	测点布置位置
简支梁桥	1	1	$L/2$
	2	2	$L/4$、$3L/4$
	3	3	$L/6$、$L/2$、$5L/6$
	4	4	$L/8$、$3L/8$、$5L/8$、$7L/8$
	5	5	$L/10$、$3L/8$、$5L/8$、$7L/8$
两等跨连续梁	1	2	$L/4$、$3L/4$
	2	4	$L/8$、$3L/8$、$5L/8$、$7L/8$
	3	6	$L/12$、$L/4$、$5L/12$、$7L/12$、$3L/4$、$11L/12$
	4	8	$L/16$、$3L/16$、$5L/16$、$7L/16$、$9L/16$、$11L/16$、$13L/16$、$15L/16$
三等跨连续梁	1	3	$L/6$、$L/2$、$5L/6$
	2	6	$L/12$、$L/4$、$5L/12$、$7L/12$、$3L/4$、$11L/12$
	3	9	$L/18$、$L/6$、$5L/18$、$7L/18$、$L/2$、$11L/18$、$13L/18$、$15L/18$、$17L/18$

大型桥梁振型测试可将结构分成几个单元分别测试，整个试验布置一个固定参考点，每次测试都应包括固定参考点。将几个单元的测试数据通过参考点关联，拟合得到全桥结构振型图。如图8-5所示，全桥共有14个测点，编号为C1～C14，试验设备仅有8个振动测试模块，此时就需要分2批次完成测试，以C4测点作为参考点，第1批次包括C1(1)、C2(2)、C3(3)、C4(7)、C8(4)、C9(5)、C10(6)、C11(8)，振动测试模块布置如图8-5(a)所示。第2批次包括C4(7)、C5(1)、C6(2)、C7(3)、C12(4)、C13(5)、C14(6)，振动测试模块布置如图8-5(b)所示。

3)冲击效应测点布置

冲击效应测点布置根据行车动力响应最大原则确定。测试时，应选择桥梁结构振动响应幅值最大的部位为测试截面。简单结构宜选择跨中1个测试截面，复杂结构应增加测试截面。用于冲击效应分析的动挠度测点,每个截面应至少1个。采用动应变评价冲击效应时,每个截面在结构最大活载效应部位的测点数不宜少于2个。

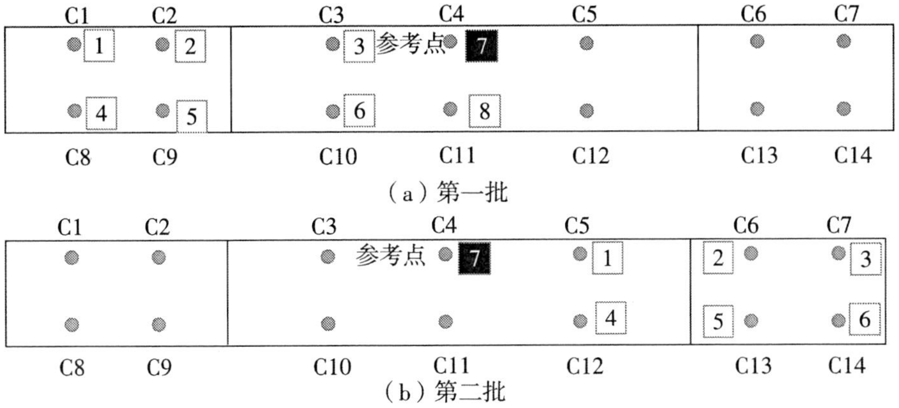

（a）第一批

（b）第二批

图 8-5　模态试验分批测试

4）试验荷载

无障碍行车试验可采用与静载试验的加载车辆相同的载重车辆,车辆轴重产生的局部效应不应超过车辆荷载效应,避免对横系梁、桥面板等局部构件造成损伤。

无障碍行车试验荷载效率 η_d 可按式（8-1）计算。

$$\eta_d = \frac{S_d}{S_{lmax}} \tag{8-1}$$

式中:S_d ——动载试验荷载作用下控制截面的最大内力或变形;

S_{lmax} ——控制荷载作用下控制截面的最大内力或变形(不计冲击)。

单辆车的动载试验响应偏低时,无障碍行车试验宜每个车道布置一辆试验车,横向并列一排同步行驶,在行驶过程中宜保持车辆的横向间距不变。对于大型桥梁,单辆车的荷载效率可能偏低,通常采用多辆车横向并列一排同步行驶进行行车试验。为保证试验的安全性,在纵桥向一般不安排车队。在实际操作中,为保证试验安全,动载效率可酌情降低。对于装配式结构,在保证试验安全的情况下,动挠度测试通常按照车辆行驶的轨迹线进行,必要时在桥面绘制行车线路标志。

有障碍行车试验和制动试验可采用与无障碍行车试验相同的单辆或多辆载重车。根据测试需要,加载车辆可以是单辆,也可以是两辆或多辆车。两辆或者多辆车加载时,要注意车辆间的配合。

5）试验过程控制及记录

（1）预加载

正式试验前应进行预加载试验,对测试系统进行稳定性检查。桥梁空载状态下,动应变、动挠度信号在预定采集时间内的零点漂移不宜超过预计最大值的 5%。宜根据预加载试验具体情况对试验方案或测试设备参数设置做调整。按照调整确定的试验方案与试验程序进行加载试验,观测并记录各测试参数,采取措施避免电磁场以及对讲机、手机等对测试结果的影响。

（2）正式加载数据记录

正式试验过程中,应根据观测和测试结果,实时判断结构状态是否正常,测试数据是否异常,是否需要终止试验,确保试验安全。各工况试验完成后,应对测试数据进行检查和确认。如发现幅值异常或突变、零点严重偏离、异常电磁干扰、噪声过大等,应在排除故障后重新进行试验。

应保证记录的试验荷载参数,如传感器规格、灵敏度、编号、连接通道号、适配器、采集器采样频率、滤波频率、换算系数等信息的完整性。

全部试验完成后,应在现场对主要的测试数据进行检查和初步分析,确保测试数据的准确性和完整性。

（3）采集参数设置

对行车试验的动挠度、动应变信号进行采集和处理时,若幅值分辨率太低,结构动态增量、冲击系数分析结果就会产生较大误差。当幅值分辨率为实测时程曲线最大幅值的 1% 时,假定冲击系数为 0.10,则幅值分辨率这一因素造成的冲击系数测试误差不超过 5%。因此进行数据采集和频谱分析时,应合理设置采样、分析参数,频率分辨率不宜大于实测自振频率的 1%。采样频率宜取 10 倍以上的最高有用信号频率。信号采集时间宜保证频谱分析时谱平均次数不少于 20。常用的采集、分析参数设置可见表 8-5。

表 8-5　动态数据采集主要参数设置及相互关系

序号	参数名称	参数符号	单位	关系	建议取值
1	采样频率	f_s	Hz	$f_s = 1/\Delta T$	$f_s \geq 10 f_{max}$
2	分析带宽	f_b	Hz	$f_b = f_s/K$	f_b 与 f_s 联动
3	频率分辨率	Δf	Hz	$\Delta f = \dfrac{f_b}{n_1} = \dfrac{f_s}{K n_1} = \dfrac{f_s}{m_1}$	$\Delta f \leq 0.01 f_{max}$
4	数据块长度	m_1	点	$m_1 = K \times n_1 = f_s \times t$	与 n_1 联动
5	谱线数	n_1	线	$n_1 = \dfrac{f_b}{\Delta f} = \dfrac{f_s}{K \Delta f}$	由其他参数计算得到
6	样本时间长度	t	s	$t = \dfrac{m_1}{f_s} = \dfrac{n_1}{f_b}$	由其他参数导出

注:f_{max} 为最高有用信号频率。

8.2.4 试验数据处理

在动载试验中,可获取各种振动量如位移、应力、加速度等的时间历程曲线。实际桥梁结构的振动往往很复杂,一般都是随机的,直接根据这样的信号或数据来分析判断结构振动的性质和规律是困难的,一般需要对实测振动波形进行分析与处理,以便对结构的动态性能做进一步分析。常用的分析处理方法包括时域分析和频域分析两种。时域分析是直接对时程曲线进行分析,可以得出诸如振幅、阻尼比、振型、冲击系数等参数;频域分析是通过傅立叶变换的数学处理将时程曲线转换为频域信号,揭示信号的频率成分和振动系统的传递特性,以得到振动能量在频率域的分布情况,从而确定结构的频率和频率分布。得出上述振动参量后,可以根据指标综合评价桥梁动力性能。

1)结构自振频率

桥梁结构在风荷载、地震荷载、车辆荷载作用下所产生的振动,都是包含多个频率成分的随机振动,它的规律不能用一个确定的函数来描述。这种不确定性、不规则性是随机数据共有的特点。随机变量的单个试验称为样本,每次单个试验的时间历程曲线称为样本记录,同一种试验的多次试验的集合称为样本集合或总体,它代表一个随机过程。随机数据的不确定性、不规则性是对单个观测样本而言的,而大量的同一随机振动试验的集合都存在一定的统计规律。对于桥梁结构的振动,一般都属于平稳的、各态历经的随机过程,即随机过程的统计特征与时间无关,且可以用单个样本来替代整个过程的研究。随机数据可以用均值、均方值和均方差、概率密度函数、自相关函数、功率谱密度函数表示。

自功率谱密度在整个频率域上的积分就是随机变量的均方值。一般振动的能量或功率与其振幅的平方或均方值成比例,所以功率谱密度反映了随机数据在频率域内能量的分布情况,某个频率对应的功率谱值大,说明该频率在振动过程中占主导地位,由此即可在纷繁的量测数据中分析出结构的固有频率。因而在分析随机数据的频率构成时,我们常常利用其自功率谱的分布图形来判断桥梁结构的固有频率,在实际测试中,随机数据的自功率谱计算常采用快速傅立叶变换(FFT)来实现。图 8-6(a)为脉动试验时速度时程曲线,经过 FFT 变换,可以得到图 8-6(b)所示的频域图,从而测得振动频率。

2)结构阻尼比

桥梁结构阻尼可采用波形分析法、半功率带宽法或模态分析法得到。结构阻尼参数宜取用多次试验所得结果的均值,单次试验的实测结果与均值的偏差不应超过±20%。

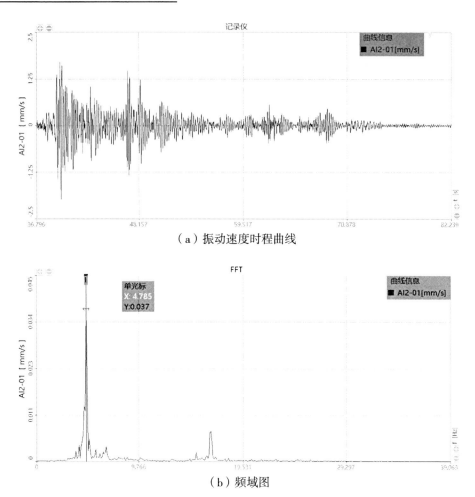

（a）振动速度时程曲线

（b）频域图

图 8-6　桥梁振动曲线 FFT 计算

（1）波形分析法

桥梁结构阻尼特性，一般用对数衰减率或阻尼比 D 来表示。从桥梁振动衰减曲线可以求得这些桥梁振动参数，如图 8-7 所示。

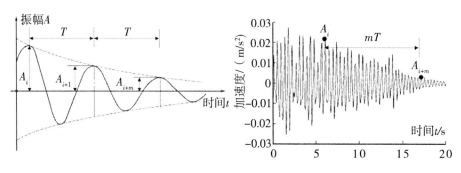

图 8-7　振动衰减曲线

根据振动理论,对数衰减率计算公式为

$$\delta = \ln \frac{A_i}{A_{i+1}} \qquad (8-2)$$

式中:A_i、A_{i+1}——相邻两个波的振幅值,从衰减曲线上直接获取。

实践中,常在衰减曲线上取 m 个波形,求得平均衰减率:

$$\delta_a = \frac{1}{m} \ln \frac{A_i}{A_{i+m}} \qquad (8-3)$$

对数衰减率 δ 和阻尼比 D 的关系为

$$\delta = \frac{2\pi D}{\sqrt{1 - D^2}} \qquad (8-4)$$

由于一般材料的阻尼比很小,因此阻尼比可近似表达为

$$D = \frac{\delta_a}{2\pi} \qquad (8-5)$$

(2)半功率带宽法

半功率带宽法是在自振频谱图上对每一阶自振频率采用半功率点号字宽求取阻尼比的方法,如图8-8所示。采用此方法时频率分辨率 Δf 一般不大于1%的自振频率位,以保证插位计算的精度。

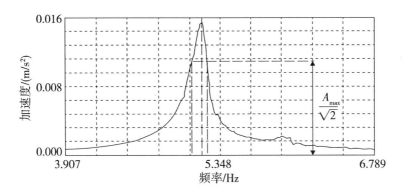

图8-8 半功率点法阻尼识别

$$D = \frac{n}{\omega_0} = \frac{\omega_2 - \omega_1}{2\omega_0} = \frac{f_2 - f_1}{2f_0} \qquad (8-6)$$

式中:f_0——自振频率;

f_1、f_2——半功率点频率,即0.707的功率谱峰值所对应的频率。

3)桥梁模态参数识别

桥梁模态试验多采用环境激励方法,对于环境激励下的桥梁模态识别,按照识别信

号域的不同可分为频域方法与时域方法。桥梁模态试验依赖于模态测试设备及模态分析软件,在工程应用层面的识别方法有峰值识别法(PP)、频域分解法(FDD)、增强的频域分解法(EFDD)以及随机子空间法(SSI)。桥梁模态参数识别采用专用软件进行分析,同时得到振型、固有频率及阻尼比等参数。

(1)峰值识别法(PP)

峰值识别法利用功率谱密度函数在系统固有频率处出现的峰值,可实现对系统模态的识别。方法简单易行,但识别精度不高,并且难以用于密集模态的识别。为求取模态振型,可对功率谱密度函数进行曲线拟合。

(2)频域分解法(FDD)

频域分解法是峰值识别法的改进算法,主要解决了峰值识别法难以处理密集模态的问题。首先对响应功率谱进行奇异值分解,再将多自由度系统的功率谱密度函数解耦为一系列单自由度的功率谱密度函数,最后利用峰值识别法识别系统的频率。但频域分解法只适用于小阻尼结构,且无法得到准确的阻尼识别结果。

(3)增强的频域分解法(EFDD)

增强的频域分解法作为频域分解法的改进,其原理为将每条谱线的响应互功率谱密度矩阵进行奇异值分解,可得到解耦以后各单自由度模态的自功率谱密度和各阶模态的振型。由功率谱密度在峰值附近的区间可确定模态的频率和阻尼。增强的频域分解法操作极其简单,和峰值识别法类似,要识别峰值即可。和峰值识别法不同的是,通过奇异值分解,增强的频域分解法能直接得到振型,识别密集模态。

(4)随机子空间法(SSI)

随机子空间识别是以线性的离散状态空间方程为基本模型,将输入项和噪声项合并假定为白噪声,并以此为基础,利用白噪声的统计特性进行计算,得到卡尔曼滤波状态序列,然后应用最小二乘计算系统矩阵,完成识别过程。随机子空间法分为协方差驱动随机子空间法和数据驱动随机子空间法。协方差驱动随机子空间法首先要计算输出协方差序列组成的块 Toeplitz 矩阵,对 Toeplitz 矩阵进行奇异值分解(SVD),以得到可观矩阵和可控矩阵,再利用可观矩阵和可控矩阵得到系统矩阵,从而识别系统的模态参数。

(5)模态验证方法

模态验证是模态识别中非常重要的一个环节。对于环境激励下的模态识别,无法由完整的激励、响应数据建立模型,以及噪声的干扰、激振的不充分,都容易影响识别结果的准确度与精度,使算法鲁棒性不强。模态验证数学指标包括模态置信度(MAC)、模态比例因子/模态标定因子(MSF)、模态复杂性(MOV)等。MAC 用于衡量不同模态振型的相关性,可用于匹配计算振型与实验振型,也可用于比较损伤状态与未损伤状态的模态振型,从而判断损伤程度,是一种应用较多的模态验证指标。在模态验证中,可利用不同阶次模态进行 MAC 的自/互相关性分析,绘制直方图进行观察。MOV 通过给结构增加附加质量来计算模态的频率灵敏度,MOV 越低表明模态越可能是噪声模态。

4)冲击系数

计算冲击系数时应优先采用桥面无障碍行车下的动挠度时程曲线,对小跨径桥梁的高速行车试验,当判断直接求取法误差较大时,应根据实际情况采用数字低通滤波法求取最大静挠度或应变,对特大跨径桥梁,受现场条件限制无法测定动挠度时,可采用动应变时程曲线计算冲击系数。

动力荷载作用于桥梁结构上产生的动挠度,一般较同样的静荷载所产生的相应的静挠度要大。动挠度与相应的静挠度的比值称为活载冲击系数。由于挠度反映了桥梁结构的整体性能,是衡量结构刚度的主要指标,因此活载冲击系数综合反映了动力荷载对桥梁结构的动力作用。活载冲击系数与桥梁的结构形式、车辆行驶速度、桥面的平整度等因素有关。为了测定桥梁结构的冲击系数,应使车辆以不同的速度驶过桥梁,逐次记录跨中截面的挠度时程曲线,如图 8-9 所示。按照冲击系数的定义有:计算冲击系数时应优先采用桥面无障碍行车下的动挠度时程曲线。对小跨径桥梁的高速行车试验,当判断直接求取法误差较大时,应根据实际情况采用数字低通滤波法求取最大静挠度或应变。

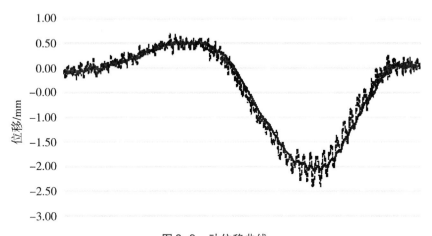

图 8-9 动位移曲线

$$\mu = \frac{f_{\text{dmax}}}{f_{\text{jmax}}} - 1 = \frac{f_{\text{dmax}}}{\dfrac{f_{\text{dmax}} + f_{\text{dmin}}}{2}} - 1 = \frac{f_{\text{dmax}}}{f_{\text{dmax}} - \dfrac{f_{\text{p·p}}}{2}} - 1 \qquad (8-7)$$

式中:f_{dmax}——最大动挠度幅值;

f_{jmax}——去波形振幅中心轨迹的顶点值,或通过低通滤波求取;

f_{dmin}——与 f_{dmax} 对应的动挠度波谷值；

$f_{\text{p-p}}$——挠度动态分量的峰–峰值。

冲击系数宜取同截面（或部位）多个测点的均值，进行多次试验时可取该车速下的最大值。

8.2.5　桥梁结构动力性能评估

1）自振频率

自振频率与结构刚度有着明确的关系，自振频率容易精确测量，利用自振频率评价桥梁的刚度也具有较高的可靠性。通过计算实测自振频率与计算自振频率的比值，根据表 8-6 所列评定标准进行评定。当实测值大于计算值时，可认为结构实际刚度大于理论刚度，反之则实际刚度偏小。

表 8-6　桥梁自振频率评定标准

上部结构	下部结构	评定标度
$f_{\text{mi}}/f_{\text{di}}$	$f_{\text{mi}}/f_{\text{di}}$	
≥1.10	≥1.20	1
[1.00,1.10)	[1.00,1.20)	2
[0.90,1.00)	[0.95,1.00)	3
[0.75,0.90)	[0.80,0.95)	4
<0.75	<0.8	5

注：f_{mi} 为实测自振频率；f_{di} 为计算自振频率。

（1）比较自振频率、振型及阻尼比实测值与计算值或历史数据，根据变化规律初步判断桥梁技术状况是否发生变化。

（2）比较实测冲击系数与设计所用的冲击系数，实测值大于设计值时应分析原因。

2）动载试验报告内容

分析计算和资料整理应包括下列内容：

（1）动载试验荷载效率。

（2）各试验工况下动挠度、动应变、加速度等的时域统计特性，包括最大值、最小值、均值和方差等。

（3）典型工况下主要测点的实测时程曲线。

（4）典型的自振频谱图。

（5）实测自振频率与计算频率列表比较。

（6）冲击系数-车速相关曲线图或列表。

（7）其他必要的图表数据或资料。

8.3 动载试验案例

8.3.1 项目概况

某一级公路桥梁全长 336 m,共 3 联,主桥为 3×25 m+6×30 m+3×25 m 的装配式预应力混凝土连续箱梁桥。主梁混凝土采用 C50 混凝土,设计荷载为公路-Ⅰ级,桥面交角 75°,桥面铺装为 10 cm C50 混凝土和 12 cm 沥青混凝土。下部结构桥墩采用柱式墩,桥墩基础均为摩擦桩基础;0～12 桥台均采用肋板式台,摩擦桩基础。桥梁分 2 幅设置,单幅桥宽为 0.5 m(护栏)+11 m(行车道)+0.5 m(护栏)=12 m,单幅桥梁典型断面如图 8-10 所示,桥梁现状如图 8-11 所示。

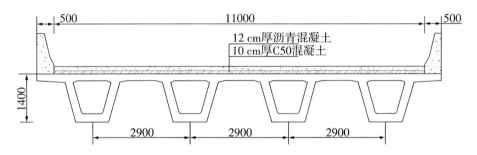

图 8-10 桥梁典型断面图(单位:mm)

图 8-11 桥梁现状照片

8.3.2 测试方案

1）结构动力计算

采用 Midas/Civil 分别建立 3×25 m 有限元模型进行模态分析，计算模型如图 8–12 所示。

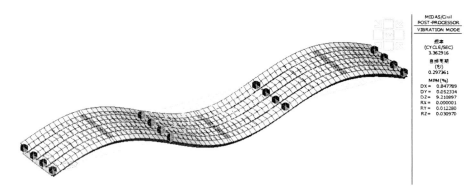

图 8-12 连续梁 1 阶模态振型图

3×25 m 连续梁理论基频 f = 3.363 Hz，按照《公路桥涵设计通用规范》（JTG D60—2015），根据基频可计算出 3×25 m 连续梁汽车荷载的冲击系数为 0.162。

2）测试工况

（1）脉动试验

脉动试验是利用桥梁在各种随机环境激励（包括地脉动、风等）下引起的振动响应，采集响应信号，通过频谱分析得到桥梁结构的固有振动特性，比如固有频率、振型、阻尼比，为桥梁的动力响应分析提供参数。

（2）跑车试验

跑车共 6 个工况，其中工况 1～4 分别以 10 km/h、20 km/h、30 km/h、40 km/h 的速度驶过桥面，以测试桥梁结构在行车载荷作用下的动力反应。工况 5、工况 6 分别以 20 km/h 的速度在边跨中测试截面附近进行刹车和跳车试验。

3）测点布置及测试设备

根据桥梁上部结构的形式，本次试验主要识别出结构的竖向振动的固有频率与模态振型。结合有限元分析结果，纵桥以试验跨的 1/4、1/2、3/4 处作为测试点，竖向传感器布置在桥面的一侧。测点布置如图 8–13 所示，全桥共布设 18 个竖向传感器，2 个动位移计。

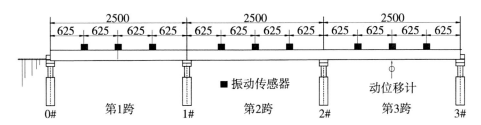

图 8-13　动载试验测点布置图

　　本次动载试验,桥梁振动频率测试采用 DH5907N 振动信号采集分析系统,动挠度测试采用非接触式动态挠度测试系统,采样频率均设置为 100 Hz。

8.3.3　测试数据分析

1)自振特性分析

　　桥梁频率测试采用环境激励法进行,数据采集时长 168 s,采集得到振动时程数据,进行 FFT 频谱变换后,得到结构的频率图,如图 8-14 所示。从中可以识别出桥梁 1 阶竖向振动频率实测值为 4.98 Hz,理论计算值为 3.363 Hz,实测值为理论计算值的 1.48 倍,说明桥梁实际刚度大于理论刚度。

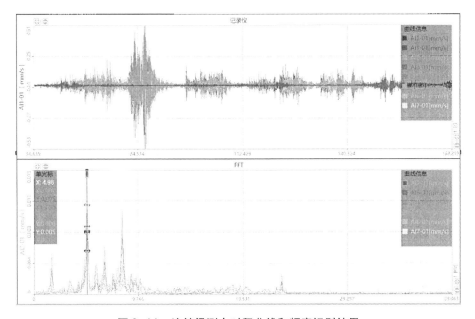

图 8-14　连续梁测点时程曲线和频率识别结果

2)阻尼比分析

　　阻尼比的大小反映了桥梁结构耗散外部能量输入的能力。阻尼比大,说明桥梁结构耗散外部能量输入的能力强,振动衰减得快;阻尼比小,说明桥梁结构耗散外部能量输入的能力差,振动衰减得慢。根据各振动测点的衰减曲线计算阻尼比,如图8-15所示,连续梁桥的阻尼比在1.471%~1.754%之间,在该类桥梁的正常范围以内。

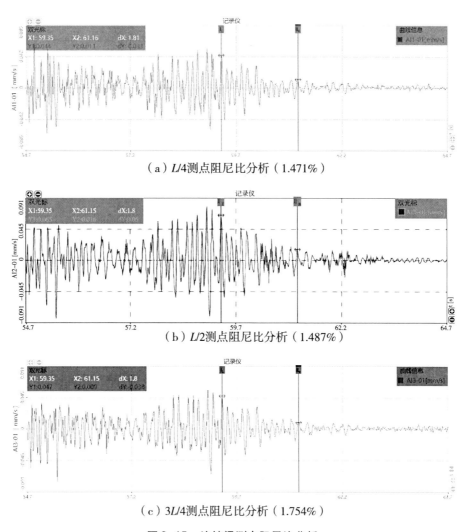

(a) $L/4$测点阻尼比分析(1.471%)

(b) $L/2$测点阻尼比分析(1.487%)

(c) $3L/4$测点阻尼比分析(1.754%)

图8-15 连续梁测点阻尼比分析

3)冲击系数分析

冲击系数的大小与车速、路面平整度状况、测点布设位置、试验工况等诸多因素都有一定的关系。图8-16为跑车试验各工况位移曲线以及计算的冲击系数。

表8-7所列为各工况实测冲击系数:跑车试验时,车速从10 km/h增大至40 km/h,冲击系数在1.031~1.099之间;当车速同为20 km/h时,刹车工况冲击系数更大;跳车工况下,冲击系数为1.109,未超过理论计算值1.199。冲击系数测试影响因素较多,如行车

速度、桥面平整度、车辆的载重、驾驶员的驾驶习惯等,均对冲击系数有较大影响;跳车工况下冲击系数达到最大,说明桥面平整度对实际冲击系数影响最为显著。在桥梁运营过程中需要保证桥面铺装技术状况完好,在保证通行舒适度的同时,也可降低车辆对桥梁的冲击效应。

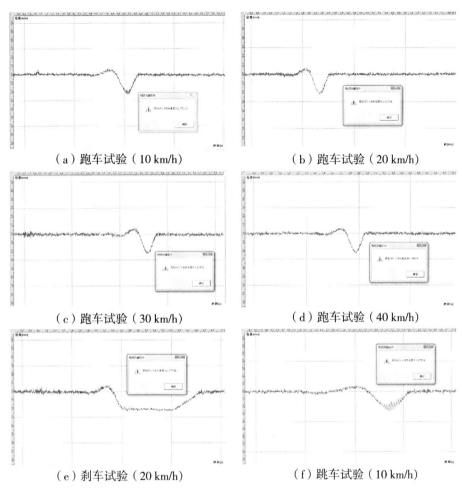

(a)跑车试验(10 km/h)   (b)跑车试验(20 km/h)

(c)跑车试验(30 km/h)   (d)跑车试验(40 km/h)

(e)刹车试验(20 km/h)   (f)跳车试验(10 km/h)

图8-16 位移曲线及冲击系数识别

表8-7 冲击系数测试结果

速度/(km/h)	10	20	30	40	刹车	跳车
冲击系数	1.031	1.072	1.079	1.099	1.077	1.109

8.3.4　动载试验结论

通过动载试验分析可以得到以下结论:①该桥实测 1 阶竖向振动频率为 4.98 Hz,大于理论计算值 3.363 Hz,说明测试跨桥梁实际刚度大于理论刚度;②实测结构阻尼比在1.471% ~1.754% 内,均在该类桥梁的正常范围 1% ~8% 内;③实测最大冲击系数为1.109,不大于理论计算值 1.199。综上所述,桥梁动力性能符合设计要求,可满足正常使用要求。

8.4　连续刚构桥模态试验案例

8.4.1　工程概况

某高速公路桥梁,桥型为 97.5 m+165 m+97.5 m 预应力混凝土连续刚构,设计荷载为公路-Ⅰ级。主梁采用单箱单室截面,截面高度从墩顶向跨中逐渐变小,墩顶截面梁高10 m,跨中截面梁高 3.6 m,箱梁截面构造见图 8-17(a)。桥宽 12.75 m,横桥向布置为0.5 m(护栏)+11.75 m(行车道)+0.5 m(护栏)。桥面铺装为 8 cm 厚 C50 混凝土+6 cm厚中粒式改性沥青混凝土+4 cm 厚细粒式改性沥青混凝土。下部结构为双肢薄壁墩,如图 8-17(b)所示,横桥向宽 6.5 m,纵桥向单肢宽 1.4 m,间距 6.6 m,基础为钻孔灌注桩。桥梁全景如图 8-18 所示。

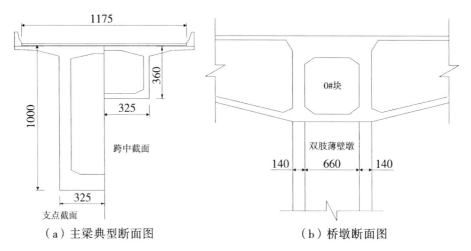

（a）主梁典型断面图　　　　　　（b）桥墩断面图

图 8-17　某连续刚构桥截面尺寸(单位:cm)

图 8-18 某连续刚构桥全景图

8.4.2 模态试验方案

1）结构动力计算

利用 Midas/Civil 建立动力计算模型，如图 8-19 所示。全桥模型采用梁单元模拟，桥梁结构尺寸及材料根据设计图纸确定；主梁与桥墩固结处采用弹性连接，桥墩底部设置为固结支撑，边跨支点采用双支撑约束；建模时将桥面铺装、护栏转化为重量，确保结构重量符合实际情况。

图 8-19 连续刚构桥动力计算模型

2）特征值分析

利用有限元软件 Midas/Civil 按子空间迭代法对桥梁进行特征值分析，得到该桥前 20 阶自振频率和对应振型，结果见表 8-8，该桥前 10 阶振型见图 8-20。桥梁的自振频率能够反映结构的整体刚度，主梁横弯、纵向振型早于主梁竖弯振型出现，表明桥的竖向抗弯刚度明显大于横向、纵向抗弯刚度。

表8-8　连续刚构桥前20阶频率计算结果

阶次	频率/Hz	振型描述	阶次	频率/Hz	振型描述
1	0.325	横向正对称	11	2.502	竖向4阶
2	0.436	横向反对称	12	3.449	横向
3	0.469	纵向振型	13	3.945	竖向5阶
4	0.674	横向正对称	14	4.548	纵向2阶
5	0.923	竖向1阶正对称	15	4.638	竖向+纵向
6	1.178	横向	16	4.746	横向
7	1.484	竖向2阶	17	5.164	竖向+纵向
8	1.646	横向	18	5.955	横向
9	1.745	竖向3阶	19	6.813	横向
10	2.369	横向	20	7.418	竖向+纵向

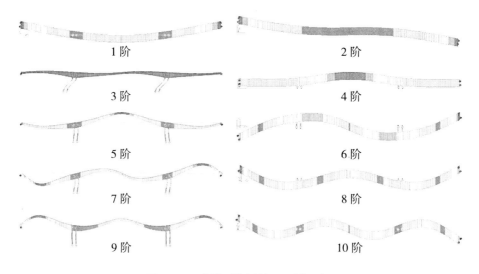

图8-20　连续刚构桥前10阶振型图

3）测试方法选择

桥梁模态试验采用固定参考点的环境激励测试方法,即其中一个测点固定不动,作为参考点,其余测点作为移动的测量点,分批对测点位置进行测试。要根据桥梁上部结构的形式,识别出结构的竖向振动的频率与模态。结合有限元分析结果,测点布置如图8-21所示,全桥共布设13个测点,测试时以C7测点作为参考点。

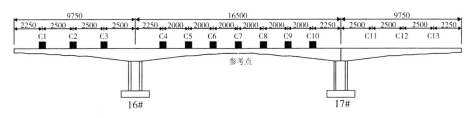

图 8-21　动载试验传感器布置图(单位:cm)

本次动载试验采用 DH5907N 振动信号采集分析系统,该系统内置磁电式速度传感器,大容量可充锂电池组供电,采用无线同步及传输技术,实时采集多测点数据,实时传输数据至计算机,广泛应用于桥梁、大型建筑及大型机械设备等不易实现人工激励的结构的实验模态分析。

8.4.3　测试数据

采用环境激励法分 2 批采集数据,采样频率 100 Hz,各批次采集参数、各测点振动时程曲线详见表 8-9 所示。

表 8-9　模态试验参数及测点振动时程曲线

批次	测点及通道	采集参数	测点振动时程曲线
第1批	C1(通道1)	采样频率	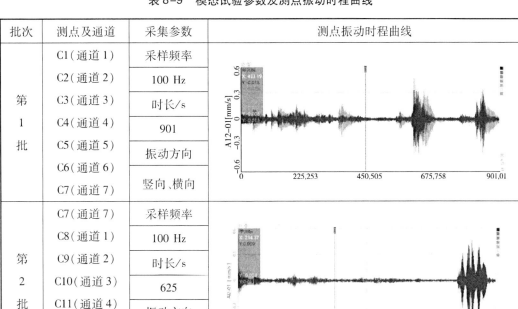
	C2(通道2)	100 Hz	
	C3(通道3)	时长/s	
	C4(通道4)	901	
	C5(通道5)	振动方向	
	C6(通道6)	竖向、横向	
	C7(通道7)		
第2批	C7(通道7)	采样频率	
	C8(通道1)	100 Hz	
	C9(通道2)	时长/s	
	C10(通道3)	625	
	C11(通道4)	振动方向	
	C12(通道5)	竖向、横向	
	C13(通道6)		

247

8.4.4 模态分析

本次试验模态分析采用 DH5907N 桥梁测试系统自带的试验模态分析模块进行。试验模态分析模块可对结构进行可控的动力学分析，分析出结构固有的动力学特性，这些特性包括振型，对应每个振型的共振频率和描述模态振型中自由响应振动随时间快慢的阻尼比，以及模态质量和刚度等。

1）模态分析流程

利用 DH5907N 进行模态分析的流程如下：

（1）建立模型：通过软件中提供的矩形、圆、长方体、球等常规几何体快速建模。桥梁结构可选择矩形快速建模，首先根据桥长、桥宽设置矩形的长度和宽度，然后设置长度和宽度的等分数量完成建模。对复杂的桥型，也可采用手动建模。模型建好后，输入测点号，用于试验测点号与模型结点号的对应。

（2）导入测试数据：将采集的数据导入到模型数据文件中，并与测点进行匹配。

（3）参数识别：分析测试数据，识别频率、阻尼比等模态参数。软件中的识别方法有自互功率谱法、传递率法、增强频域分解法、随机子空间法等多种模态参数识别方法。

（4）振型查看：模型参数计算完毕后，查看振型。

（5）振型验证：通过查看 MAC 图（模态置信准则）、MSF 图（模态比例因子）和 MOV 图（模态复杂性）实现。

2）模态识别结果

获得测点信号的频谱图后，用传递率法对选择的频率峰值进行参数识别，可以求得结构的自振频率、响应的振型及阻尼比。表 8-10 列出了本次模态试验识别出的前 6 阶频率、阻尼比以及对应的计算值，同时将前 3 阶的整形图与计算振型进行对比，如图 8-22所示。

表 8-10 桥梁实测频率与理论频率对比表

阶次	频率/Hz		实测/理论	实测阻尼比/%	振型描述
	计算	实测			
1	0.922	1.074	1.16	2.2	对称弯曲振动
2	1.482	1.807	1.22	1.5	反对称弯曲振动
3	1.755	2.197	1.25	1.4	对称弯曲振动
4	2.513	2.930	1.17	3.2	反对称弯曲振动
5	4.026	4.590	1.14	1.1	对称弯曲振动
6	4.790	5.615	1.17	5.9	反对称弯曲振动

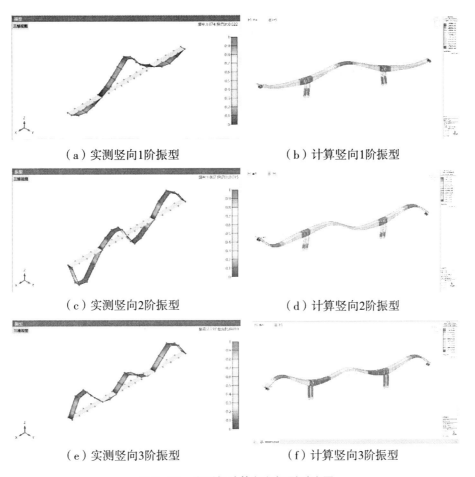

（a）实测竖向1阶振型 （b）计算竖向1阶振型

（c）实测竖向2阶振型 （d）计算竖向2阶振型

（e）实测竖向3阶振型 （f）计算竖向3阶振型

图 8-22　实测与计算竖向振型对比图

通过动力试验分析可以得到以下结论:该桥实测竖向 1 阶竖向振动频率为 4.98 Hz,大于理论计算值 3.363 Hz,说明测试跨桥梁实际刚度大于理论刚度;实测结构阻尼比在 1.1% ~5.9% 内,均在该类桥梁的正常范围 1% ~8% 内。综上所述,桥梁动力性能符合设计要求,可满足正常使用要求。

第 9 章

桥梁检测是多学科理论、方法、技术相互交叉融合的技术领域,伴随无人设备、先进传感、物联网、人工智能等现代技术发展,桥梁检测向高精度、便捷快速、非接触、自动采集分析等智能化方向发展,这不仅使得桥梁检测手段更加丰富,而且大幅提高了桥梁检测的广度、精度及效率。新技术的应用也将促使检测服务模式的不断改变,桥梁检测借助新技术持续升级转型,以适应新的检测需求。

9.1 桥梁智能检测技术与设备

公路桥梁检测是保证桥梁结构安全稳定的重要过程,智能检测技术与装备可进一步辅助桥梁检测专家完成桥梁服役性能的评估。随着人工智能和数字图像处理技术的快速发展,人工目视检测演化的机器视觉法成为智能检测装备在公路桥梁外表面检测的主要技术手段;不同类型的无损检测方法也可进一步为桥梁内部病害检测提供数据支持,实现桥梁检测数据可定位、可对比、可溯源、可监督。与此同时,无人车、无人机、无人船、爬壁机器人等多类型智能检测装备已经逐渐覆盖多种桥梁构件检测环境,检测精度和病害识别效果也随着无损检测技术发展而不断提升,突破了传统检测中病害漏检、检测效率低等技术瓶颈。

9.1.1 基于机器视觉法进行的桥梁病害检测

目视检查一直都是桥梁检测的重要手段,随着计算机视觉、人工智能等技术的快速发展,机器视觉法逐渐替代人工目视检测,成为桥梁表观病害检测的新兴手段之一。

原始数据是进行表观病害检测的重要依据。基于机器视觉法进行桥梁表观病害检测时,选用的数据采集技术直接关系到原始数据的质量,对病害的检测及评估具有十分重要的意义。目前检测平台搭载的传感器主要有 3 类:①光学传感器,如无人机集成相机、工业相机、微单相机等;②红外传感器,如红外相机、红外热像仪等;③测距传感器,如激光雷达、激光扫描仪等。

1)图像识别技术

通过智能检测平台,检测人员可以获取大量数据,数据中可能含有复杂的干扰信息,如何从数据中快速识别和定位桥梁损伤,是基于机器视觉法进行桥梁检测的核心环节。表观病害主要包括混凝土裂缝、剥落、腐蚀、露筋、渗水、风化,钢结构疲劳裂缝、表面锈蚀、螺栓与铆钉锈蚀、涂料剥落,砌体膨胀、裂缝、渗水、缺损等。获取的病害数据类型有数字图像、红外图像和三维点云。其中,数字图像数据中包含的与表观病害相关的信息较为丰富,因此基于图像处理技术进行表观病害检测仍然是目前相关研究的主流。

图像识别技术主要包括 3 类方法:人工目视检测、基于经典数字图像处理的方法和基于深度神经网络的方法,见表9-1。其中人工目视检测的自动化程度较低,正逐渐被更加先进的方法所取代。

表 9-1 图像识别方法

图像识别方法		功能	应用场景
基于经典数字图像处理的方法	边缘检测	Prewitt 算子、Canny 算子	检测具有明确边缘的表观病害(例如裂缝),对于面状病害及其他的复杂病害适用性较差
	阈值分割	Otsu 阈值分割、Niblack 二值化	
	区域生长	种子生长	
	特征匹配	匹配过滤、小波变换	
基于深度神经网络的方法	目标检测	能够在图像中将病害以锚框等形式标注	混凝土裂缝、剥落、风化、腐蚀、露筋等多种病害的目标检测;钢结构表面缺陷及螺栓缺陷的检测精度
	语义分割	能够实现像素级别的病害分割	
	实例分割	在像素级分割的基础上进一步区分一类病害中的不同实例	

(1)基于经典数字图像处理的方法

用基于经典数字图像处理的方法进行裂缝检测主要依赖于图像分割技术,包括边缘检测、阈值分割、区域生长、特征匹配等算法。经过上述算法处理得到初步的分割图后,可辅以形态学操作等手段进一步细化分割结果,获取病害信息。上述方法的实现难度较低,物理意义较为明确,但容易受到图像中噪声的干扰,且需要人工干预调整相关参数。此外,上述方法仅适用于检测具有明确边缘的表观病害(例如裂缝),对于面状病害及其他的复杂病害适用性较差。

（2）基于深度神经网络的方法

基于深度神经网络的桥梁表观病害检测方法主要分为目标检测、语义分割和实例分割三大类别。目标检测能够在图像中将病害以锚框等形式标注，语义分割则能够实现像素级别的病害分割，实例分割能在像素级分割的基础上进一步区分一类病害中的不同实例，实现混凝土裂缝、剥落、风化、腐蚀、露筋等多种病害的目标检测。

2）三维建图技术

点云数据可用来三维建图，即从传感器采集的信息中恢复待测桥梁结构的三维模型，如点云、网片模型等。建图有三种方法：基于倾斜摄影测量、基于激光扫描仪的点云生成和基于同步定位与建图（SLAM）的地图重建。由于技术较为成熟，在现有的采用三维建图技术的相关研究中，多数使用基于倾斜摄影测量方法构建桥梁的三维点云数据。三维建图不仅能够将待测桥梁结构的表面信息与几何信息留存建档，还能用于辅助病害信息的定位、精确巡检航线的生成等病害检测的子任务。

（1）基于倾斜摄影测量

基于倾斜摄影测量方法提取数字图像中的特征点并进行匹配，结合对极几何关系进行空间位姿的捆绑调整，进一步生成场景的稀疏点云；然后通过多视角立体视觉进行深度图的估计以及稠密点云的生成。该方法技术较为成熟，应用广泛，建模效果较好，但对硬件和数据质量的要求较高，适用于离线建图，计算耗时长。

（2）基于激光扫描仪的点云生成

激光扫描仪利用了激光测距的原理，通过激光束的发射、反射与接收进行三角测量，从而确定目标点的三维坐标信息。基于激光扫描仪的点云生成能够直接获取结构表面点的坐标信息，该方法获取到的点云精度很高，但机动性较差，扫描耗时长。

（3）基于 SLAM 的地图重建

基于 SLAM 的地图重建本质上是一个状态估计问题，即在运动传感器的测量数据和观测传感器（例如激光雷达、相机）的数据已知的情况下，求解机器人以及周围地图点的位置。SLAM 系统主要由传感器数据处理、前端（里程计）、后端（优化）、回环检测、建图这 5 个模块组成。该方法的优点是能够以接近实时的速度得出传感器的位姿和场景的点云，且不依赖 GNSS 定位；缺点是点云精度差于基于摄影测量的方法且性能受传感器与算法的影响比较大。

9.1.2 桥梁结构轻量化监测技术

常规桥梁开展定期检查基本能满足养护需要，但长大复杂结构桥梁，需要对桥梁进行连续、自动测量和记录，以获取桥梁环境、作用、结构响应与结构变化定量数据，实现监测数据超限报警,全面地评估结构健康状况,即结构监测技术。

1)长大桥梁结构监测

根据《交通运输部关于进一步提升公路桥梁安全耐久水平的意见》,交通运输部决定在"十四五"期间组织开展跨江跨海跨峡谷等长大桥梁结构健康监测系统建设。按照"安全第一、预防为主,明确责任、分级管理,突出重点、分步实施,单桥监测、联网运行"的原则,对跨江跨海跨峡谷等长大桥梁结构健康开展实时监测,动态掌握长大桥梁结构运行状况,着力防范、化解公路长大桥梁运行重大安全风险,进一步提升公路桥梁结构监测和安全保障能力。建设范围包括公路在役和在建单孔跨径 500 m 以上的悬索桥、单孔跨径 300 m 以上的斜拉桥、单孔跨径 160 m 以上的梁桥和单孔跨径 200 m 以上的拱桥。

桥梁结构监测系统是一种通过网络集成技术将分布在桥梁现场和监控中心的各类传感器、数据采集与传输、数据处理与管理、数据分析与应用的硬件设备、软件模块及配套设施连接在一起,具有对桥梁设定参数连续监测、自动记录、数据显示、报警评估的功能,辅助桥梁管理和养护决策的电子信息系统。桥梁结构监测系统包括硬件系统、软件系统和配套工程,整体构成如图 9-1 所示。

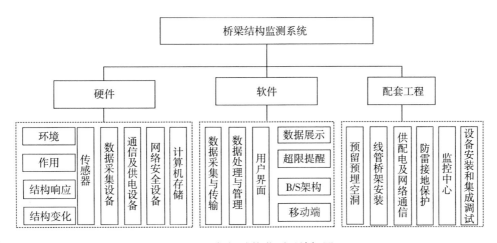

图 9-1　桥梁结构监测系统框图

(1)硬件系统

硬件系统主要包括传感器、数据采集设备、通信及供电设备、计算机存储、网络安全设备,其中传感器是硬件系统的核心,其他硬件模块根据传感器来配置。传感器数量和类型根据结构监测内容确定,桥梁监测内容包括环境、作用、结构响应和结构变化 4 个主题。①环境方面指影响桥梁安全和功能的桥址自然环境因素,包括温度、湿度、风、结冰等;②作用指的是桥梁所受的直接荷载或间接荷载,如车辆荷载、地震等;③结构响应是由作用引起的桥梁构件、部件、结构的静力或动力响应,如挠度、应变、转角、加速度等;

④结构变化指的是以桥梁结构成桥状态或某一规定时刻状态为基准,桥梁构件、部件、结构在使用中几何形态和表观、结构性能发生的相对变化,如基础冲刷、位移等。

（2）软件系统

软件包括数据采集与传输、数据处理与管理和用户界面。①数据采集与传输实现各类传感器信号的自动化采集和传输的功能,同时对测点采集频率、采集通道、采集参数进行配置;②数据处理与管理对接收到的现场数据进行预处理、特征值提取以及数据储存,可根据监测类别配置对应的处理算法,将监测数据转换为反映桥梁状态的特征数据;③用户界面是系统功能的具体体现,主要实现多样化展示以预警应用,从架构上宜采用B/S 架构,以满足多用户并发访问需求,同时系统配置手机、平板电脑的小程序、App 等移动端功能,实现数据查看、查询,预警信息推送以及车辆监控等功能。

（3）配套工程

系统配套工程包括预留预埋空洞、线管桥架安装、供配电及网络通信、防雷接地保护、监控中心、设备安装和集成调试。桥梁传感器安装,确需开孔（洞）、焊（胶）接、打磨、切割操作的,不影响桥梁主体结构安全;基于桥梁现有主体结构防雷体系设计系统防雷,明确区域强电防雷、弱电防雷、等电位连接及接地技术要求;明确监控中心基础环境要求,包括机柜数量、供配电及网络通信、环境温湿度、防静电、通风、防火防盗等。

2）中小跨径桥梁轻量化监测

尽管结构监测已经在众多大型桥梁结构上应用,也为桥梁的安全运营维护提供了帮助和支持,但目前对中小跨径桥梁,现有监测技术面临成本、部署及效率等多重挑战。传统的传感设备通常需要安装于结构表面,对于难以到达的区域,其部署与维护存在显著困难。同时,各类型的传感设备难以互联互通,这又显著增加了监测系统的复杂程度。另外随着桥梁监测工作的深入开展,从不同来源获取的庞大且复杂的数据不断堆积,且难以被有效利用。这些海量监测数据不仅增加了数据传输的压力,还影响了监测系统的运行效率。更为关键的是,从这些庞杂的低质量数据中提炼出有助于快速准确评估桥梁性能的有效信息变得尤为困难。对中小跨径桥梁,轻量化监测系统在未来将有更大的发展应用空间,相比常规监测系统,轻量化监测系统具有如下特点:

（1）定制化监测

轻量化监测的关键在于应用低成本、低能耗、高效率的技术及装备,根据桥梁的主要风险和结构特性,有针对性地监测关键指标,而非采用标准化监测模式全面覆盖所有潜在的监测点。监测方案设计时,针对常规桥梁典型病害与养护需求的轻量化监测场景,如空心板铰缝易损空心板梁桥、易倾覆独柱墩桥梁、重载交通桥梁、高墩桥梁倾斜,进行主要病害和风险源的识别、分析和评估。遵循"一桥一策"的原则设置相应的监测指标,并进行适宜的设备选型,以实现精准的目标监测。

（2）一体智能化监测硬件

相比常规的监测系统,轻量化监测系统硬件上要求感知采集一体化。硬件以小型化、低能耗、多功能、可编程 MCU 芯片作为计算核心,融合加速度计、温湿度计、CCD 等不同感知芯片,形成智能化传感器。功能模块由高精度数据采集单元、数据处理单元、电源管理单元和无线通信单元四部分组成。集成了单片测试信号发生器的高精度数据采集单元能够实现微弱信号的捕获、滤波和模−数转换。数据处理单元具备 GPS 定位、SD 卡存储以及时间同步功能,可实现数据的收集与存储。无线通信单元搭载了无线低功耗 LoRa 模块和大功率 Wi-Fi 模块,用于网关节点和节点之间、节点和主机之间的数据无线传输。供电单元采用可循环充电的锂电池及相应的管理电路为网关设备供电。在感知模块上,优先以视觉技术、雷达技术、加速度计、温湿度计等 MEMU 传感器为主,通过相应的智能算法可实现位移、挠度、低频振动、倾角等结构响应的多点同步监测。

（3）"云+端"的数据处理与应用

在数据处理与应用层面,系统采用"边缘端分布式采集+云端集中式回收处理"的架构。在边缘端,数据采集单元作为第一级的边缘计算,通过内嵌的智能算法将图像、电磁波等原始信号处理为结构响应数据,输出至数据处理单元。数据处理单元作为第二级边缘计算,将来自加速度计、应变计、温湿度计等的模拟信号转换为数字信号,并与来自感知设备的数据进行汇总。同时,无线通信单元可接收来自外部的任务指令,并设置有判别机制,以时延的最小化为目标来判断当前计算任务由网关边缘端处理或是传输数据至云端来进行处理。

9.1.3 智能无损检测技术

根据对公路桥梁基础设施智能检测技术的研究,机器人设备可搭载不同的传感器实现桥梁内部、外部构件的智能无损检测。常见的检测方式可按原理分为基于电磁波的桥梁病害检测方法、基于机械波的桥梁病害检测方法、基于电磁传感器的桥梁病害检测方法、基于放射射线的桥梁病害检测方法,如表9-2 所示。

表9-2 无损检测技术发展

测试原理	测试方法	应用领域
基于电磁波	红外热成像方法	通过检测桥梁表面温度分布差异,定性分析桥梁结构内部病害
	探地雷达法	可用于评估桥面厚度诊断、钢筋和钢筋束管道测绘、腐蚀评估和分层测绘

续表9-2

测试原理	测试方法	应用领域
基于机械波	冲击回波法	检测混凝土构件的内部质量情况
	声波发射法	在轧制型材、板材、焊接连接件和缆索配件等钢构件检测中效果明显
	超声波	常用于混凝土结构和钢结构检测,如桩基完整性、裂缝检测等混凝土内部缺陷检测,钢结构焊缝质量检测
基于放射射线	射线检测法	通常用于刚构桥焊接处检测
	中子探针法	实现对混凝土中氯化物的定量分析,获取混凝土中其他元素的信息,有助于全面了解混凝土的成分和性能
基于电磁传感器	涡流检测法	该方法只用于能产生涡流的浅层导电材料
	漏磁检测法	漏磁检测主要用于检测悬索桥和斜拉索桥中缆索的缺陷

1)基于电磁波的桥梁病害检测方法

基于电磁波的桥梁病害检测方法通过特定设备发射不同种类的电磁波,在特定的介质上发生反射和折射,并通过特殊的接收装置检测特殊的电磁波信号,进而发现桥梁内部的异构情况。此类方法可以按照电磁波的频率分为红外热成像法和探地雷达法。

(1)红外热成像法

红外热成像法是基于热辐射和温度检测的一种检测方法,其中物体的异形结构可以通过表面温度分布的差异映射在图像中。该方法借助于红外摄像机测量测试元件发出的红外辐射,如果目标材料是均匀的,则热信号在物体中平稳传播,即无内部缺陷;而对于有缺陷的物体,会导致热信号的急剧变化,并定性分析桥梁结构内部病害。红外热成像法有两种类型:脉冲热成像和锁相热成像。脉冲热成像使用短持续时间的能量脉冲并记录热响应,容易受到被测物表面发射率和光照的影响,同时对深层微小缺陷检测精度较低。相比之下,锁相热成像使用单频正弦热激励从而记录热响应。

(2)探地雷达法

探地雷达法通过分析电磁波在混凝土内部传播和反射情况判断混凝土内部结构。移动桥梁外部探地雷达检测仪器,电磁信号通过天线发送到桥梁内部。反射场的强度(振幅)与介电常数大小的变化成正比。当探地雷达沿地面移动时,可获得具有深度信息的二维图像。该方法可用于评估桥面厚度诊断、钢筋和钢筋束管道测绘、腐蚀评估和分层测绘。

探地雷达是一种强有力的无损评估方法,适用于各种环境和条件。然而,探地雷达在高导电性材料以及非均匀介质条件下出现信号衰减或复杂散射的现象。另一个局限则是雷达检测结果无法直观展示检测情况,需要大量的专业知识才能正确处理与理解。

2）基于机械波的桥梁病害检测方法

基于机械波的桥梁病害检测方法通过特定设备产生不同种类的振动,与桥梁结构在不同频率上发生共振,并根据不同的信号接收频率发现桥梁构件内部的病害缺陷。此类检测方法可以按照机械波的频率和发射方式分为冲击回波法、声波发射法和超声波检测法。

（1）冲击回波法

冲击回波法是通过在桥梁结构的表面施以微小的冲击产生瞬时应力波信号,并接收和分析机械波返回信号,以检测桥梁内部。应力波沿球形方向传播至桥梁结构中,并被内部裂缝或空隙或界面以及结构的外部边界反射。靠近撞击点的位移传感器用于检测反射波到达时的表面位移。通过分析应力波的波速、波形、频率等参数,经过计算机处理技术得到频谱图,判断混凝土构件的内部质量情况。当前冲击回波源产生的冲击持续时间范围约为 $10 \sim 80 \ \mu s$。较短冲击时长的波频范围更广,但振幅较低。因此,冲击回波法无法同时兼顾检测精度和混凝土穿透能力。

（2）声波发射法

声波发射法是利用应力波在混凝土或钢板中传播,根据其反射波的参数变化情况判断构件的厚度及损伤情况。该方法以弹性波的形式产生能量,这些波以圆形模式从裂缝尖端附近向外辐射,通过附在构件表面的传感器获取。为了定位裂缝并消除噪声源的干扰信号,将传感器以几何阵列放置在待测构件上。声波发射法在轧制型材、板材、焊接连接件和缆索配件等钢构件检测中效果明显。该方法只能用于检测桥梁浅层的缺陷。同时,声发射检测方法需要较为复杂和经验性的设备布设方法。

（3）超声波检测法

超声波检测法在各类桥型损伤检测中的应用均非常广泛。该方法可用于检测地下体积缺陷,包括夹渣和簇状孔隙度、表面断裂缺陷和材料厚度,以测量腐蚀和施工误差。同时,该方法还可用于斜拉索和钢筋束锚固区的断线检测。采用超声波检测法时使用的工具包括脉冲发生器、接收器、电子信号控制器和耦合装置。在这种方法中,使用频率超过可听范围的超声波对结构部件进行测试。超声波检测器上的反射波包括地下内部缺陷情况以及表面的精确距离。

电子脉冲的特定振幅和频率通过连接到压电晶体探针的引线产生。根据产生波的类型,存在两种类型的换能器:直波束换能器和角波束换能器。直波束换能器产生由交替的原子层组成的压缩波,这些原子层由于弹性运动而膨胀和压缩。角波束换能器产生剪切波,该剪切波与波运动方向成直角振荡。超声波换能器的接触与被测件表面之间存在气隙可能会导致波散射。因此,须应用凝胶耦合剂于表面加强原位黏合以防止波散射。超声波检测法检测快速,成本适中,且该方法的准确性、便携性和安全性都处在较高的水平。该方法对于检查非常薄的构件、易碎材料和具有复杂几何形状的构件效果较差。此时超声波检测法效率较低,探测深度与成像分辨率成反比,且内部深层无损检测效果一般。

3）基于电磁传感器的桥梁病害检测方法

由于钢筋、缆索、钢板等钢结构具有导电、导磁的特性,同时此类钢构件通常是桥梁主要承载应力的单元,因此检测钢构件内电场、磁场的变化也是检测桥梁现役状态的手段。常见的基于电磁传感器的桥梁病害检测方法可分为涡流检测法和漏磁检测法。

（1）涡流检测法

涡流检测法是一种使用通电探针的无损电磁测试。该技术使用并排放置在探头上的涡流线圈检测构件内涡流。当探头放置在待测构件上时,探头周围会产生动态磁场。该磁场在以探头为中心的待测构件中产生涡流。待测构件上感应的电流以圆形模式振荡,并沿着与线圈中电流相反的方向流动。由于涡流会产生特定的幅值和相位,因此任何裂缝或不连续病害都会影响幅值和相位。然而,该方法只用于能产生涡流的浅层导电材料。而且,检测出涡流的因素较多,仍需要后续评估专家深入分析。

（2）漏磁检测法

漏磁检测法主要用于检测悬索桥和斜拉索桥中缆索的缺陷。为了检测包括腐蚀、断裂、横截面损失和钢构件内部的缺陷,可以使用强外部磁体对元件进行磁化。磁场存在于磁体的探针之间,因此钢元件中的缺陷导致材料中的磁场从其磁通路泄漏,磁泄漏通过放置在磁极之间的磁传感器检测。应用 MFL 方法检测每根缆索的时间约为 10 ~ 20 min,但是由于缆索表面准备和后勤保障时间,平均每根缆索的实际检测时间约是半个工作日。同时,这种方法仍有一些其他的局限性,如强电磁场的安全性问题,以及地面电缆准备的成本问题等。

4）基于放射射线的桥梁病害检测方法

预应力混凝土结构及钢结构桥梁深层病害检测一直都是无损检测研究的难点。随着粒子放射设备逐渐便携化和轻量化,基于放射射线的桥梁病害检测方法可用于桥梁深层结构检测,其主要可分为射线检测法和中子探针法。

（1）射线检测法

射线检测法主要是使用 X 射线或 γ 射线产生待测区域的射线照片以记录厚度、装配细节和缺陷的任何变化。射线检测法在结构工程中有着重要的应用,通常用于刚构桥焊接处检测。动态荷载下焊接接头中的裂缝会进一步扩展并减小横截面,直到焊接部件发生断裂。此外,该方法在检测焊缝内部气孔、裂缝、夹杂物和缺陷的能力和准确性。

（2）中子探针法

检测氯化物的中子探针也称为即时伽马中子活化。其原理是用中子去轰击混凝土试样,使其中的氯原子俘获中子发生核反应,生成具有放射性的核素,再通过测量放射性核素衰变时发出的特征射线,确定混凝土中氯元素的含量,进而得到氯化物的相关信息。因为不同元素的原子核在中子轰击下产生的核反应和生成的放射性核素具有独特的性质,且放射性核素的强度与该元素在样品中的含量成正比,所以能够实现对混凝土中氯化物的定量分析。该方法除了氯化物外,还可以获取混凝土中其他元素的信息,有助于全面了解混凝土的成分和性能。但该方法需要专门的中子源设备和放射性测量仪器,设备成本高,维护和运行也需要专业技术人员,检测成本较高;检测过程相对复杂,需要一定的时间来完成样品的辐照和测量等操作,检测效率相对较低;由于涉及放射性物质和中子源,需要严格遵守放射性防护规定,对检测环境和操作人员的安全要求较高。

9.1.4 桥梁智能检测装备

公路桥梁智能检测装备依托智能检测技术及自动化机器人技术发展,针对检测过程中特定的操作模式、电源、数据采集类型和精度需求,设置特殊的结构、尺寸和功能。根据需要检查的区域或构件,公路桥梁智能检测装备主要分为以下6种类型:桥面自动检测平台、桥底检测平台、缆索检测机器人、巡检无人机、吸附式检测机器人以及水下检测机器人。各类型代表性智能检测设备及常规检测区域如图9-2所示。

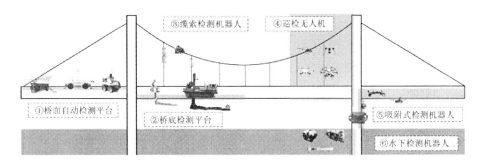

图9-2 各类型公路桥梁智能检测装备

各检测设备间存在互补关系:

(1)路面检测需求与交通荷载直接相关,可主要基于路面自动检测平台实现检测。

(2)通过桥底检测平台可实现与路面检测相对应的桥底检测过程,结合桥面检测平台共同完成桥梁面板上下表面的检测过程。

(3)对于特大跨径桥梁,缆索结构是连接桥梁面板的主要受力构件,各类缆索检测机器人可实现检测。

(4)针对较高的缆索、桥塔等区域,仍需要巡检无人机覆盖更大范围的桥梁检测。

(5)吸附式检测机器人也可进一步解决无人机无法抵近观察的痛点,同时也可以实现箱梁内部的检测。

（6）针对水下基础等特殊检测需求,仍需要各类水下检测机器人辅助检测。

各类检测设备的应用场景及存在问题见表9-3。

表9-3　桥梁智能检测设备对比

检测平台	应用场景	存在问题
桥面自动检测平台	针对桥梁结构检测需求搭载了多种桥梁无损检测传感器,可以完成对桥梁内部结构及病害的检测工作	(1)任务范围有限; (2)封闭道路和交通引导成本高
桥底检测平台	通过大型工作臂将高清摄像机送到桥梁底部,基于机器视觉实现桥底病害检测,可以解决人工桥底检测风险较高的问题	(1)智能化程度较低; (2)检测范围和精度有待提升; (3)检测效率低,适用性差
缆索检测机器人	通过各种仿生手段实现特殊缆索结构的固定、攀爬、越障,近距离、高稳定地实现缆索结构无损检测,可解决常规人工缆索检测过程中技术人员安全保障要求高、有效检测范围较小、实际可量化数据不足等问题	(1)缆索夹紧结构过松或过紧; (2)机器人有效荷载少; (3)检测范围小; (4)多执行单元系统鲁棒性低; (5)其他干扰因素较多
巡检无人机	无人机依靠不同的飞行方式悬停于人工难以抵近的构件附近,通过视觉或其他无损传感器实现桥梁病害的定位与识别。此方法正在逐渐取代仅依靠望远镜目视观察的传统检查方法,可以大幅度提高桥梁检测效率,降低桥梁检测成本	(1)GNSS信号丢失; (2)抵近难度较大; (3)检测精度较低; (4)无人机续航能力较弱; (5)检测范围有限
吸附式检测机器人	吸附式检测机器人可实现桥墩、桥底、箱梁内部等人工难以靠近区域的近距离观察,依托无损检测技术及人工智能处理可以实现待测区域的高精度重建并完成相应病害的检测	(1)吸附稳定性和越障通过性难以兼容; (2)机器人续航较短; (3)表面结构完整性难以保障; (4)机器人自动化水平有限
水下检测机器人	现有水下桥梁检测主要依靠各类无人航行器,如水下检测机器人。此类设备可以大幅度降低人工水下桥梁检查的风险,在此基础上还可以提升水下桥梁结构检测精度	(1)自主运行能力稳定性差; (2)水下可观测能力较弱; (3)设备专业性不足

9.2 桥梁检测监测数据平台

9.2.1 桥梁检测信息化转型要求

在信息化、智能化广泛应用的背景下,无论是从更好地服务于客户的角度还是从提高检测效率、提升检测数据应用水平来说,桥梁检测都亟需信息化转型升级。在数据驱动养护的模式下,桥梁检测服务于养护决策的需求更为突出。桥梁检测后,除了正常地出具检测报告外,通常桥梁管养单位还要求将主要检测数据录入管养系统中,以便更好地服务于养护。对检测机构来说,检测数据录入增加了工作量,这也会促使检测机构从检测数据获取、报告生成、检测数据库建立、数据挖掘等各个检测环节思考信息化转型,以提高检测效率。

1)桥梁管养信息化要求

我国于20世纪80年代末开始研发桥梁养护管理系统,先后经历了数据库信息管理、技术状态评估及维护决策、高效化管理三个发展阶段,各阶段系统功能特点详见表9-4。

表9-4 桥梁管养系统发展及技术特点

发展阶段	数据库信息管理	技术状态评估及维护决策	高效化管理
目标	建立电子化数据库来代替纸质版资料管理手段,以实现管养标准化、规范化	(1)界面优化; (2)开发与改进网络端管理系统; (3)桥梁技术状态评估; (4)改善维护决策方法	(1)解决文件信息表达不直观; (2)数据录入格式不规范; (3)评估数据来源单一等问题
主要功能发展	以存储信息为主要目的,建立满足管养功能所需的数据库,包括①静态信息库、②动态信息库两大类	(1)桥梁技术状态评估,改进基于层次分析法的桥梁状态评估方法; (2)桥梁维护决策	(1)可视化技术; (2)电子化巡检终端; (3)健康监测系统与人工巡检相结合
养护决策	简单排序方法:选取桥梁状况差、维修日期靠前的方案来实施	(1)决策树法; (2)目标优化法	依据综合评判,结合决策,获取维修决策

261

续表9-4

发展阶段	数据库信息管理	技术状态评估及维护决策	高效化管理
存在问题	(1)系统交互性差； (2)人力资源占用多,运维压力大； (3)状态评估和决策水平有限,系统适用性差； (4)不能满足复杂体系桥梁结构的管养需求	(1)信息表达不直观； (2)大量使用人工,智能化不足； (3)工作量大,数据精度无法保证； (4)桥梁管养工作不能形成有效闭环	以实现深度融合、全面感知、科学决策等为主要目标,向智慧管养方向发展

2021年实施的《公路桥涵养护规范》(JTG 5120—2021)对桥梁养护数据信息化管理提出了要求。桥涵管理应建立规范的桥涵数据库,桥涵数据库应采用电子化存储与管理,并设立专人负责养护信息化管理平台的建设、运行与维护等管理工作。

(1)桥涵数据库的内容应包含桥涵静态数据和桥涵动态数据。桥涵静态数据包括桥涵基本信息、空间信息、技术指标、结构信息以及档案信息等,桥涵动态数据包括桥涵的技术状况和养护历史信息(包括病害信息、检查以及维修信息等)等。

(2)以桥涵数据库为基础,构建桥涵养护信息化平台,建立动态的评价和预警体系,实现桥涵养护管理的科学决策。

(3)利用信息技术和科技手段,建立桥涵养护决策分析系统,实现桥涵养护的可视化管理、辅助决策分析和桥涵养护业务的信息化管理。

(4)建立健全桥涵建设、管理、养护全生命周期的数据集成和信息共享,提高信息的利用率。加强历史数据的分析和研究,为桥涵的养护管理提供决策支持。

2)检测机构信息化要求

桥梁检测面临着现场检测质量管控手段不足、检测报告编写效率低、检测数据挖掘难度大等问题,这些问题需要借助信息化系统来解决。

(1)现场检测质量控制手段不足

首先,桥梁检测属于现场检测,相比室内试验具有检测地点不固定、环境条件不可控的特点。桥梁分布区域广、所处位置环境复杂多变,不利于检测环境符合条件。如桥梁荷载试验为了减少温度的影响,需要选择气温相对稳定的夜间开展。其次,对人工调查类的检测,存在检测数据记录不规范、格式不统一、录入与存储归档不同步的问题。这些问题借助于定位技术、移动数据采集设备、智能联网设备得到解决。

(2)检测报告编写效率低

桥梁检测报告仍以人工编写为主,通过人力进行检测内容整合、资料整合等工作,其过程较为烦琐、单调且重复性工作较多。同时在面对大量的检测数据时,人工计算效率低,且难免出现统计计算失误造成结果误差。同时检测数据的录入工作也带来了额外的工作量,降低了效率。借助于检测数据处理系统,可以将报告编写由人工方式向系统生成方式转变,同时也可避免数据的重复录入。

(3)检测数据挖掘难度大

首先,以纸质报告形式存储的检测数据,不便于查询、对比分析,也给挖掘应用带来困难。其次,桥梁检测内容多,数据类型丰富,但同座桥梁,不同时期的检测数据、不同指标的检测数据之间的关联性差,不能依据历史检测数据对桥梁现阶段技术状况进行更加准确的评估分析。这也要求以数据库形式管理检测数据。

3)信息化背景下检测服务模式要求

新技术应用也将促使检测服务模式转变,现有的检测服务以提供检测报告为中心开展,按照发现问题→委托检测→现场检测→提交报告的流程开展检测服务。随着桥梁检测数据平台的建立和完善,检测服务逐步转变为以桥梁检测数据平台为中心,提供多样化综合服务的模式,如图 9-3 所示。在这种模式下,现场检测和数据处理将更多地依托数据平台。首先,巡查发现的问题直接上传到系统平台,平台根据需要生成检测任务,并将任务内容及相关信息下发至检测机构,检测机构开展多样化的现场检测,并将检测数据回传至系统平台,完成数据采集。其次,系统平台具备基础数据、检测数据以及监测数据的管理功能,基于这些数据,平台可以根据既有的算法,结合基础数据、历史数据及当前检测数据,对桥梁状况进行评估,生成检测报告。

从信息角度而言,检测是获取数据→分析数据→评估的过程,桥梁检测服务是获取桥梁设施的状态数据、处理数据、依据数据对桥梁设施安全做出评判的技术服务。以桥梁检测数据平台为中心的检测服务,数据是基础,平台是工具。

(1)数据获取手段的多样化

常规的检测模式是:技术人员带设备到现场检测→获取数据→分析数据→出具报告。信息技术、物联网技术和智能传感技术的发展,促进了检测模式向在线监测模式发展,即现场安装设备→获取数据→分析数据→出具报告。信息化带来检测数据获取方式的多样化。更多智能检测设备、在线监测设备的应用有助于获取更丰富数据的同时,也将大大提高数据获取效率。桥梁数据的获取方式有人工录入、批量导入以及设备自动获取等多种方式。人工现场纸质采集可向手持终端设备转变,人工定期测量可向自动监测采集转变。

(2)数据主题丰富

数据是桥梁养护的基础,数据内容要以应用为导向,全面、连续地获取桥梁相关地数据。基于全面的、连续的数据去分析趋势,研判状态,可能比实时、精细的预警系统更容易实现。

从数据变化频率的角度分类,可将数据分为静态数据和动态数据。静态数据是指桥梁从建成通车到设计寿命终结始终不变化的数据,涉及桥梁属性数据,一般为桥梁设计文件或竣工文件中的数据,包含识别数据、结构数据、经济指标及桥梁档案。动态数据是指随着桥梁投入运营的时间变化而不断变化的数据,如病害数据、维修数据、养护数据及评价数据等。运营过程的检测数据来源于多方面,有养护单位获取的经常性检查数据,有检测机构提供的定期检查数据,也有来自监测系统的数据,依托于统一的数据平台,才能为评估、维修设计提供全面的支撑。

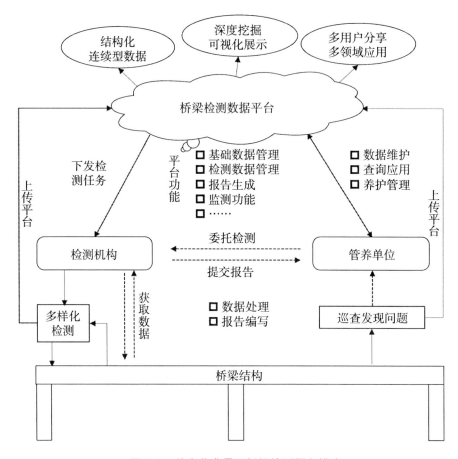

图9-3　信息化背景下桥梁检测服务模式

(3)可视化数据展示

有了数据的支撑,无论是"一张图系统",还是 BIM 或者 VR 应用展示,都可以以简洁、直观、可视的方式展示数据,这也是系统开发的目标。

简洁:让人最方便地获取最想要的东西,需要精准地把握客户需求,尤其多行业角色的情况。比如,现场检测人员最想知道如何方便地检测记录病害,如何一键生成报告;管理人员最想知道桥该怎么管理;行业管理者最想直观了解整体状况。

可视:需要软件技术的支撑。如桥梁空间位置的展示,桥梁结构三维直观展示,桥梁受力参数直观、实时动态展示等,这些都需要不同软件技术的支撑,涉及不同的数据标准、数据格式转换等。

(4)多源数据融合

当前阶段,检测与监测信息作为桥梁评估的基本信息来源,是支撑养护决策的主要依据。为提高桥梁评估效果,实现智慧养护决策,仅侧重于桥梁的日常检查与监测,养护信息不能满足智慧管理系统的要求,环境因素、交通信息等也应被纳入管理系统。基于桥梁基础信息、检测与监测信息、养护与维修加固信息、交通荷载信息、视频监控信息等多源信息融合,才能达到实时、系统地掌握桥梁运行状态的目的,进而为管理者提供全面管养决策。

(5)智能化评估

近年来,以大数据为基础战略性资源,融合人工智能关键技术,推进数据资源整合,构建全国信息资源共享体,已上升为国家大数据发展战略。结合了知识表示与推理、信息抽取与融合、机器学习与神经网络等理论方法的知识图谱技术,是实现大数据到大知识演化的智能服务基础设施。在此背景下,将大数据和人工智能等关键技术应用于桥梁检测养护领域的构建,以桥梁检测文本、标准规范文本以及维修方案文本为主要数据源的领域知识图谱,可实现桥梁检测领域的信息融合、智能检索和知识推理,也将促进桥梁检测评估管养智慧化转型。依托于检测养护领域知识图谱,评估系统将逐步建立"桥梁大脑",其具备桥梁专业背景知识,具有"理解"和"解释"桥梁的能力,像桥梁工程师一样,通过分析研判对常规结构桥梁作出安全评估。

9.2.2 检测监测数据平台基本框架

在以桥梁检测监测数据平台为中心提供多样化综合服务的检测监测模式下,检测监测数据平台的建设是检测监测业务转型升级的重点。检测监测数据平台功能与桥梁管养系统类型,也要实现数据管理、数据获取以及数据处理与展示,但侧重点不同。检测监测数据平台定位于桥梁管养系统的服务方,更加注重桥梁全寿命检测监测业务数据的获取、处理与分享。借助智能传感、无人自动检测设备以及人工智能等先进技术,桥梁检测监测数据平台将具备更多的智能属性。

如图9-4所示为服务于养护的检测监测数据平台框架。平台建立的基本思路是:以服务养护为目标,将桥梁检测监测数据获取通道(巡查、定期检查、特殊检查以及结构监测)集成到平台,逐步实现桥梁基础数据和业务数据的融合,基于多维融合数据实现全面、准确、快速的状态评估和管养决策。

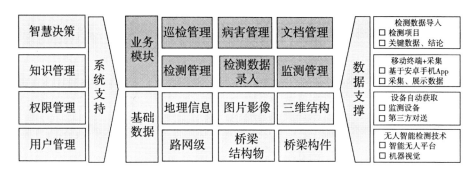

图9-4　服务于养护的检测监测数据平台框架

结构基础数据是平台的基础,在兼容桥梁养护系统的基础上,在数据深度和广度上扩充完善。在数据内容方面,向上补充路网级数据,支持开展区域性评估;向下完善桥梁构件信息,以构件为检测养护对象,实现各类业务数据的聚合。为了更直观地展现桥梁结构信息,可通过移动巡检终端不断完善地理信息、图片信息;通过 BIM 模型、无人机倾斜摄影等方式建立三维模型,并于利用数据平台直观展示。

业务数据属于动态数据,伴随桥梁运营从不同途径持续产生。常规检测获取的病害数据、静动载数据以项目的形式不断录入平台;日常巡查的数据如通过移动终端获取的巡查数据、各种监测设备产生的监测数据以及无人机等智能平台获取的三维数据,都可以直接上传到平台。不同途径获取的数据按"既有数据→获取业务数据→分析处理→评估决策→更新数据"的模式,以时间序列数据进行组织,并从结构、构件不同层级与基础数据不断融合、迭代更新,全面反映桥梁状态。

9.2.3　基础数据模块

单座桥梁基础信息在内容上除了管理识别信息、结构组成信息、地理位置以及档案信息,还要重点增加构件信息等,如图9-5所示。构件是检测养护对象,将每个构件进行编号区分,以构件编号为索引,将各类检测数据与构件编号精确匹配,可以方便实现同一构件检测数据的融合。在数据组织形式上有数据库形式、图片形式、桥梁全景文件以及三维实景形式。桥梁养护管理系统中的可视化技术主要包括 GIS 与 BIM 技术,其以图片、三维模型等方式直观显示桥梁信息,改善了信息表达不直观的弊端。其可用不同颜色在地图上显示区域内桥梁的技术状况,方便管理者了解桥梁所在地理位置和服役性能,实现了养护信息的区域性管理。

- 基础信息
- 地理位置
- 图片信息
- 桥梁构件
- 全景
- 三维实景

图9-5　桥梁结构基础数据内容

9.2.4　检测管理模块

检测管理模块满足检测机构业务开展开发的要求,承担着检测业务转型升级的任务。检测管理模块功能上要实现检测数据数据库管理、检测报告自动化生成以及检测数据挖掘的功能,模块组成如图9-6所示。

图9-6　检测管理模块

检测管理模块首先实现检测数据的数据库管理功能。桥梁运营周期的各种检测,如定期检查、特殊检测,以项目形式按时间序列与桥梁关联,形成相互关联的检测数据库。按业务类别分为定期数据、荷载试验、变形监测、索力测试、施工监测和结构监测的子模块,不同业务类别产生的数据独立存储与处理。其次,检测模块要实现工具化,逐步实现检测机构的业务升级。检测管理模块可实现项目管理信息化,管理信息化一方面促进检测业务向标准化、工具化转变,另一方面也可提高质量控制,提升检测效率。最后,随着检测业务的开展,数据的不断积累,海量的检测数据为数据挖掘提供了可能,使之成为数据资产,彻底实现转型。

9.2.5 结构监测模块

随着结构监测应用越来越多,检测和监测一体化融合的趋势愈加明显,两者是相同目标下的不同实现路径,各有所长,互补性强。常规检测目标明确,多属于"事后查明";结构监测持续跟踪,属于"防患于未然"。

如图9-7所示,结构监测模块是监测系统的软件部分,具备首页展示、测点设置、设备管理、数据接口管理、数据处理与展示、评估预警、监测报告生成等基本功能。相比独立的结构监测系统,一体化的数据平台可以借助已有的平台功能,监测模块专注解决传感设备的管理和数据接入问题,更利于项目的实施。监测业务其实可以理解为利用监测系统开展技术服务,技术服务能力是根本,随着轻量化监测系统的不断应用,技术服务与数据系统结合更为紧密,将会形成"定制传感器+数据平台+专业技术"的技术服务模式。

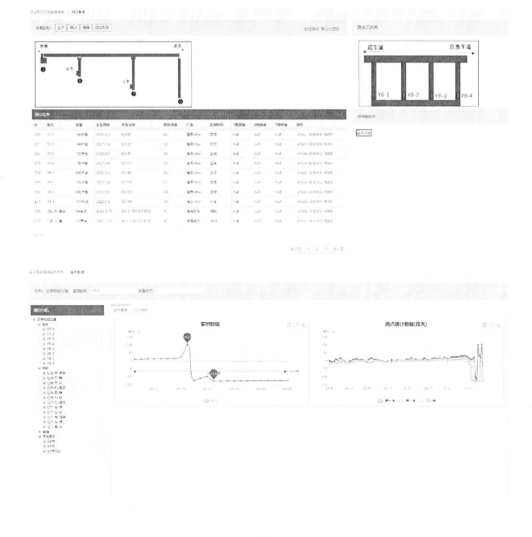

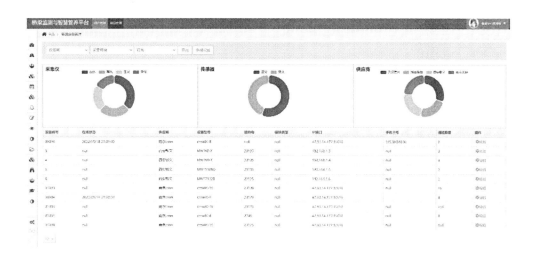

图 9-7 结构监测模块

9.2.6 知识模块

如图 9-8 所示,检测监测实质还是技术服务,对系统来说,知识库是系统重要支撑,无论是桥梁结构知识、结构病害与维修方案,还是数据处理算法、结构评估算法,均应是知识库的组成。依托大语言模型的强大逻辑推理能力,借助于不断积累完善的桥梁管养知识库,探索大语言模型在桥梁管养领域的应用,开发桥梁管养智能体并应用于桥梁安全状况自动评估和维修方案的自动化生成,实现智能化桥梁管养。

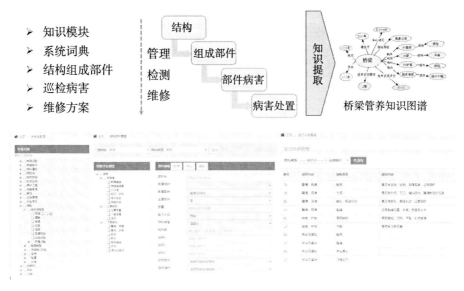

图 9-8　知识模块

参考文献

[1] 福州大学,武汉理工大学,重庆交通大学,等.高等桥梁结构试验[M].北京:人民交通出版社股份有限公司,2018.

[2] 中华人民共和国交通运输部.公路桥涵养护规范:JTG 5120-2021[S].北京:人民交通出版社,2021.

[3] 中华人民共和国交通运输部.公路桥梁技术状况评定标准:JTG/T H21-2011[S].北京:人民交通出版社,2011.

[4] 中华人民共和国交通运输部.公路桥梁荷载试验规程:JTG/T J21-01-2015[S].北京:人民交通出版社,2015.

[5] 中华人民共和国交通运输部.公路桥梁承载能力检测评定规程:JTG/T J21-2011[S].北京:人民交通出版社,2011.

[6] 中华人民共和国交通运输部.在用公路桥梁现场检测技术规程:JTG/T 5214-2022[S].北京:人民交通出版社,2011.

[7] 中华人民共和国交通运输部.公路桥梁结构监测技术规范:JT/T 1037-2022[S].北京:人民交通出版社,2022.

[8] 张喜刚.公路桥梁汽车荷载标准研究[M].北京:人民交通出版社股份有限公司,2014.

[9] 熊文,蔡春声,张嵘钊.桥梁水毁研究综述[J].中国公路学报,2021,34(11):10-28.

[10] 贺拴海,赵祥模,马建,等.公路桥梁检测及评价技术综述[J].中国公路学报,2017,30(11).

[11] 晏班夫,欧阳康,梁才.桥梁工程中非接触位移测量技术研究综述[J].交通运输工程学报,2024,24(1):43-67.

[12] 于品德,刘海宽,李华.基于VBA的桥梁定期检查报告系统设计与开发[J].公路与汽运,2018(2):170-172,182.

[13] 周建庭,郝义,沈小俊,等.递推迭代实测桥梁影响线原理及应用研究[J].公路交通科技,2006(6):81-84.

[14]廖敬波,唐光武,张又进,等.实测准静态广义影响线在桥梁结构静载试验中的应用研究[J].公路交通技术,2009(6):65-68.

[15]于品德,张理,李现科.空腹式拱桥影响线实测方法研究[J].世界桥梁,2012(3):59-62.

[16]周云,张路遥,胡锦楠,等.融合机器视觉与区间仿射算法的桥梁结构影响线实测研究[J].中国公路学报,2024,37(2):142-151.

[17]朱尚清.基于挠度影响线的桥梁快速荷载试验方法研究[C].第四届全国在役桥梁安全运营保障技术大会论文集.北京市政路桥管理养护集团有限公司.

[18]王珊珊,张荣凤,亓兴军,等.基于影响线轻荷载试验的桥梁承载力评估方法研究[J].施工技术(中英文),2022,51(12):13-18.

[19]刘宇飞,辛克贵,樊健生,等.环境激励下结构模态参数识别方法综述[J].工程力学,2014,31(4):46-53.

[20]张云龙,张家源,钱雪松,等.环境激励下桥梁模态参数识别的频谱方法综述[J].吉林大学学报(工学版),2023,53(6):1580-1591.

[21]刘宇飞,冯楚乔,陈伟乐,等.基于机器视觉法的桥梁表观病害检测研究综述[J].中国公路学报,2024,37(2):1-15.

[22]王腾义,李丹,张建.桥梁结构轻量化健康监测思路与技术研发[J/OL].土木工程学报,1-18[2024-07-07].https://doi_org.libproxy.v.zzu.edu.cn/10.15951/j.tmgcxb.23100849.

[23]张劲泉,晋杰,汪云峰,等.公路桥梁智能检测技术与装备研究进展[J].公路交通科技,2023,40(1):1-27,58.

[24]潘盛山,闫东,覃晖,等.我国公路桥梁养护管理系统发展及展望[J].世界桥梁,2024,52(2):56-65.

附录 A　桥梁及组成部件信息编码方法

由于桥梁的结构形式及建设规模不同,每座桥梁的构件类型及数量均不相同,为了规范桥梁检测过程中桥梁病害与构件的对应,以及便于桥梁信息化管理与养护,本附录从检测的第一步即桥梁构件信息的编码方式入手,针对不同类型的桥梁,形成统一的构件编码规则及方法。

A.1　桥梁代码

为了促进和规范交通行业信息化发展,交通部制定了《交通信息基础数据元》(JT/T 697),规定了公路信息基础数据元的编制原则和分类、公路信息基础数据元及数据元值域代码集,适用于交通行业建立公路数据库的技术属性数据、公路管理统计数据和有关信息系统所设计的公路数据的采集、交换与分享。桥梁作为公路的重要结构物,桥梁代码是桥梁信息系统的唯一标示。

《公路桥梁命名编号和编码规则》(GB/T 11708—1989)规定公路桥梁代码由 4 位公路路线编号、5 位公路桥梁编号和 2 位省级行政区划代码组成。公路桥梁编号由标示符"L"及 4 位数字组成,前 3 位是已建桥梁的顺序号,第 4 位为扩充位。

根据《公路路线标识规则和国道编号》(GB/T 917—2009)、《公路桥梁命名编号和编码规则》(GB/T 11708—1989)、《国家高速公路网命名和编号规则》(JTG A03—2007)、《公路养护统计报表制度》、《公路数据库编目编码规则》(JT/T 132—2003)等相关规范和部颁制度,中国公路桥梁管理系统将桥梁代码编码规则更改为由"路线号+行政政区代码+L(R/Z/K/Y)+四位数字编号"组成,详见表A-1。行政区划由2位省级代码扩充到6位,增加桥梁方位的编码,从代码中可以区分出上行、下行,桥梁代码信息更为完善。当前高速公路桥梁多采用这种方法编码。

表A-1　桥梁代码组成含义

代码位	含义	说明
1~5位	路线号	国道(G)、省道(S)、县道(X)、乡道(Y)、专用公路(Z)及村道(C)
6~11位	行政区划代码	按《中华人民共和国行政区划代码》(GB/T 2260—2007)6位数描述
12位	路线类型	桥梁方位的编码:上行路段L、下行路段R、立交匝道桥Z、跨线桥K
13~15位	顺序号	指桥梁所在省管界内沿路线走向的顺序号码
16位	扩充码	相邻两桥间增建桥梁时的扩充号码,未扩充时填"0",扩充时填"1~9"

A.2　梁桥构件编号方法

根据施工方式,混凝土梁桥分为装配式梁桥(空心板、T梁和预制箱梁)、现浇连续梁桥及连续刚构桥等。装配式梁桥因采用预制、安装的标准化施工方式,成为应用最广泛的桥型。这里根据《在用公路桥梁现场检测技术规程》(JTG/T 5214—2022)规定的编码原则,以装配式梁桥为例介绍构件编码方法。

构件编码宜采用A-B-C-D的形式,其中A为结构部位代码,B为部件代码,C为桥跨、墩台或桥联的序号,D为构件序号。构件编码中的A、B、C、D均采用阿拉伯数字形式表示,简单直观、便于应用,其中A为1位阿拉伯数字,B为2位阿拉伯数字,C和D按实际排序采用阿拉伯数字记录。例如1-01-110-6,代表上部结构(部位代码为1)主梁(部件代码为01)第110跨(桥跨序号为110)第6个构件(构件序号为6)。

代码和序号宜按下列原则确定:

结构部位代码A:上部结构、下部结构、桥面系的代码分别为1、2、3。

部件代码B:按01、02、03、04…的顺序表示各类部件的编号。

桥跨、墩台、桥联序号C:桥跨、墩台、桥联由小桩号向大桩号侧按1、2、3、4…的顺序进行编号。墩台编号(有0号桥台时)也可以依照惯例采用0、1、2、3…的顺序。

构件序号D:同类构件横桥向排列时,序号由右向左依次为1、2、3…;同类构件纵向排列时,序号由小桩号向大桩号侧依次为1、2、3…。

A.2.1　孔号

如图 A-1 所示,梁桥孔号的命名按照桩号增大方向,从第 1 跨开始,孔号逐渐增大。

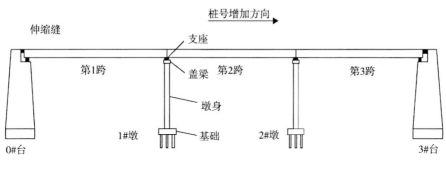

图 A-1　梁桥孔号编号

A.2.2　上部结构

装配式梁桥上部结构按主梁截面形式可分为空心板桥、T 形截面梁桥和箱形截面梁桥,该类桥型单跨横向由多片主梁组成,主梁通过横向连接部件连接为整体,通过支座将荷载传递给下部结构。

1)上部承重构件

上部承重构件按照两级编号:孔号-梁号。梁号由右至左逐渐增大,如图 A-2 所示为第 3 孔由右至左第 2 片主梁。

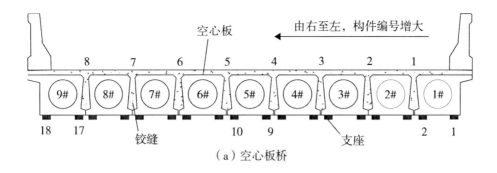

（a）空心板桥

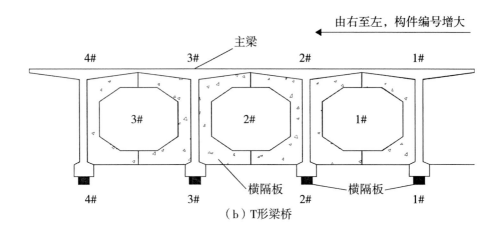

（b）T形梁桥

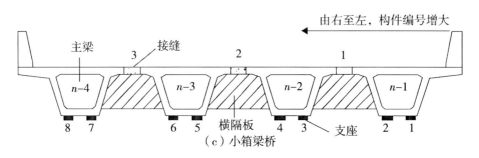

（c）小箱梁桥

图 A-2　梁桥上部结构部件及编号

2）上部一般构件

装配式梁桥上部一般构件为横向连接构件,如空心板桥的铰缝(板缝),T 形梁桥和箱形梁桥的横隔板、现浇接缝等。

接缝编号包括铰缝和现浇接缝:孔号-接缝号。

横隔板以单块板为编号单元,如图 A-3 所示。横隔板编号:孔号-纵向(道)-横向(从右至左)。

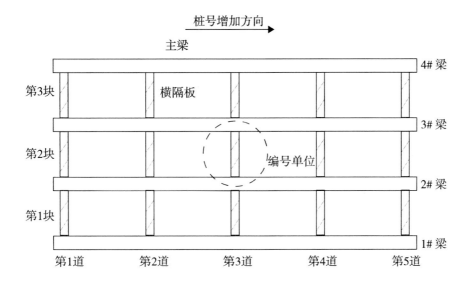

横隔板编号：孔号–道数–板号

图 A-3　横隔板编号

3）支座编号

装配式桥梁有简支结构和连续结构,简支结构每个盖梁上设两排支座,连续结构有设单排支座的情况,因此支座可按连续墩和简支墩分别编码,按 3 级进行编号。支座编号为:孔号–墩号–支座号,如图 A-4 所示。

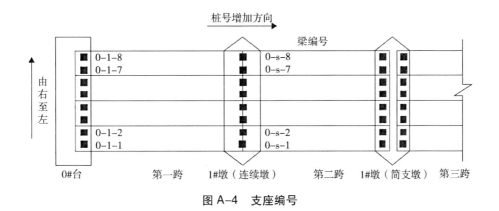

图 A-4　支座编号

A.2.3 下部结构

下部结构构件包括桥墩、桥台、基础、翼墙耳墙、锥坡护坡、河床及调治构造物。

（1）桥墩对墩身、盖梁系梁分别编号,如图 A-5 所示。

墩柱编号规则为墩台号-墩柱号,如 3-2#墩柱代表 3 号桥墩从右至左第 2 根立柱。

盖梁、系梁编号规则为墩台号,如 2#盖梁代表 2 号桥墩对应的盖梁。

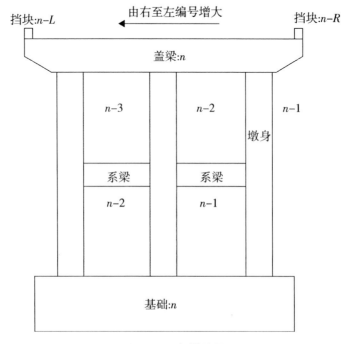

图 A-5　桥墩编号

（2）桥台对台身和台帽分别编号,墩台编号:墩台号。

（3）基础:墩台号。如 0#台基础、3#墩基础。

（4）翼墙耳墙编号:墩台号-R(L)。

（5）锥坡护坡编号:墩台号-R(L)。

A.2.4 桥面系

桥面系包括桥面铺装、伸缩缝装置、栏杆护栏、人行道等。各构件编号如图 A-6 所示。

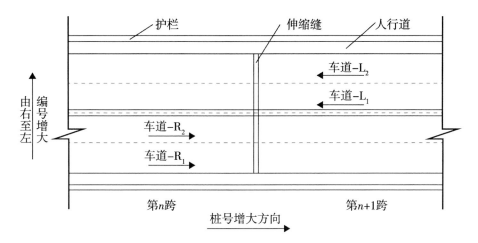

图 A-6　桥面系构件编号示意图

（1）桥面铺装:孔号。

（2）伸缩缝装置:墩台号。

（3）栏杆护栏:孔号-R(L)。

（4）人行道:孔号-R(L)。

附录 B 桥梁检测相关标准规范

桥梁检测相关标准规范见表 B-1。

表 B-1 桥梁检测相关标准规范

行业	技术规范
公路养护	《公路桥涵养护规范》(JTG 5120—2021)
	《公路缆索结构体系桥梁养护技术规范》(JTG/T 5122—2021)
	《公路跨海桥梁养护技术规范》(JTG/T 5124—2022)
	《公路桥梁支座和伸缩装置养护与更换技术规范》(JTG/T5532—2023)
检测类	《公路桥梁技术状况评定标准》(JTG/T H21—2011)
	《在用公路桥梁现场检测技术规程》(JTG/T 5214—2022)
	《公路桥梁承载能力检测评定规程》(JTG/T J21—2011)
	《公路桥梁荷载试验规程》(JTG/T J21-01—2015)
	《建筑与桥梁结构监测技术规范》(GB 50982—2014)
	《公路桥梁结构监测技术规范》(JT/T 1037—2022)
	《公路大件运输安全通行评价技术规范》(JTG/T 2213—2023)
	《国家公路网重点桥梁和隧道监测评价规程》(T/CECS G:E41-04—2019)
	《公路桥梁水下构件检测技术规程》(T/CECS G:J56—2019)
加固类	《公路桥梁加固设计规范》(JTG/T J22—2008)
	《公路桥梁加固施工技术规范》(JTG/T J23—2008)
	公路养护工程质量检验评定标准 JTG 5220-2020
城市桥梁	《城市桥梁养护技术标准》(CJJ 99—2017)
	《城市桥梁结构加固技术规程》(CJJ/T 239—2016)
	《城市桥梁检测与评定技术规范》(CJJ/T 233—2015)
强度	《回弹法检测混凝土抗压强度技术规程》(JGJ/T23—2011)
	高强混凝土强度检测技术规程(JGJ/T 294—2013)
	《超声回弹综合法检测混凝土抗压强度技术规程》(T/CECS 02—2020)
	《钻芯法检测混凝土强度技术规程》(CECS 03—2007)
	《钻芯法检测混凝土强度技术规程》(JGJ/T 384—2016)
	《拉脱法检测混凝土抗压强度技术规程》(JGJ/T 378—2016)
钢筋检测	《混凝土结构现场检测技术标准》(GB/T 50784—2013)
	《混凝土中钢筋检测技术标准》(JGJ/T 152—2019)

续表 B-1

行业	技术规范
耐久性检测	《混凝土中钢筋检测技术标准》（JGJ/T 152—2019）
	《混凝土中氯离子含量检测技术规程》（JGJ/T 322—2013）
混凝土缺陷检测	《超声法检测混凝土缺陷技术规程》（CECS 21—2000）
	《冲击回波法检测混凝土缺陷技术规程》（JGJ/T 411—2017）
	《雷达法检测混凝土结构技术标准》（JGJ/T 456—2019）

附录 C　桥梁典型裂缝分析

表 C-1　钢筋混凝土简支梁常见裂缝

序号	裂缝分类	图示	主要特征与发生原因
1	网状裂缝	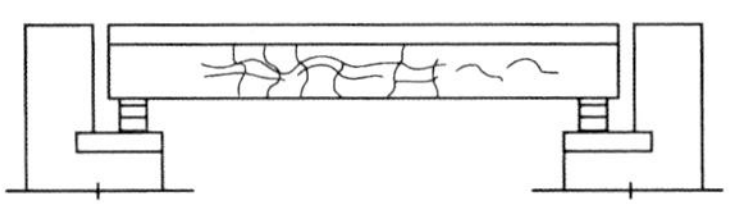	(1)发生在各种跨度的梁上； (2)裂缝细小,用手触及有凸起的感觉； (3)无固定规律； (4)多为混凝土收缩引起的表面龟裂
2	下缘受拉区的裂缝	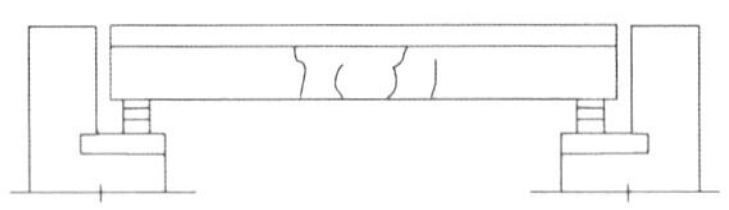	(1)多发生于梁跨中部,梁跨度越大,裂缝越多,为受力裂缝； (2)自下翼缘向上发展,至翼缘与梁肋相接处停止
3	腹板上的竖向裂缝	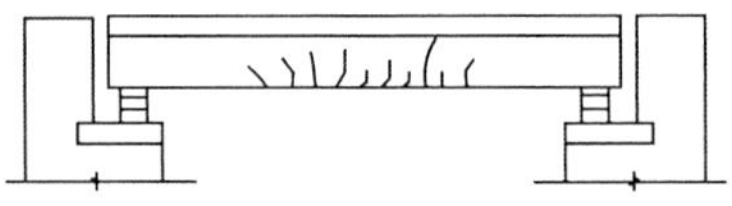	(1)当跨径大于 12 m 时,其裂缝多处于薄腹部分,在梁的半高线附近裂缝宽度较大,一般在 0.15~0.3 mm； (2)当梁跨径小于 10 m 时,其裂缝较细小,且多数裂缝系由梁肋向上延伸,越上越细,上端未到腹板顶部； (3)设计不当,施工质量不良,养护不及时,或温度及周围环境条件不良的影响所致
4	腹板上的斜向裂缝	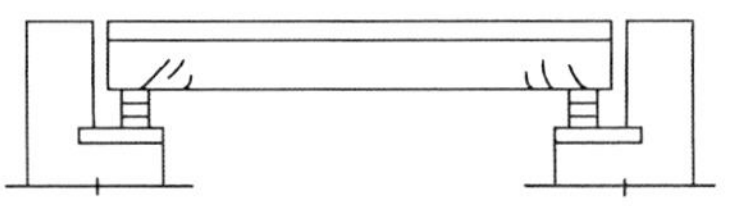	(1)是钢筋混凝土梁中出现最多的一种裂缝,且多在跨中两侧,离跨中越远倾斜角越大,反之越小,倾角约在 15°~45°之间,第一道裂缝多出现在距支座 0.5~1.0 m 处； (2)裂缝宽度一般在 0.3 mm 以下； (3)设计上的缺陷,主拉应力较计算大,混凝土不能负担而导致裂缝产生,施工质量不良会加速裂缝的产生和发展

续表 C-1

序号	裂缝分类	图示	主要特征与发生原因
5	梁侧水平裂缝	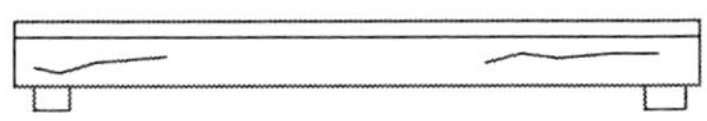	(1)为近似水平方向的层裂缝; (2)施工不当引起,分层浇筑,间隔时间太长
6	梁底纵向裂缝	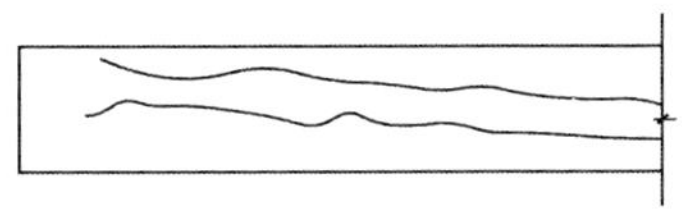	(1)沿下翼缘主筋方向的裂缝; (2)混凝土保护层过薄,或掺入氯盐等速凝剂所造成,影响结构耐久性

表 C-2 预应力混凝土梁与连续梁桥的常见裂缝

序号	裂缝分类	图示	主要特征与发生原因
1	先张法梁端锚固处的裂缝	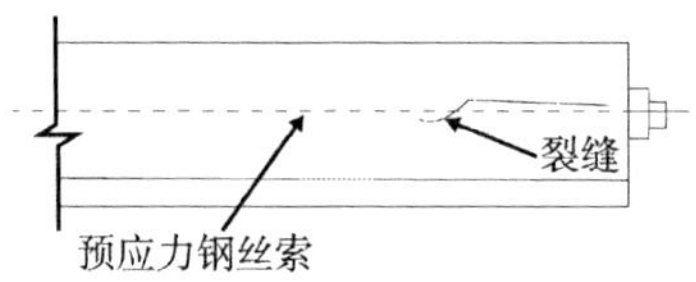 预应力钢丝索　裂缝	(1)裂缝均起始于张拉端面,宽度约为0.1 mm,长度一般只延伸至扩大部分的变截面处; (2)由于在两组张拉钢筋之间梁端混凝土处于受力区,使梁端易产生水平裂缝; (3)由于锚头处应力集中和锚头产生的楔形作用,而使锚头附近产生细小水平裂缝
2	后张法梁端锚固区裂缝	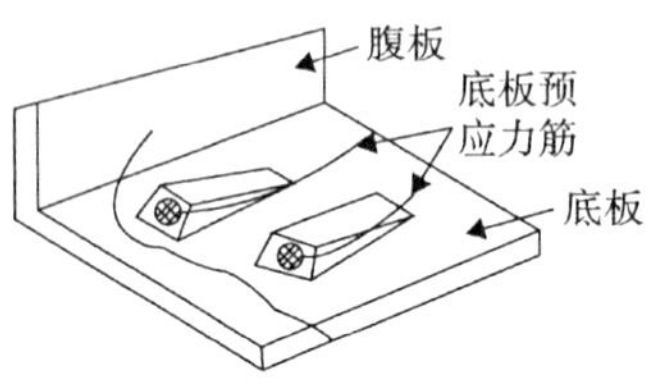 腹板　底板预应力筋　底板	(1)通常发生在梁端或预应力筋锚固处,裂缝比较短小,与钢丝束方向垂直,在锚固处时与梁纵轴多呈30°~45°; (2)运营初期有所发展,但不严重,以后会趋于稳定; (3)主要由于端部应力集中、混凝土质量不良所致
3	腹板收缩裂缝	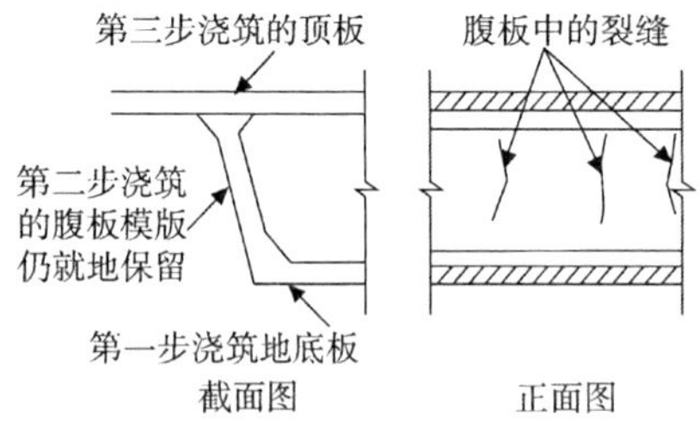 第三步浇筑的顶板　腹板中的裂缝　第二步浇筑的腹板模版仍就地保留　第一步浇筑地底板　截面图　正面图	(1)大多在脱模后2~3h内发生,裂缝通常从上梁肋到下梁肋,整个腹板裂缝,宽度一般为0.2~0.4 mm,施加预应力后大多会闭合; (2)多为混凝土收缩和温度所致,如极低的外界温度,混凝土混合料进行预热,使应力分布不均
4	箱梁剪切裂缝	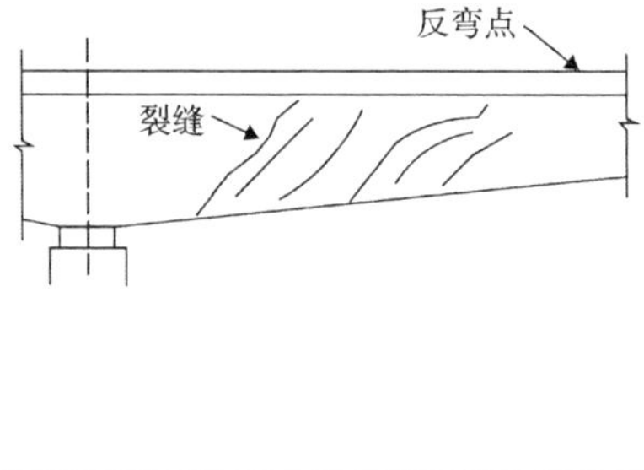 反弯点　裂缝	(1)剪切裂缝出现在腹板上,看起来近似45°倾斜,一般出现在支点与反弯点之间的区域; (2)裂缝的产生主要是由于预应力不足、超载的永久荷载、二次应力、温度作用等; (3)设计中缺乏对多室箱梁腹板内剪力分布的认识,横截面未考虑实际变形,没有检算力筋截断处的左右截面受力情况

续表 C-2

序号	裂缝分类	图示	主要特征与发生原因
5	箱梁锚固后接缝中裂缝	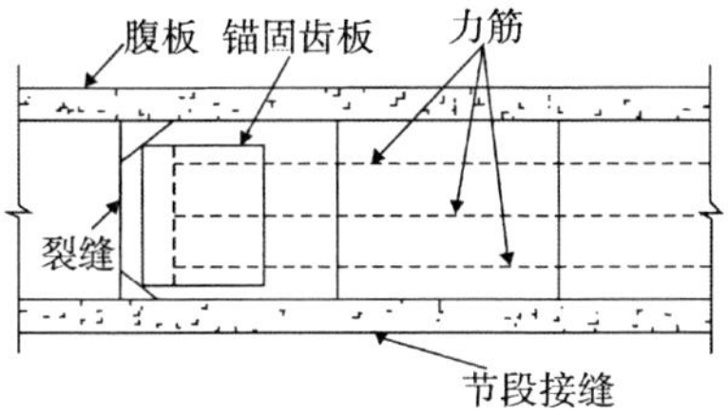	(1)悬臂箱梁在连续力筋锚固齿板后面的底板内会产生裂缝,并有可能向着腹板扩展,裂缝与梁纵轴呈30°~45°; (2)产生这种裂缝的原因是预应力筋作用面很小,产生局部应力,或者顶底板中力筋锚具之间的水平方向错开的距离太小
6	底板裂缝	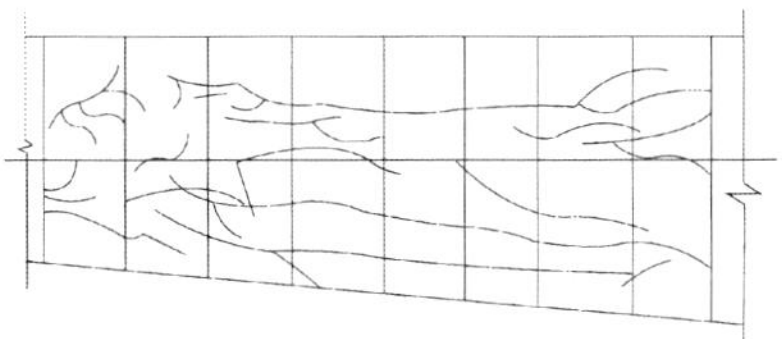	(1)沿下翼缘主筋方向的裂缝; (2)混凝土保护层过薄,或掺入氯盐等速凝剂所致。裂缝严重时,应予更换
7	箱梁弯曲裂缝	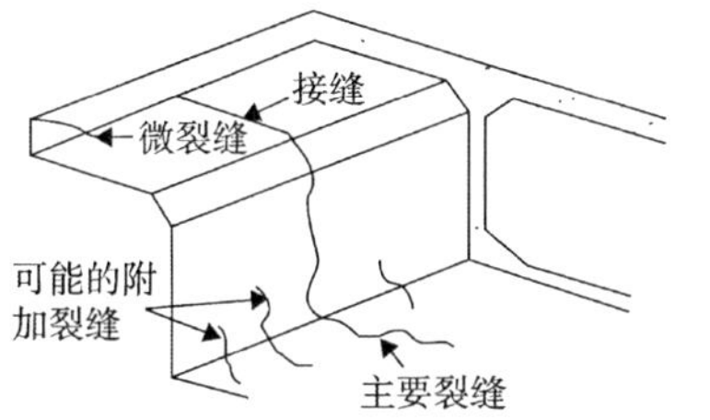	(1)混凝土抗拉能力不足,导致裂缝的产生,在分段式箱梁中,一般出现在接缝内或接缝附近,梁底裂缝可达0.1~0.2 mm; (2)弯曲裂缝一般很小,结构不受损伤,但在外荷载反复作用(汽车动力荷载及温度梯度)下裂缝有可能会扩大
8	连续梁弯曲裂缝	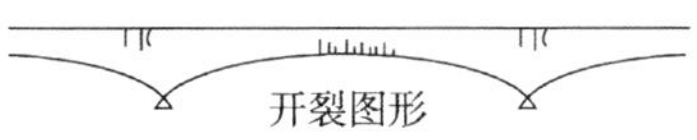	(1)在连续梁中,在正弯矩区的梁底部和在负弯矩区的顶部一般可能出现这种裂缝; (2)弯曲裂缝的产生主要是由于混凝土抗拉能力不足

附录 D 常见桥梁静载试验工况、测试截面和内容

常见桥梁静载试验工况、测试截面和内容见表 D-1。

表 D-1 常见桥梁静载试验工况、测试截面和内容

桥型	试验工况		测试截面	测试内容
简支梁桥	主要工况	跨中截面主梁最大正弯矩工况	跨中截面	①跨中截面挠度和应力(应变); ②支点沉降; ③混凝土梁体裂缝
	附加工况	①L/4 截面主梁最大正弯矩工况; ②支点附近主梁最大剪力工况	①L/4 截面; ②梁底距支点 h/2 截面内侧向上 45° 斜线与截面形心线相交位置	①主梁 L/4 截面; ②支点斜截面应力(应变)
连续梁桥	主要工况	①主跨支点位置最大负弯矩工况; ②主跨跨中截面最大正弯矩工况; ③边跨主梁最大正弯矩工况	①主跨(中)支点截面; ②主跨最大弯矩截面; ③边跨最大弯矩截面	①主跨支点斜截面应力(应变); ②主跨最大正弯矩截面应力(应变)及挠度; ③边跨最大正弯矩截面应力(应变)及挠度; ④支点沉降; ⑤混凝土梁体裂缝
	附加工况	主跨(中)支点附近主梁最大剪力工况	计算确定具体截面位置	主跨(中)支点附近斜截面应力(应变)
悬臂梁桥	主要工况	①墩顶支点截面最大负弯矩工况; ②锚固孔跨中最大正弯矩工况	①墩顶支点截面; ②锚固孔最大正弯矩截面	①墩顶支点截面应力(应变); ②锚固孔最大正弯矩截面应力(应变)及挠度; ③墩顶沉降; ④混凝土梁体裂缝
	附加工况	①墩顶支点截面最大剪力工况; ②挂孔跨中最大正弯矩工况; ③挂孔支点截面最大剪力工况; ④悬臂端最大挠度工况	①计算确定具体截面位置; ②挂孔跨中截面; ③挂孔梁底距支点 h/2 截面向上 45° 斜线与挂孔截面形心线相交位置; ④悬臂端截面	①墩顶附近斜截面应力(应变); ②挂孔跨中截面应力(应变)及挠度; ③挂孔支点附近斜截面应力(应变); ④悬臂跨最大挠度; ⑤牛腿部分局部应力(应变)

续表 D-1

桥型		试验工况	测试截面	测试内容
三铰拱桥	主要工况	①拱顶最大剪力工况; ②拱脚最大水平推力工况	①拱顶两侧 $h/2$ 梁高截面; ②拱脚截面	①$L/4$ 截面挠度和应力(应变); ②拱顶两侧 1/2 梁高处斜截面应力(应变); ③墩台顶的水平位移; ④混凝土梁体裂缝
	附加工况	①$L/4$ 截面最大正弯矩和最大负弯矩工况; ②$L/4$ 截面正负挠度绝对值之和最大工况	①主拱 $L/4$ 截面; ②主拱 $L/4$ 截面及 $3L/4$ 截面	①$L/4$ 截面挠度和应力(应变); ②拱上建筑控制截面的位移和应力(应变)
两拱桥	主要工况	①拱顶最大正弯矩工况; ②拱脚最大水平推力工况	①拱顶截面; ②拱脚截面	①拱顶截面应力(应变)和挠度; ②$L/4$ 截面挠度和应力(应变); ③墩台顶水平位移; ④混凝土梁体裂缝
	附加工况	①$L/4$ 截面最大正弯矩和最大负弯矩工况; ②$L/4$ 截面正负挠度绝对值之和最大工况	①主拱 $L/4$ 截面; ②主拱 $L/4$ 截面及 $3L/4$ 截面	①$L/4$ 截面挠度和应力(应变); ②拱上建筑控制截面的位移和应力(应变)
无铰拱桥	主要工况	①拱顶最大正弯矩及挠度工况; ②拱脚最大负弯矩工况; ③系杆拱桥跨中附近吊杆(索)最大拉力工况	①拱顶截面; ②拱脚截面; ③典型吊杆(索)	①拱顶截面应力(应变)和挠度; ②拱脚截面应力(应变); ③混凝土梁体裂缝
	附加工况	①拱脚最大水平推力工况; ②$L/4$ 截面最大正弯矩和最大负弯矩工况; ③$L/4$ 截面正负挠度绝对值之和最大工况	①拱脚截面; ②主拱 $L/4$ 截面; ③主拱 $L/4$ 截面及 $3L/4$ 截面	①$L/4$ 截面挠度和应力(应变); ②墩台顶水平位移; ③拱上建筑控制截面的变形和应力(应变)

续表 D-1

桥型		试验工况	测试截面	测试内容
门式刚架桥	主要工况	①跨中截面主梁最大正弯矩工况；②锚固端最大或最小弯矩工况	①跨中截面；②锚固端梁或立墙截面	①主梁最大正弯矩截面应力（应变）及挠度；②锚固端最大或最小弯矩截面应力（应变）；③支点沉降；④混凝土梁体裂缝
	附加工况	锚固端截面最大剪力工况	锚固端梁截面	锚固端附近斜截面应力（应变）
斜腿刚架桥	主要工况	①跨中截面主梁最大正弯矩工况；②斜腿顶主梁截面最大负弯矩工况	①中跨最大正弯矩截面；②斜腿顶中主梁截面或边主梁截面	①中跨主梁最大正弯矩截面应力（应变）及挠度；②主梁最大负弯矩截面应力（应变）及挠度；③支点沉降；④混凝土梁体裂缝
	附加工况	①边跨主梁最大正弯矩工况；②斜腿顶最大剪力工况；③斜腿脚最大或最小弯矩工况	①边跨最大正弯矩截面；②斜腿顶中或边主梁截面或斜腿顶截面；③斜腿脚截面	①边跨主梁最大正弯矩截面应力（应变）及挠度；②斜腿顶附近主梁或斜腿斜截面应力（应变）；③斜腿脚最大或最小弯矩截面应力（应变）
T形刚构桥	主要工况	①墩顶截面主梁最大负弯矩工况；②挂孔跨中截面主梁最大正弯矩工况	①墩顶截面；②挂孔跨中截面	①墩顶支点截面应力（应变）；②挂孔跨中截面应力（应变）；③T构悬臂端的挠度；④T构墩身控制截面的应力（应变）；⑤混凝土梁体裂缝
	附加工况	①墩顶支点附近主梁最大剪力工况；②挂孔支点截面最大剪力工况	①计算确定具体截面位置；②挂孔梁底距支点 h/2 截面向上 45° 斜线与挂孔截面形心线相交位置	①墩顶支点斜截面应力（应变）；②挂梁支点截面附近或悬臂附近斜截面应力（应变）

续表 D-1

桥型		试验工况	测试截面	测试内容
连续刚构桥	主要工况	①主跨墩顶截面主梁最大负弯矩工况；②主跨跨中截面主梁最大正弯矩及挠度工况；③边跨主梁最大正弯矩及挠度工况	①主跨墩顶截面；②主跨最大正弯矩截面；③边跨最大正弯矩截面	①主跨墩顶截面主梁应力(应变)；②主跨最大正弯矩截面应力(应变)及挠度；③边跨最大正弯矩截面应力(应变)及挠度；④混凝土梁体裂缝
	附加工况	①墩顶截面最大剪力工况；②墩顶纵桥向最大水平位移工况	①计算确定具体截面位置；②墩顶截面	①墩顶支点截面附近斜截面应力(应变)；②墩身控制截面应力(应变)；③墩身纵桥向水平位移
斜拉桥	主要工况	①主梁中孔跨中最大正弯矩及挠度工况；②主梁墩顶最大负弯矩工况；③主塔塔顶纵桥向最大水平位移与塔脚截面最大弯矩工况	①中跨最大正弯矩截面；②墩顶截面；③塔顶截面(位移)及塔脚最大弯矩截面	①主梁中孔最大正弯矩截面应力(应变)及挠度；②主梁墩顶支点斜截面应力(应变)；③主塔塔顶纵桥向水平位移与塔脚截面应力(应变)；④塔柱底截面应力(应变)；⑤混凝土梁体裂缝；⑥典型拉索索力
	附加工况	①中孔跨中附近拉索最大拉力工况；②主梁最大纵向漂移工况	①典型拉索；②加劲梁两端(水平位移)	①活载作用下斜拉索索力最大增量；②加劲梁纵向漂移
悬索桥	主要工况	①加劲梁跨中最大正弯矩及挠度工况；②加劲梁 3L/8 截面最大正弯矩工况；③主塔塔顶纵桥向最大水平位移与塔脚截面最大弯矩工况	①中跨最大弯矩截面；②中跨 3L/8 截面；③塔顶截面(位移)及塔脚最大弯矩截面	①加劲梁最大正弯矩截面应力(应变)及挠度；②主塔塔顶纵桥向水平位移与塔脚截面应力(应变)；③塔梁混凝土裂缝；④最不利吊杆力增量
	附加工况	①主缆锚跨索股最大张力工况；②加劲梁梁端最大纵向漂移工况；③吊杆(索)活载张力最大增量工况；④吊杆(索)张力最不利工况	①主缆锚固区典型索股；②加劲梁两端(水平位移)；③典型吊杆(索)；④最不利吊杆(索)	①主缆锚跨索股最大增量；②加劲梁纵向漂移；③活载张力最大增量

附录 E 桥梁频率与冲击系数计算

桥梁频率与冲击系数计算见表 E-1。

表 E-1 桥梁频率与冲击系数计算表

频率/Hz	冲击系数	频率/Hz	冲击系数	频率/Hz	冲击系数	频率/Hz	冲击系数
<1.5	0.050	4.7	0.258	7.9	0.350	11.1	0.410
1.6	0.067	4.8	0.261	8	0.352	11.2	0.411
1.7	0.078	4.9	0.265	8.1	0.354	11.3	0.413
1.8	0.088	5.0	0.269	8.2	0.356	11.4	0.414
1.9	0.098	5.1	0.272	8.3	0.358	11.5	0.416
2.0	0.107	5.2	0.276	8.4	0.360	11.6	0.417
2.1	0.115	5.3	0.279	8.5	0.362	11.7	0.419
2.2	0.124	5.4	0.282	8.6	0.365	11.8	0.420
2.3	0.131	5.5	0.286	8.7	0.367	11.9	0.422
2.4	0.139	5.6	0.289	8.8	0.369	12.0	0.423
2.5	0.146	5.7	0.292	8.9	0.371	12.1	0.425
2.6	0.153	5.8	0.295	9.0	0.373	12.2	0.426
2.7	0.160	5.9	0.298	9.1	0.375	12.3	0.428
2.8	0.166	6.0	0.301	9.2	0.376	12.4	0.429
2.9	0.172	6.1	0.304	9.3	0.378	12.5	0.431
3.0	0.178	6.2	0.307	9.4	0.380	12.6	0.432
3.1	0.184	6.3	0.310	9.5	0.382	12.7	0.433
3.2	0.190	6.4	0.312	9.6	0.384	12.8	0.435
3.3	0.195	6.5	0.315	9.7	0.386	12.9	0.436
3.4	0.201	6.6	0.318	9.8	0.388	13.0	0.438
3.5	0.206	6.7	0.320	9.9	0.389	13.1	0.439
3.6	0.211	6.8	0.323	10.0	0.391	13.2	0.440
3.7	0.215	6.9	0.326	10.1	0.393	13.3	0.442
3.8	0.220	7.0	0.328	10.2	0.395	13.4	0.443
3.9	0.225	7.1	0.331	10.3	0.396	13.5	0.444
4.0	0.229	7.2	0.333	10.4	0.398	13.6	0.445

续表 E-1

频率/Hz	冲击系数	频率/Hz	冲击系数	频率/Hz	冲击系数	频率/Hz	冲击系数
4.1	0.234	7.3	0.336	10.5	0.400	13.7	0.447
4.2	0.238	7.4	0.338	10.6	0.401	13.8	0.448
4.3	0.242	7.5	0.340	10.7	0.403	13.9	0.449
4.4	0.246	7.6	0.343	10.8	0.405	>14.0	0.450
4.5	0.250	7.7	0.345	10.9	0.406		
4.6	0.254	7.8	0.347	11.0	0.408		